KB271133

도서출판 주류성

백제의 언어와 문학

도 수 희

백제의 언어와 문학

저　　　　자 :　도 수 희
저 작 권 자 :　(재) 백제문화개발연구원
발　　　　행 :　도서출판 주류성
발 　행　인 :　최 병 식
편 　집　인 :　서 동 인
인 　쇄　일 :　2004년 7월 20일
발 　행　일 :　2004년 7월 30일
등 　록　일 :　1992년 3월 19일 제 21-325호
주　　　　소 :　서울특별시 서초구 서초동 1305-5 창람(蒼藍)빌딩

T 　E 　L :　02-3481-1024(대표전화)
F 　A 　X :　02-3482-0656
HOMEPAGE :　www.juluesung.com / www.juluesung.co.kr
E - M A I L :　juluesung@yahoo.co.kr

값 9,000원

잘못된 책은 교환해 드립니다.
ISBN 89-87096-32-7 93910

본 역사문고는 국사편찬위원회를 통한 국고보조금으로 진행되는
3개년 계획 출판사업입니다.

무왕의 아내 선화공주가 물을 떠다 먹었다는 우물. 그 흔적은 모두 사라지고 주변이 논으로 메어져서 속칭 '노깡'이라는 것을 샘자리에 세웠다. 불과 20~30여 년 전만 해도 이 마을 사람들이 이곳에서 물을 길어다 먹었다고 한다. 앞에 보이는 산은 무왕이 금을 캐냈다는 오금산 산성(전북 익산시)

▲ 논가운데 남아있는 마래방죽 흔적. 무왕의 어머니가 이 못가에 살았으며 용과 관계하여 무왕을 낳았다고 한다.

무령왕에 관한 내용을 적은 지석 ▶

▲ 충남 공주시 곰나루에 있는 곰사당

◀ 웅신단이란 이름의 곰사당 안에는 돌로 새긴 곰조각상이 있다.

▼ 충남 공주시의 곰나루. '고마나루'로도 불린 이곳을 금강을 통해 수운(水運)이 이루어지던 곳으로 공주의 서쪽 관문이었다.

연산의 서쪽, 그러니까 황산성을 사이에
두고 관동리와는 정반대편인 표정리에
서 바라본 황산성

계백장군이 신라 화랑 관창(官昌)의 목을 벤 곳
이어서 관동(官洞)이라고 부르게 되었다는 충남
논산시 연산면 관동리와 그 마을 입구의 관동교

▼ 황산성에서 내려다 본 연산면 소재지. 호남선
  철로 너머로 연산면 소재지가 펼쳐져 있으며
  철길 못미처의 둑방 아래가 연산천이다.

관동리 관동에서 직진, 황산성(黃山城)
으로 들어가는 길목. 관창이 이곳 어딘
가에서 계백에 의해 참수되었다.

백제가 망하던 날, 삼천궁녀가 꽃보라 날리듯이 물로 뛰어내렸다는 부여군 부여읍 낙화암 맨 꼭대기에 백화정이 있으며 바위 벽에는 落花岩이라고 새겨져 있다.

당나라 소정방이 백마를 미끼로 써서 용을 낚았다는
조룡대

▼ 부소산 서편의 백마강변인 구드래 나루. 낙화암이
나 조룡대 등으로 유람선이 출발하는 이 나루터는
백제가 한창 융성하던 1천5백여 년 전에는 백제를
대표하는 수도의 항구(港口)였다. 일본에서 백제를
'구다라'(くだら)라고 부르게 된 것은 이 '구드래'
나루에서 비롯된 것이라는 설이 있다.

부여시가지 남쪽에 있
는 궁남지. 이곳에서
목간을 비롯하여 여러
가지 유물이 나왔다.

계백장군의 충절을 기리기 위해 만든 기념관

계백장군을 기리는 충장사

한성에 도읍하던 마지막 시기인 개로왕 때, 정조를 지킨 도미의 처(妻)가 지닌 아름다운 행실을 그린 도미 삼강행실도. 도미의 처가 풀뿌리를 씹어가며 도미와 함께 산 실제의 행적을 그려서 미처담초(彌妻啖草)라 하였다.

황산벌에서의 마지막 결전 끝에 죽었다는 계백장군의 묘. 머리가 없는 시신을 안치했다고 전해온다.

백제의 언어와 문학

차　례

차 례

차　례

차 례

제 1 부

시작하는 글

　백제어는 '고구려어 · 옥저어 · 예맥어 · 신라어 · 가라어'와 동일한 자
격을 가진 나라말의 개념으로 정의할 수 있다. 말하자면 한 국가가 존
속하는 기간에 그 국가에 의해 쓰인 국어란 뜻이다. 따라서 백제어란
백제 시대에 백제 사람들이 쓰던 말이다. 때때로 나라의 이름과 국어의
이름이 동일하지 않는 경우가 있다. 예를 들면 미국의 국어는 '미국어'
가 아닌 '영어'라 부르고, 스위스는 여러 종류의 말을 국어로 쓰기 때
문에 '스위스어'라 부르지 않고 '영어 · 독어 · 불어 · 이탈리아어'를 국
어라 부른다. 백제어도 계통적으로 소급하면 부여계어와 한계어에 뿌
리가 박혀 있다. 그러나 백제어를 백제 시대에 사용한 국어로 규정하기
때문에 계통적인 구속을 받지 않는다. 비록 그것들이 계통적으로 부여
계에 속할지라도 부여어라 하지 않고 고구려어 · 옥저어 · 예맥어라 하
고, 한계에 속한다 할지라도 한어라 하지 않고 신라어 · 가라어라 하듯
이 백제어의 조어(祖語)가 어느 계통이든 간에 백제라는 정치사(B.C.
18~660)에 존재했던 백제 시대의 언어는 곧 '백제어'라 정의한다.

한국사에서 삼국 시대를 흔히 고구려 · 백제 · 신라 시대라 부른다. 그러나 우리는 여기에 가라국을 더 추가하여야 마땅하다. 고대 남만주와 한반도에 네 나라가 자리잡고 있었기 때문이다. 그 네 나라 말 중의 하나가 곧 백제어이다. 백제의 역사는 기원전 18년부터 서기 660년까지이니 공식적으로 쓰인 기간은 678년간이다. 그러니까 지금부터 1300여 년 전에 백제어는 국어자격을 망국과 동시에 상실한 언어이다. 말은 음성으로 표출되기 때문에 발설과 동시에 듣는 사람의 고막을 울리고는 사라진다. 그래서 음성 언어는 남겨질 수 없다. 지난날의 말을 음성으로 들을 수 없는 이유가 바로 여기에 있다. 동일한 까닭에서 백제 말도 오늘날 우리가 들을 수 없다. 다만 사람의 말을 문자로 적어 놓은 것을 문어(文字言語)라 하는데 이러한 문어인 '과거의 언어'(古語)를 소리내어 읽음으로써 표기 당시의 말을 비슷하게 발화할 수 있다. 우리가 앞으로 이해하려는 백제어도 이런 문어적 한계를 벗어날 수 없다. 그러나 이런 가능성마저 백제어는 희박한 편이다. 문자로 적힌 백제어가 너무나 적게 남겨졌기 때문이다.

사실 백제어에 대한 자료가 부족하다는 치명적인 약점 때문에 백제어에 대한 연구는 관심 밖으로 철저하게 밀려나 있었다. 지난 1960년대 이전까지만 해도 국어학자들의 관심이 지나칠 만큼 신라어 쪽으로만 기울어 있었다. 그럴만한 까닭을 우리는 두 측면에서 찾을 수 있다.

첫째, 역사적인 면에서 신라의 역사가 길었기 때문에 그 언어의 역사도 길었다. 말하자면 신라는 백제와 고구려의 역사에 비교할 때 약

300년이나 더 긴 1000년에 가까운 장수(長壽)를 누리었다. 그럴 뿐만 아니라 우리말의 혈통이 신라어 ⇒ 고려어 ⇒ 조선어 ⇒ 현대국어와 같이 계승되었기 때문에 신라어를 연구하기가 상대적으로 훨씬 쉬웠던 것이다.

둘째, 신라가 남긴 언어 자료가 백제와 고구려가 남긴 언어 자료보다 월등하게 많다는 점이다. 물론 신라어의 역사가 길었기 때문에 남긴 언어 자료의 양도 어느 정도 많을 것은 당연하다. 그 중에서도 특히 신라의 중기 이후에 발생한 것으로 여기고 있는 '향가'(鄕歌)는 문장 수준의 언어 자료이다. 백제어와 고구려어는 이런 문장 자료를 남기지 않았다. 그리고 신라의 것으로 확인된 금석문(金石文) 또는 옛 문헌에서 발견된 '이두어'(吏讀語)도 백제와 고구려의 것보다 많기 때문에 신라어를 연구하는 쪽으로 관심과 연구열이 집중될 수밖에 없었던 것이라 하겠다.

위와 같은 연구 결과는 결국 신라어에 관한 인식의 폭을 넓히고 보편화하여 우리말의 원류(源流)가 마치 신라어 뿐인 것처럼 착각하게 만들었다. 반면에 백제어와 고구려어는 우리의 머리속에서 자주 떠오르지 않는 존재로 희미하게 남게 되었다. 그러나 신라어만이 4국 시대의 고대 국어를 대표하는 유일한 언어가 아니었다. 고대 네 나라의 말은 대등한 세력으로 쓰였다. 따라서 고대 국어에 대한 우리의 관심은 이제 동남단(東南端)에 자리잡고 있던 특정어에 대한 편애(偏愛)에만 고정되어 있어서는 안 된다. 마땅히 백제어 · 고구려어 · 가라어에 관한 연구도 열심히 전개하여 모든 사람들이 골고루 알도록 하여야 한다.

그러면 백제의 언어 자료는 얼마나 남아 있는 것인가? 물론 신라의 향가와 같은 문장 수준의 자료는 남아 있지 않다. 백제 시대의 가요로 선운산가 · 방등산가 · 지리산가 · 산유화가 등이 전해졌으나 모두가 제목만 남아 있을 뿐 가사는 전해지지 않았다. 그 중 산유화만은 구전(口傳)되어 지금도 부여를 중심으로 부르고 있으나 그 노래말은 근 · 현대어에 불과하다. 또한 백제의 노래로 손꼽히는 정읍사(井邑詞)가 있으나 내용만 백제의 것일 뿐 언어는 고려어이다. 그렇기 때문에 문장으로 전하는 백제어 자료는 전혀 없다. 그러면 어떤 언어 자료가 남아 있는 것인가?

(1) 백제의 벼슬 이름들이 남아 있다. 비록 신라만큼 구체적이고도 다양한 것은 아니지만 여러 벼슬 이름과 왕에 대한 존칭이 전해진다.

(2) 백제의 왕 이름과 귀족들의 이름이 남아 있다. 그리고 왕과 귀족들의 성씨가 남아 있다.

(3) 백제의 지명이 『삼국사기』 지리지(2, 3, 4)에 꽤 많이 남아 있다. 이 지명들은 백제 전기 시대에는 황해도 · 경기도 · 충청도에 걸쳐서 분포하였고 그 후기 시대에는 주로 충남 · 전라도에 걸쳐 분포하였던 옛 지명이다. 지명은 좀체로 변하지 않기 때문에 아직도 백제의 옛 터전 어딘가에 남아서 쓰이고 있다. 한 두 예만 들면 백제의 수도 이름인 고마ᄂᆞᄅ(熊津)公州)와 소부리(所夫里 〉 扶餘)가 지금도 본래의 이름으로 쓰이고 있는 표본이다.

우리말의 계통

1. 네 가지 계통설

  현재와는 다르게 고대에는 우리 조상이 광활한 남만주 일대와 한반도에 흩어져 살고 있었다. 우리말은 언제부터 사용하기 시작하였는가? 그것은 처음부터 한반도에서 자생(생성)한 것인가 아니면 어디서 들어온 것인가? 또한 어디선가 들어와 토착하였다면 그들이 도착하였을 때 그 광활한 영토는 텅 비어 있었던가 아니면 거기에 이미 다른 어족(語族)이 살고 있었던가? 만일 선주족이 살고 있었다면 그들은 어떤 언어를 사용하였던 것인가? 만약 여러 종류의 언어가 쓰였다면 그 중 어떤 언어가 우리말의 형성에 주체가 되었던 것인가 이러한 여러 가지 의문이 제기될 수 있다.

  그러나 위 의문에 관한 해답은 결코 쉽게 내려질 수 없다. 우리는 원시 시대의 국어를 대충이라도 재구(再構)하는데 필요한 최소한의 자료만이라도 확보하고 있지 않기 때문이다. 원시 시대의 언중(言衆)은 아무런 기록도 남기지 않았고 그들과 함께 그들의 언어도 사라져 버렸다. 그리하여 오늘날 우리는 지극히 단편적인 자료만 갖고 있을 뿐이다. 이런 제약 속에서 필자는 우선 그동안에 발표된 우리말의 기원 및 계통에 관한 여러 학설부터 소개하려 한다.

1) 동방(東方) 기원설

이 학설은 한국어가 동방 즉 일본에서 기원하였다는 주장이다. 이 견해는 고대 한국어(Old Korean)가 고대 일본어(Old Japanese)의 한반도 방언(the peninsular dialect)이었다고 역설함으로써 한국어와 일본어의 친족성(親族性)을 강조하였다. 그러나 이 주장은 일제의 식민정책에 야합한 허무맹랑한 가설이었다. 왜냐하면 이른 시기의 고대에 현해탄을 사이에 두고 이루어진 문화와 민족의 이동 방향이 항상 西(대륙)로부터 東(일본)이었지 결코 이와 반대 방향은 아니었기 때문이다.

〈표 1〉

백제 전기어	고대 일본어	현대 국어
osagum (烏斯含達：兎山)	wusagi	토끼
mil (密波兮 ：三峴)	mits	셋
utsi (于次吞忽：五谷)	itsu	다섯
nanin (難隱別 ：七重)	nana	일곱
tək (德頓忽 ：十谷城)	towu	열
tan (習比吞 ：習比谷)	tani	골

필자의 주장을 뒷받침하는 몇가지 증거를 고고학적인 면에서 들 수 있다. 한반도의 쌀재배·길쌈·금속품 등으로 특징되는 이른바 야요이(Yayoi) 문화가 삼한 시대부터 삼국 시대까지 북구주(北九州)에 전해졌다는 사실이 구명되었기 때문이다. 더구나 언어도 백제 전기어와 고대 일본어 사이에 어휘 대응이 〈표 1〉과 같이 성립한다는 사실이다.

위와 같은 기본 어휘의 대응은 고대 일본어가 한반도로부터 백제어를 차용한 증거를 보이는 바라 하겠다.

2) 서방(西方) 기원설

이 학설은 거의가 선교사들이 주장하였다. 그들은 한국어와 영어 사이에서 어휘의 유사성을 발견하려고 노력하였다.

〈표 2〉와 같은 외형 비교는 우연 일치에 불과한 유사성이기 때문에 일고의 가치도 없는 것이라 하겠다.

〈표 2〉

한국어	영어
푸르- (phuli-)	blue
많이 (manhi)	many
불- (pul-)	blow-
둘 (twul)	two
똥 (ttong)	dung
보리 (poli)	barley
말 (mal)	mare

3) 남방(南方) 기원설

우선 언어외적인 면에서 살펴보기로 한다. 인류학과 고고학적인 면에서 한국·일본·남방어족 사이에서 벼 재배·문신(文身)·모계 사회적 가족 체계·난생신화(卵生神話)·토기문화 등의 유사점이 발견된다. 이는 동일 기원일 가능성을 보이는 증거가 될 수 있다.

언어적 면에서 살펴 볼 때 다른 계통의 언어와의 비교에서는 발견되지 않는 인체의 부분명칭이 다음 〈표 3〉과 같이 반체계적(semi-systematic)인 대응을 보인다.

〈표 3〉

한국어	일본어	영어
배(pɛ)	para	'belly'
젖(čəč)	čiči(titi)	'breast'
아구리(akuri)	aku	'mouth'
허리(həri)	kösi	'waist'
보지(poči)	pötö	'vulva'

또한 이들 언어는 개음절의 어휘구조·존대법 체계·성조체계·수사의 의미 체계 등을 공유(共有)하고 있다. 고대 한국어(삼한어)도 개음절어이었던 것으로 추정된다. 한국어와 일본어에서 발견되는 특징적인 존대법 체계가 타이어나 자바어에도 있다.

아래 〈표 4〉에 열거하는 단어들이 이른바 북방 기원설을 뒷받침하는 알타이(Altai)어군에서는 대응이 발견되지 않는다.

〈표 4〉

한국어	일본어	영어
섬(syəm)	sima	'island'
밭(path)	pata	'field'
바다(pata)	wata	'ocean'
몸(mom)	mu	'body'
낫(nas)	nata	'sickle'
여러(yərə)	yoro	'many'

그러나 한반도와 동남아 사이에 망망 대해인 태평양이 펼쳐 있는데 어떻게 동남아에서 언어족이 이동하여 올 수 있을까? 우리의 상식으로는 도저히 불가능한 일로 여겨질 것이다.

일본어 학자 오노스스므(大野晋)는 말레이-폴리네시아 어족(Malayo-Polynesian : Magadascar로부터 Hawaii군도까지, 그들의 북부 지역인 Taiwan과 Okinawa)로부터 이주하여 온 언어족이 일본의 기원을 이루었다고 주장하였다. 이 가능성은 일본과 인접한 한반도 남부지역에도 존재할 수 있다. 사실 대만해협과 대한해협 사이에 오키나와 열도가 있어서 이 섬들은 민족 이동의 징검다리(stepping stones) 역할을 하였기 때문이다. 따라서 우리가 원시 한국어에서 남방요소를 발견한다는 것은 결코 놀라운 사실이 아니다. 다만 문제는 북방요소에 비교할 때 유사성이 부족하다는 점에 있다.

4) 북방(北方) 기원설

 우리말이 이른바 알타이(Altai)어족에 속한다는 학설이 바로 이 북방 기원설에 해당한다. 알타이어족은 몽고어계·퉁구스어계·토이기어계로 하위 분류되는데 우리말이 여기에 속한다는 것이다. 알타이어족은 카스피안(Caspian)으로부터 캄차카(Kamchaka) 반도에 이르기까지 아시아 대륙을 횡단하는 광활한 지역에 분포하였다. 우리말이 북방으로부터 내려온 결정적인 증거의 하나로 우리말의 방위어가 南쪽 = 앞쪽(前方), 北쪽 = 뒷쪽(後方), 東쪽 = 왼쪽(左方), 西쪽 = 오른쪽(西方)와 같이 北을 등지고 앞을 南쪽으로 향해 내려왔음을 나타내 주는 말에 있다. 이와 비슷한 방위어의 증거가 인구어족(Indo-Europian Languages Family)에서도 발견된다. 예를 들면 인도어(印度語)의 방위어는 東쪽 = 앞쪽(前方), 西쪽 = 뒷쪽(後方)과 같이 西를 등지고 東쪽을 향해 이동하여 왔음을 나타내 준다. 우리 민족이 집을 지을 때 남향집을 짓고, 묘자리도 남향을 명당으로 여기어 선호하는 까닭도 같은 맥락에서 이해할 수 있다. 이밖에 토기의 표면 무늬·청동기·토템무당·신령(神靈)·선돌(立石dolmen and menhir) 같은 거석(巨石)문화 등에서 알타이어족의 문화적 유사성을 발견한다.

 한국어가 알타이어족에 속한다는 주장을 언어학적으로 강력하게 한 학자는 핀랜드의 언어학자며 외교관인 람스테드(G. J. Ramstedt, 1873~1950)이다. 그가 연구한 내용을 중심으로 한국어와 알타이어의 친족성을 나타내는 공통점을 열거하면 다음과 같다.

① 모음조화를 공유한다.

② 어두 자음조직이 제약을 받는다.

③ 첨가성(膠着性)이 있다.

④ 모음교체나 자음교체가 없다.

⑤ 관계대명사와 접속사가 없다.

⑥ 부동사가 있다.(접속사가 없는 대신에)

⑦부동사형이 있다.

⑧ 어순(語順, word order)이 동일하다.

특히 어휘 비교에서도 다음과 같이 대응을 보인다. 알타이어에 속하는 여러 언어들에 대한 약호를 다음과 같이 표기하기로 한다.

PA.=원시 알타이어	K.=한국어	OK.=고대 한국어	MK.=중세 한국어
Ma.=만주어	Chu.=추바쉬어	Mo.=몽고어	MMo.=중세 몽고어
Ev.=에벤키어	Go.=골디어	OT.=고대 토이기어	MT.=중세 토이기어
Mgu.=몽구올어	J.=일본어	OJ.=고대 일본어	Tu.=통구스어
Yak.=야쿠트어	Ul.=울차어		

아래 〈표 5〉에서 비교한 어휘는 비교적 체계적인 대응을 보인다. 이 사실을 근거로 많은 알타어학자들이 한국어의 기원을 원시알타이어에 두려 한다. 그러나 알타이어와의 비교에서 체계적으로 대응하는 어휘 수가 2백을 넘지 못한다는데 문제가 있다. 한 언어의 기원을 밝히는데 있어서 결코 충분한 어휘수가 아니기 때문이다.

〈표 5〉

한국어 *pom*(봄) 'spring'	: Ma. *fon* 'season', Mo. on 'year', MMo. *hon* 'year', Mgu. *fän* 'spring',
한국어 *pul*-(불-) 'to blow'	: Ma. *fulgije*, Lamut hu-, Mo. *ülije*-, MMo. *hülie*- 'to blew'
한국어 *pil*-(빌-) 'to pray'	: Ma. *firu*- 'to pray', Ev. *hiruge*-, Mo. *irüge* MMo. *hirüer*- 'prayer'
한국어 *pus*-(붓-) 'to pour'	: Ma. *fusu* 'to sprinkle', Ul. *pisuri*-, Mo. *ösur*-, Mgu. *fudzuru*-, Go. *pis*- 'to pour'
한국어 *nal*(날) 'raw'	: Go. *nalum*, Mo. *nilarum* 'raw'
한국어 *alɛ*(아래)' below, under'	: Ev. *alas* 'thigh', Mo. *ala* 'underside of thighs', OT. *al* 'frontside', MT. *alin*, 'underside'
한국어 *tol*(돌) 'stone'	: Mo. *čilaqum*, Chu. *čul*, OT. *taš*, Yak. *taš*, PA. **tilga* 'stone'
한국어 *mul*(물) 'water'	: Ma. *muke* 'water', Go. *muə*, Ev. *mu*, Mo. *mören* 'river'

위 네 학설 중에서 '동방 기원설'과 '서방 기원설'은 일고(一考)의 가치도 없는 유치한 속설에 불과하다. 학계의 보편적 인식으로는 '북방 기원설'(이른바 알타이어 기원설)이 가장 유력하다. 그러나 우리의 관심이 '북방 기원설' 일변도로 치우쳐서도 안 될 것이다. 고대 한반도의 남부에 위치하였던 삼한(마한·진한·변한)의 언어가 어디서 온 것인가? 그 기원 문제까지 '북방 기원설'이 해결할 수 없기 때문이다.

요컨대 한반도와 일본의 위치는 아시아 대륙에서 보면 극동(極東)이
지만 반대로 태평양에서 보면 극서(極西)이다. 만일 초기에 두 언어족
이 북방과 남방에서 출발하여 이동하여 왔다면 그들이 만나는 곳은 북
부와 남부에 각각 정착한 남만주와 한반도이었을 것이다. 따라서 우리
는 한반도의 북부와 남부에 분포하였던 언어는 이른바 '북방 기원설'
의 부여계어(扶餘系語)와 '남방 기원설'의 한계어(韓系語)이었다는 복
수기원의 가능성을 배제할 수 없는 것이다.

2. 우리말의 형성·발달

오늘날 우리는 단일민족으로 단일 언어를 사용하고 있다. 나라마다
모두 그런 것은 아니다. 어떤 나라는 두 종류의 언어를 쓰기도 하고, 스
위스와 같이 네 나라 말(영어·독일어·불어·이태리어)을 사용하는
나라도 있다. 이들에 비해 우리 민족은 아주 행복한 국어생활을 하고
있다. 그러나 우리 민족이 처음부터 단일한 언어 생활을 한 것은 아니
었다. 우리말이 단일 언어로 통일된 것은 백제(~660)와 고구려(~668)
가 망하고 신라가 통일한 뒤에 시작되어 고려조(918~)에 이르러 비로
소 본격적으로 단일화한 것이다. 고려 이전, 삼국시대와 삼한시대에는
한반도와 남만주의 광활한 국토(國土)에 여러 종류의 언어들이 사용되
었던 것으로 여겨진다. 그러나 그 당시의 언어에 대한 자료가 전해지지
않았다. 그 때의 언중(言衆)이 사라짐과 동시에 그들의 언어도 자취를

남기지 않았다. 그렇기 때문에 그 당시의 구체적인 언어 모습은 전혀 알 길이 없다. 다만 중국의 역사책들에 남겨진 단편적인 기록을 통하여 남만주와 한반도에 여러 종류의 언어가 분포하였던 사실과 언어의 특성을 추정할 수 있을 뿐이다. 중국 역사책의 기록을 중심으로 고대 국어의 분포를 추찰(推察)하면 두 계통의 언어로 나눌 수 있다.

1) 북부의 여러 언어

(1) 부여계 언어

『위지』(魏志) 또는 『후한서』(後漢書)에 나타나는 고구려어에 관한 기록은,

① 동이(고구려)족의 옛말은 부여별종으로써 언어와 여러 일들이 부여와 많이 같고 성질과 의복이 다르다(東夷舊語 以爲夫餘別種 言語諸事 多與夫餘同 其性氣衣服有異).

와 같이 고구려족은 부여족의 한 지파로써 동일한 언어를 사용하였다고 증언하였다. 따라서 부여어와 고구려어는 동일한 계통의 언어이었음을 알 수 있다.

『위지』·『후한서』·『삼국지』(三國志) 등은 옥저(沃沮)에 대하여,

② 그 언어(옥저어)가 고구려어와 대체적으로 같고 때때로 조금 다르다(其言語與高
句麗大同 時時小異).

와 같이 기록하였다. 이 기록에 따르면 고구려어와 옥저어가 거의 같았
음을 알 수 있다. 다만 '時時小異'란 구절은 '두 언어 사이에 방언적 차
이가 있다'는 뜻으로 풀이할 수 있다.
  한편 『위지』·『후한서』에 적힌 예맥(濊貊)에 대한 기록을 보면,

③ 노인들이 예로부터 이르기를 예맥은 고구려와 동일 종족이며 언어와 법속이 대
체적으로 같고 의복은 다르다(其耆老舊自謂 與句麗同種 言語法俗 大抵與句麗同 衣
服有異).

와 같이 밝히었으니 예맥어 또한 고구려어와 같았음을 알 수 있다.
  위에서 설명한 내용을 종합하면,

① 부여어=고구려어 ②고구려어=옥저어 ③ 고구려어=예맥어

와 같이 되기 때문에 결국은 ① = ② = ③의 등식이 성립한다. 그래서
이들을 통칭하여 '부여계어'라 부른다.

(2) 숙신계(肅愼系) 언어

　북부의 인접 지역에 부여계어와는 다른 언어족이 있었다. 이른바 '숙신족의 언어'가 그에 해당한다. 『삼국지 위지 동이전』은 읍루(挹婁)에 대하여,

　　① 사람의 모습은 부여인과 비슷한데 언어는 부여·고구려와 같지 않다(其人形似夫餘 言語不與夫餘句麗同).

라 기록하였다. 이 기록에 의하면 사람 모양은 같은데 언어는 부여어·고구려어와 달랐음을 알 수 있다. 여기 읍루(挹婁)는 숙신족의 후예로서 그 계통이 '물길족(勿吉族)〉말갈족(靺鞨族)'으로 계승된다. 또한 『북사』(北史659) 물길전의 기록은,

　　② (숙신)은 고구려의 북쪽에 있는데---언어가 홀로 다르다(在高句麗北---言語獨異).

라고 하였다. 숙신의 위치는 고구려의 북에 있었으면서 언어는 홀로 달랐다는 사실을 알려 준다. 여기 '홀로 다르다'는 표현은 주변의 언어들(부여어·고구려어·옥저어·예맥어)은 동일한데 숙신어만이 홀로 다르다는 뜻이다.

　부여계에 속했던 여러 언어들의 분포 지역은 남만주의 동부에 부여

어, 그 서부와 평안도·황해도에 고구려어, 함경도와 두만강 북부에 옥
저어, 그 남쪽 강원도에 예맥어가 분포하고 있었다. 후대로 내려오면서
고구려가 인접한 동일 어족(語族) 국가들을 통합함으로써 고구려어가
부여계어를 대표하게 되었다.

2) 남부의 여러 언어

(1) 마한어 · 진한어 · 변한어

삼한(馬韓·辰韓·弁韓) 가운데서 마한의 위치가 충청·전라도 지역
이었을 것으로 추정하는 데는 거의 이의가 없는 듯하다. 그런 반면에
진한의 위치에 대하여는 여러 학설이 대립하여 왔다. 사학자 중 이 병
도는 진한의 위치를 현재의 경기도와 강원도의 일부(嶺西)까지였다고
주장하였다. 이 학설을 바탕으로 이숭녕은 남방계 한어(韓語)는 동남에
변진어, 서남에 마한어, 중부에 진한어가 쓰였다고 주장하였다.

우리는 여기서 마한어와 진한어의 관계를 면밀히 살펴볼 필요가 있
다. 북부에 인접(隣接)한 언어의 침식을 당하지 않았을 것으로 추정되
는 순수한 한계어인 마한어는 그렇지 않았던 진한어(분포 지역을 중부
지역으로 비정(比定)할 때)와 대비할 경우에 적어도 방언차 이상의 언
어차가 있었을 것으로 여겨진다. 물론 진한의 모든 부족어(部族語)가
그렇지 않았을 것이지만 진한 12부족국 중에서 부여계와 인접한 지역
에 위치한 부족국들은 부여계어의 침식 또는 동화를 입었거나 애당초

부여계어를 사용하는 부족도 있었을 가능성을 배제할 수 없다. 그렇기 때문에 진한의 북부 지역의 언어적 특성을 오히려 부여계어로 추정하려는 것이다. 여기서 벗어난 남부의 진한 지역만이 마한어와 동일하였을 것으로 보려 한다.

요컨대 진한어의 상황은 진한 12국을 편의상 남·북으로 양분할 때 북부의 언어는 부여계어, 남부의 언어는 한계어이었을 가능성이 짙다. 이러한 가설을 전제할 때 다음의 중국 사서(史書)에 나타나는 언어와 관계되는 기사(記事)는 부정적인 면에서 의심을 자아내기보다 오히려 긍정적으로 해석할 수도 있다.

『삼국지 위지』 동이전은 진한에 대하여,

① 진한은 마한의 동쪽에 있는데 노인이 세상에 전하는 말이 ⓐ옛날 진나라 부역을 피하여 한국에 망명한 사람이 있었는데 ⓑ마한이 동쪽땅을 떼어 주었다. 성책(城柵)이 있고, ⓒ그 언어는 마한어와 같지 않았다. ⓓ國을 邦이라 하고, 弓을 弧라 하고, 賊을 寇라 하고, 行酒를 行觴이라 하고, 서로 부르기를 皆를 徒라 하니 진인(秦人)과 흡사하다. 다만 연(燕)나라·제(齊)나라 말(名物)이 아니다(辰韓在馬韓之東 其耆老傳世而自言 ⓐ古之亡人避秦役 來適韓國 ⓑ馬韓割其東界地與之 有城柵 ⓒ其言語不與馬韓同 ⓓ名國爲邦弓爲弧 賊爲寇行酒爲行觴 相呼皆爲徒 有似秦人 非但燕齊之名物也).

와 같이 기록하였다. 우리는 위 기사 내용을 부정할 수도 긍정할 수도

없는 난관에 봉착한다. 이런 애매한 처지에서 우리는 수긍할 부분은 수
긍하고 부정해야 할 부분은 부정하는 태도를 취함으로써 바르게 해석
할 수 있다.

 위 인용문 중 밑줄 친 ⓐ, ⓑ의 내용은 사실과 다르게 꾸민(僞作) 이야
기이거나 잘못 전해진 내용을 기록한 것으로 볼 수 있다. 그러나 ⓒ는
진한의 북부어와 다른 점을 단적으로 지적한 듯하다. ⓓ는 진한이 대방
(帶方)·낙랑(樂浪)과 접경 지역이었음을 증언하는 내용으로 보아도 무
방하다.

 한편 위 중국사서는 변진(弁辰)에 대하여,

② 변진(변한) 사람은 진한 사람과 섞여 살았다. 역시 성곽이 있었고 의복 거처가 진
한과 같았다. 언어 법속이 서로 비슷하였다(弁辰與辰韓雜居 亦有城郭 衣服居處與
辰韓同 言語法俗相似).

라 기록하였다. 그런데 『한서』 동이전은 변한(변진)과 진한에 대하여,

③ 변진(변한) 사람은 진한 사람과 섞여 살았다. 성곽 의복이 모두 같았다. 언어 풍
속은 달랐다(弁辰與辰韓雜居 城郭衣服皆同 言語風俗有異).

라고 기록하였다. 위 ②와 ③의 내용을 비교할 때 ②는 '언어 법속이 같
다' 라 하고, ③은 '언어 풍속이 다르다' 라 하여 상반(相反)된다. 동일한

내용에 대하여 왜 서로 다른 기술을 하였던 것인가? 아마도 ②는 진한의 남부 지역어와 비교하였기 때문에 그리 된 것이요, ③은 진한의 북부 지역어와 비교하였기 때문에 그리 된 것이 아니었던가 한다. 진한어에 대한 위와 같은 상반된 기사(記事)는 진한어를 복수언어로 추정하는 근거가 된다.

진한이 대체적으로 남부지역과 북부지역에 다른 언어를 사용한 복수언어 사회이었을 가능성은 다음의 내용에서 또 확인할 수 있다. 『후한서』 동이전 韓조에,

④ 진한은 동쪽에 있었다. 진한은 12국이 있었다. 그 북부는 예맥과 접경하였다. 변진은 진한의 남쪽에 있었는데 또한 12국이었다(辰韓在東 十有二國 其北與濊貊接 弁辰在辰韓之南 亦十有二國).

라 한 기록이 있다. 위 기록에서 '진한의 북부가 예맥과 접경이었다'는 내용은 부여계어에 속하였던 예맥어와 진한의 북부어가 같은 언어권이었을 가능성을 알리는 대목이다. 그리고 진한의 남부는 인접한 변한어와 같은 언어권이었을 가능성을 시사한다. 위 ②·③·④의 기록 내용을 종합하면 진한의 위치가 한반도의 중부 지역을 비롯한 동남부 지역이었을 것으로 추정된다.

설령 종래의 통설에 따라서 진한의 위치를 마한과 변한의 동쪽에 비정(比定)한다 하더라도 마한의 영역은 경기도와 강원도의 일부까지 올

라가게 된다. 이렇듯 광활(廣闊)한 지역에서 54개 부족국들이 단일 언어를 사용하였다고 볼 수는 없다. 한강을 중심으로 한 중부지역이 마한 또는 진한 어느 쪽에 속했던 간에 이 중부지역의 언어는 부여계어가 쓰였다고 추정할 수 있다. 만일 그 소속이 마한이었다면 마한어 또한 북부 지역은 부여계어 남부 지역은 한계어를 사용하였을 것으로 추정할 수 있다.

 이제까지 논의한 바를 종합하면 진한(또는 마한)의 북부 지역을 빼고 나머지 삼한 지역에서는 동일계 즉, 한계어를 사용한 것으로 추정한다. 부여계어와 한계어를 구분하는 가장 두드러진 특징의 하나는 부여계어인 접미 지명소 '-忽'(城)과 한계어인 접미 지명소 '-夫里 / -伐·-弗·-火(블)'의 대응 분포이다.

백제말의 뿌리

　보편적으로 백제는 마한이 망한 터전에 건국한 것으로 인식하여 왔다. 그리고 백제어는 마한어를 이은 것으로 생각한다. 그러나 이는 잘못 생각이다. 백제는 마한이 망한 때(거의 4세기 중반 쯤)보다 훨씬 이른 시기인 기원전 18년에 나라를 세웠기 때문이다. 그렇기 때문에 백제말의 뿌리도 다른데 박혀 있는 것으로 알고 그 뿌리를 다시 찾아야 한다.

　백제 시조 온조(溫祚)가 나라를 세운 곳의 지명이 위례홀(慰禮忽)이다. 그리고 그의 형인 비류(沸流)가 나라를 세운 곳의 지명은 미추홀(彌鄒忽)이다. 공교롭게도 두 지명에 지명소 '-忽'이 접미되어 있다. 위에서 자세히 설명한 바와 같이 지명소 '-忽'은 부여계어의 한 특징이다. 그럴 뿐만 아니라 온조왕이 나라 세울 곳을 내려다보기 위하여 올라간 산의 이름이 부아악(負兒嶽)이다. 이 '부아악'은 부ㅿ압 〉 부ㅿ압 〉 부아악으로 변하였다. 고려의 수도인 송도(松都)를 삼국시대에 부소압(扶蘇押=松嶽)이라 하였다. 위 부ㅿ(負兒)와 부소(扶蘇)는 동일 지명소이다. 이 지명소 '부소'는 부여계어에 해당한다. 또한 '-압'(押 = 嶽)도 부여계어에 해당한다. 위에서 이미 논의한 내용과 여기에 제시한 세 지명소 '-忽, 扶蘇 / 負兒, -押'의 분포 특징으로 보아 온조와 비류 형제가 나라를 세운 영역은 한계어 지역이 아닌 부여계어 지역이었던 것으로 추정된다.

백제 시조 온조는 이복형(異腹兄)인 유리(琉璃)(고구려 제2대 왕)가 북부여로부터 아버지를 찾아 내려오자 피신(避身)하여 황급히 남하(南下)하였다. 온조와 비류 형제는 왕위 계승에서 유리와 정적이 되었기 때문이다. 졸지에 쫓겨난 온조와 비류가 남으로 내려와 나라를 세운 곳은 '위례홀'과 '미추홀'이다. 상식적으로 생각할 때 온조와 비류는 자신들과 동일한 언어를 사용하는 동일 언어권에 우선 정착하였겠는가 아니면 다른 언어권에 정착하였겠는가? 물론 언어 소통이 가능한 지역을 선택하였을 것이다. 그래야 부족을 다스릴 수 있기 때문이다.

위에서 고찰한 바로는 지명소 '-忽'이 분포한 한반도 중부 지역은 부여계어를 사용하는 언어권이라 추정하였다. 한계어 지역은 지명소 '-卑離'(> -夫里)가 분포하였다. 따라서 백제어의 뿌리는 일차적으로 부여계어에 박혀 있다고 볼 수 있다.

백제말의 형성

우리의 역사서인 『삼국사기』와 『삼국유사』에 의하면 백제는 기원전 18년에 건국하였다. 건국과 동시에 백제어도 시작된 것으로 볼 수 있다. 위에서 언급한 바와 같이 백제어는 부여계어를 쓰던 부족어에서 기원하였다. 처음은 비록 초라한 부족어로 출발하였지만 나라가 점점 확장됨에 따라 언어의 세력도 확대되었을 것이다. 말하자면 인접한 부족들을 하나하나 흡수통합함에 따라 흡수된 부족의 언어도 통합되기 마련이다. 만일 영토의 확장에서 동일 언어권이 아닌 종족이나 부족을 통합할 경우는 단일 언어 사회가 복수 언어 사회로 바뀌게 된다. 이 점에서 고구려 · 신라 · 가라가 내내 단일 언어를 사용하였던 것과는 달리 백제는 '단일 → 복수 → 단일'의 변화를 경험하게 되었다.

백제의 건국과 동시(B.C. 18)에 기원(起源)한 백제어는 백제가 망한 시기(660)까지 678년간을 백제어가 사용된 공식적인 기간으로 산정(算定)할 수 있다. 그러나 국가가 망한다 하여 곧바로 그 나라가 쓰던 언어가 일시적으로 소멸되는 것은 아니다. 언어를 쓰는 언중(言衆)이

거기 남아 있는 한, 언어도 남아 있기 때문이다. 국가는 망해도 국어는 상당한 기간 존속(存續)되는 경우가 때때로 있기 마련이다.

위에서 여러 모로 살펴본 백제어의 8백 년 역사를 어떻게 구분할 것이냐의 문제가 제기된다. 우선 우리는 시대 구분에 적용될 객관적인 기준부터 마련하여야 할 것이다. 여기서 기준 삼을 몇 가지 핵심 사항을 다음에 제시할 수 있다.

첫째, 천도(遷都)로 말미암은 중앙어의 이동은 경우에 따라서는 언어의 변화를 수반할 수도 있다는 보편적인 사실을 유의할 필요가 있다. 또한 수도를 옮김에 있어서 경우에 따라서는 큰 차이가 날 수 있다. 그것은 이동거리의 멀고 가까움에 따라서 다를 수 있고, 언어권이 다른 지역에 천도하는 경우는 그렇지 않은 경우와 언어사적인 면에서 큰 차이가 나기 마련이다. 무려 세 번이나 수도를 옮긴 백제의 경우는 위에서 제시한 것들 중 어느 항에 해당할 것인가를 먼저 구명(究明)하여 이를 백제어사의 시대 구분에 적용하려 한다.

둘째, 영토가 확대되거나 축소되면 그로 인하여 언어도 변한다. 가령 단일 부족국가 시대의 규모는 1개 부족단위의 구역을 크게 벗어나지 못하였을 것이므로 그 언어 또한 단일했을 것으로 추정할 수 있다. 그러나 국력이 강해짐에 따라 많은 이웃 부족을 병합(倂合)하는 경우는 정복당한 부족 중에 아주 이질적인 언어족이 병입(倂入)될 수도 있기 때문에 복수 언어 사회로 변할 가능성이 있다. 반대로 확장(擴張)되었던 국토가 졸지에 축소될 경우에는 복수 언어사회가 다시 단일 언어 사회로 환원(還元)될 가능성도 있다.

필자는 백제어 800년 역사의 시대를 구분함에 있어서 위에 제시한 두 가지 사실을 기준 삼아 기술할 경우에 백제어사는 다음과 같이 삼기(三期)로 구분할 수 있다.

제1기(전기) ; 온조(溫祚)가 나라를 세운 기원전 18년부터 부족국의 형태를 벗어나지 못한 제8대의 고이왕(古爾王)대(260)까지를 제1기로 잡는다. 약 300년 동안인 이 기간은 아직은 부락단위에 해당하는 위례국(慰禮國)이었을 것이다. 이병도(1974 : 3)는,

그러나 초기로부터 국호가 백제였다고는 생각되지 않는다. 건국 초기의 국호는 부락국가시대와 마찬가지로 위례라고 하였을 것이다. 百濟라고 개칭(改稱)하기는 慰禮에서 백제(伯濟, 廣州)로 천도(遷都)한 직후부터라고 보아야 하겠다. 이 천도 연대는 자세치 아니하나 나는 연래 비류왕 즉위 초년(304)으로 비정하여 왔다.

라고 하였다. 엄격히 말하자면 제1기의 언어는 '위례홀어'이다. 제1기를 편의상 전기(前期)라 부르기로 한다.

이 전기는 위례홀을 중심으로 한 현 경기권의 언어 시대를 가리킨다. 다시 말하자면 부여계어의 단일 언어를 사용한 시대이다. 이 시기의 언어 자료는 주로 지명어인데 『삼국사기』 지리 2, 4에 전해진다. 김부식은 이 중부 지역의 지명을 고구려의 것으로 명시하였다. 아마도 이는 김부식의 의견이 아니라 경덕왕 혹은 그 이전의 기정 사실을 그대로 옮

겼던 것으로 여겨진다. 김부식은 오로지 전해 내려오는 신라지(新羅志)를 바탕으로 삼았을 뿐이기 때문이다. 여하튼 누구의 소행이든 이는 의도적으로 조작한 판도(版圖)이었다. 후대에 이를 바로잡은 내용들이 다음과 같이 발견된다.

『고려사』 지리1 ①과 『용비어천가』 제9장의 지명주석 ②는,

① 양광도는 본래 고구려·백제의 땅이다. 한강이북은 고구려, 그 이남은 백제의 땅이었다(楊廣道本高句麗百濟之地 漢江以北高句麗 以南百濟).
② 양광도는 본래 백제의 땅이다. 고려 충숙왕 때 도내의 양주와 광주를 합쳐 이름 지었다(楊廣道本百濟之地 高麗忠肅王時 爲楊廣道 擧道內楊州廣州二大官以名之).

와 같이 ①은 한강을 경계로 북부 지역은 고구려의 영토로, 남부 지역은 백제의 영역으로 복원하였고, ②는 아예 전체를 백제 영토로 환원하였다. 이 내용은 김부식이 중부 지역을 고구려의 영역으로 간주한 것과는 딴판이다. 『삼국사기』 지리 2, 4의 이른바 고구려 지명을 반절이나 백제 지명으로 복원(復元)한 태도가 새롭다. 그러나 이렇게 주장해 놓고 실제로는 한강 이남의 모든 군·현을 백제로 이적(移籍)하지 않고 고구려 지명록에 두어 뒀다.

김정호의 『대동지지』는 김부식이 지정한 이른바 고구려의 지명록 중 백제가 고구려한테 빼앗긴 영토 내의 지명들을 백제 지명으로 확인하고 69개 지명의 본적(원적)을 백제로 옮겼다. 그리고 도수희는 『삼국사

기」와 『삼국유사』의 기사 중에서 백제의 역대왕이 활약한 백제 영역의 한계를 추정하고 그 범위 안에서 김정호가 미처 찾아내지 못한 52개 지명을 다시 발견하여 추가하였다.

제2기(中期) ; 고이왕 초기(260)로부터 제22대 문주왕(文周王) 1년(475)까지를 중기로 잡으려 한다. 이 기간에 다음의 두 가지 중대한 사건이 발생하였기 때문이다.

첫째, 고이왕대 이후부터 이른바 부락국가체제가 중앙집권의 국가체제를 갖춘 연맹체로 바뀌었다는 사실은 언어사적인 면에서도 변화를 입었을 것이다.

둘째, 비류왕 즉위 초년(324)에 위례(현 서울)에서 현 경기도 광주로 수도를 옮긴 사실(이병도 1974 : 3, 이기백 1975 : 56)과 마한이 멸망하자 그 영토를 전부 차지하였던 근초고왕(近肖古王, 346~375)의 사건은 언어사적인 면에서도 대단한 변혁이기 때문이다.

위의 양대 사건은 백제어사에 있어서 하나의 기간을 설정하는데 충분한 이유가 되는 것이라 하겠다. 그러나 여기서 위례홀로부터 광주로 천도한 기간을 시대구분에 반영하지 않는 이유는 위에서 설명한 바와 같이 동일 언어권 내(부여계)의 근거리 천도였기 때문에 언어사적인 면에서는 특별한 의미가 없다는 데 있다. 이 기간을 편의상 중기라 부르기로 한다.

제3기(後期) ; 백제가 고구려의 침략을 피하여 경기도 광주(廣州)를 서울로 한 중부 지역을 포기하고 웅진(熊津 현 公州)으로 남천(南遷)한 때인 문주왕 1년(475)으로부터 신라 경덕왕(景德王) 16년(757)까지의 약 281년간을 말한다. 이 기간을 제3기로 설정하는 까닭은,

첫째, 국토의 3분의 1 이상(특히 중부 지역 이상)을 포기하고 웅진으로 수도를 옮겼다는 것은 언어적인 면에서도 여러 가지 의미를 갖는다.

둘째, 이 기간에 백제는 웅진 천도 63년을 마감하고 다시 서기 538년에 서남부의 사비성(泗沘城)으로 수도를 옮겼다. 그러나 이 사건은 동일 언어권 안에서 가까운 거리의 옮김이라는 점에서 별로 의미가 없다. 이보다는 오히려 천도를 단행한 성왕(聖王)대의 백제 문화가 황금기였다는 데 언어사적 의미가 있다. 그럴 뿐만 아니라 이 시기의 '양'(梁)나라 및 일본과의 문화교류는 백제어의 눈부신 성장 발달을 가져 왔을 것이라 믿는다. 그렇기 때문에 사비(소부리 〉 사비 〉 부여) 시대를 중요시하게 된다.

셋째, 서기 660년의 백제 멸망 이후 약 100년 동안도 결코 무시해서는 안 될 백제어의 잔류기(殘留期)이며 백제어의 마지막 종말에 해당한다. 이 시기는 엄밀한 의미에서 신라어의 동화기(同化期)라 할 수 있다. 신라 통일 3세기 동안을 백제어 쪽에서 보면 그 전반은 백제어가 신라어의 동화를 거부한 언어사적인 항거의 시기요, 후반은 동화에 응할 수밖에 없었던 순응의 시기였을 것이다. 그 이후의 백제어는 더욱 쇠퇴하여 결국 1개 방언으로 줄어들었을 것이다. 그 잔형이 아직도 충청 · 전라 방언에서 살아 숨쉬고 있는 것이다. 제3기를 편의상 후기라 부르기로 한다.

백제말의 시대별 특징

1. 전기 백제어의 특징

위에서 간략히 언급한 바와 같이 백제가 나라를 세운 곳은 진한(辰韓)의 서북 지역인 위례홀(慰禮忽)이었다. 이병도는 위례홀의 위치를 백제 초기에 부아악(負兒岳)이라 부르던 지금의 삼각산(三角山) 즉, 북한산을 배경으로 한 세검동(洗劍洞) 계곡 일대였을 것으로 추정하였다. 아직 하나의 부족국가였을 이 작은 나라의 말은 아마도 부여계의 단일 언어였을 것이다. 위례홀이 위치하였을 진한의 북부 지역 말이었을 가능성은 위 '백제어의 기원론'에서 이미 설명하였다. 이런 상태의 언어가 제8대 고이왕(古爾王 234~85)대까지 쓰였다. 따라서 백제 전기어의 특징은 단일 부족국가에 의하여 사용된 단일 언어사회였던 것으로 추정할 수 있다. 이 시기에 남겨진 언어 자료는 왕명을 비롯한 관직명·인명·지명에 해당하는 단어들 뿐이다.

2. 중기 백제어의 특징

고구려어·신라어에 비하여 백제어의 특징이 아주 다르게 형성된 시기가 바로 이 중기 백제어이다. 왜냐하면 이 시기의 백제어는 복수 언어사회일 가능성을 드러내기 때문이다.

백제라는 정치체제가 단일하다고 해서 언어도 단일하였다고 믿어서는 안된다. 한 나라 안에 복수의 정치 단위가 공존할 수는 없어도 하나의 나라 안에 복수의 언어는 쓰일 수 있기 때문이다. 예를 들면 스위스는 4개 국어(영어·독일어·불란서어·이타리아어)를 사용하고 있기 때문이다. 이런 가능성을 우리는 중기 백제어에서 발견할 수 있다.

사실 그 동안 우리가 보편적으로 인식하여 온 백제사에 관한 지식은 백제가 망하기 직전의 백제 판도라는 고정관념에 얽매여 있었다. 말하자면 이른바 공주·부여 시대(475~660) 185년간이라는 백제 후기 역사의 편견 때문에 그 이전 5세기에 가까운 긴 역사를 망각하는 착각에 빠진 것이다. 이러한 말기적인 편견이 백제의 언어사까지 착각하게 만들었다. 그러나 실제로 백제의 언어사는 자못 복잡하다. 백제의 역사를 668년으로 잡을 때 나라가 망한 이후의 백제어의 존속 기간을 대략 100년 안팎으로 잡으면 백제어의 역사는 거의 800년에 가깝다. 이 기간 중 3분의 2에 해당하는 약 500년 동안이나 수도가 현 서울 안의 '위례홀' 및 경기도 '광주'였고, 그 중 근초고왕(346~374)이 마한을 점령하기까지는 아직도 넓은 충청·전라 지역은 마한이 건재하고 있었다. 따라서 고이왕 때부터 근초고왕 초기까지의 중기 백제어의 전기에 해당하는 지역은 우리가 보편적으로 인식하고 있는 것처럼 그렇게 넓은 영토는 아니었다. 말하자면 현 전라·충청·경기·황해도를 총 망라한 판도에까지 확장된 것은 아니었다. 그러나 언어적인 면에서는 고이왕 이후로 줄곧 부족 연맹체를 이루면서 영토가 남북으로 확대되어 갔으며, 그 과정에서 언어사회의 구조가 단일에서 복수로 변하게 되었을 것이다. 여기서부터 백제는 남부와 북부에 서로 다른 언어를 사용하는 복수 언어사회가 형성된 것이라 하겠다. 요컨대 고이왕대(27~28)를 분계선으로 그 이전을 부여계의 단일 언어 시대, 그 이후를 부여계와 한계의 복수 언어 시대로 구분할 수 있다.

　그 동안 백제어의 성격을 밝히는데 있어서 뒷받침으로 삼아온 자료는 다음의 두 글귀이다.

ⓐ 백제의 언어복장이 대략 고구려와 같다(言語服章 略與高句麗同)〈『양서』 백제전(『梁書』 百濟傳)〉.

ⓑ 왕의 성씨는 부여씨이고 왕을 '어라하' 라 부른다. 일반 민간인들은 왕을 '건길지' 라 불렀는데 모두 중국말로 왕이란 뜻이다. 왕비는 '어육' 이라 불렀는데 중국말로 왕비란 뜻이다(王姓扶餘氏 號於羅瑕 民號鞬吉支 夏言並王也 妻號於陸 夏言妃也)〈『주서』 이역전 백제조(『周書』 異域傳 百濟條)〉

위 인용문 중 ⓑ를 중심으로 한 견해들은 ① '어라하' 및 '어육' 은 지배족어(支配族語)이고, ② '건길지'는 피지배족어(被支配族語)라고 해석하였다. 그리고 ①을 뒷받침하는 증거로 ⓐ의 내용을 들었다. 그리하여 백제어의 구조적 특징을 계층적인 것으로 인식하고 이른바 고구려어를 사용한 온조와 귀족들의 언어를 상층어로, 토착어인 마한어를 기층어로 추정하였다.(김형규 : 1963, 이기문 : 1967 참고)

그러나 위 인용문 ⓐ, ⓑ를 전혀 다른 각도에서 풀이할 수도 있다. 위 ⓐ문을 액면대로 수용할 때 초기 백제 시대에 고구려어와 동일한 언어사회가 있었음을 증언하는 것으로 풀이할 수 있다. 여기서 우리는 위에서 이미 전제한 내용 중 백제어의 단일 언어사회 혹은 복수 언어사회를 상기하게 된다. 위 ⓑ문의 내용 중 '어라하'는 복수 언어 중 부여계의 고구려어를 가리키는 것이요, '건길지'는 다른 하나인 한계의 마한어를 지목하는 것으로 풀 수 있기 때문이다.

요컨대 같은 인용문 ⓐ, ⓑ를 근거로 성립할 수 있는 가설은 백제어의 '계층적 언어사회'와 '복수 언어사회'의 양립(兩立)이다. 이 사실은 나라를 세운 이래 단일 언어만을 일관하여 사용한 고구려와 신라에 비해 독특하게 다른 특징이다.

이제까지 우리는 중기의 백제어 중 전기에 해당하는 여러 문제를 논의하였다. 이어서 그 후기에 해당하는 백제어에 관하여 간략히 설명하고자 한다. 이 기간은 백제의 근초고왕이 마한의 옛 터전을 전부 점령하고 북으로도 대방(帶方)의 옛 땅을 흡수하여 드넓은 국토의 강대국을 이룩한 시기부터 개로왕이 전사한 때(475)까지 약 100여 년에 해당한다. 이 기간에서 우리는 백제어의 특징 몇 가지를 생각할 수 있다. 무엇보다도 마한의 옛 터전에 뿌리박힌 토착어(마한어)에 현 경기·황해도 일원에서 쓰인 토착어(부여계어인 지배족어)의 세력이 막강한 영향을 끼쳤을 것으로 추측된다. 그렇다고 마한어가 지배층의 언어로 바뀌는 변혁이 일어날 수는 없는 것이다. 다만 다소의 침식 및 동화만이 가능하였을 뿐 기층을 흔들지는 못하였던 것으로 보려 한다.

고구려 장수왕이 서기 475년에 남침하여 백제의 북부 지역을 점령한 기간은 중부 77년간, 황해도 192년간에 불과하다. 백제가 잃은 이 터전에는 493년 간(18 B.C.~475)이나 사용한 백제어의 뿌리가 깊숙이 박혀 있다. 더욱이 이 점령 지역에는 백제의 국민이 잔류하여 백제어를 여전히 쓰고 있었다. 장수왕과 싸우다 전사한 개로왕의 아들 문주왕 일행만이 황급히 공주로 남하하였기 때문이다. 일반적으로 국토나 영토는 점령되어도 그곳의 언어는 바뀌지 않고 그대로 쓰인다. 이는 나라 잃은 모든 식민지가 언어만은 변함없이 지속된 사실을 동서고금을 통하여 확인할 수 있다. 더욱이 백제가 점령당한 중부 지역의 언어 자료는 대부분 지명인데 그것들이 『삼국사기』 지리 2, 4에 남아 있다. 그런데 『삼국사기』는 고구려의 점령기간에 맞추어 이 지명들을 고구려의 것으로 명시하였다. 그러나 지명의 보수성을 감안할 때 이 피점령 지역의 지명은 실제로는 백제의 것이며 따라서 백제어에 해당한다. 이 문제는 다음에 다시 자세히 설명하기로 하겠다. 여기서 우리는 중기 백제어의 복수성을 다시 확인한 셈이다. 그렇기 때문에 김정호는 「대동지지」

에서 『삼국사기』 지리 2의 고구려 지명 중 빼앗긴 백제의 영토에서 69 지명을 찾아 그 본적을 백제로 환원하였다. 거기에다 필자가 재차 발견한 52지명을 추가하였다(그림 2 참고).

요컨대 중기 백제어의 특징은 부여계어와 한계어의 '복수 언어사회'이었을 가능성에 있다.

3. 후기 백제어의 특징

이 시기는 문주왕 1년(475)의 제3차 천도(遷都)로 인한 웅진(熊津) 시대부터 막이 오른다. 이 시기는 백제가 전 영토의 3분의 1이 넘는 북부를 잃음으로써 위에서 추정한 부여계 언어 지역을 상실하였다. 그리하여 다시 위례홀어 시대와 같은 단일 언어사회로 회귀(回歸)하게 된다. 다만 서로 다른 점이 있다면 전기 시대의 단일어는 부여계어인데, 이와는 반대로 이 시기의 단일어는 한계어라는데 있다. 물론 중기의 백제어가 복수 언어였다 하더라도 그 언어 세력의 판도로 보아선 부여계어가 지배적인 위치에 있었을 것이다. 그것은 전기 백제어부터 중기 백제어까지 부여계어가 지속적으로 사용된 이점(利點)이 있는 데다가 통치자와 지배층의 언어가 바로 이 언어였다는 점이 더해지기 때문에 부여계어의 세력이 막강하였을 것이다. 그리하여 중기 이후 한계어 지역인 마한의 옛 터전에 침식·동화(侵蝕·同化)의 영향을 끼쳤을 것으로 생각된다. 이 사실은 백제의 중부 지역에 조밀하게 분포되어 있었던 접미

지명소 ‘-홀(-忽)’이 남부에서도 ‘복홀’(伏忽 현 寶城), ‘벽골’(辟骨
= 辟城 현 金堤) 등의 ‘-홀·-골’이 드물게나마 나타나므로 단적인 증
거로 확인된다. 뿐만 아니라 백제의 남부 지역에서 발견되는 ‘미곡’(未
谷 〉 懷仁), ‘아노곡’(阿老谷 〉 鹵辛)의 ‘곡’(谷)도 부여계어의 접미 지
명소이며, ‘감매’(甘買 〉 林川), ‘흔량매’(欣良買 〉 喜安), ‘매구리’(買
仇里 〉 海島)의 ‘매’(買)와 ‘아술’(牙述 〉 陰峯), ‘우술’(雨述 〉 比豊),
‘황술’(黃述 〉 黃原)의 ‘술’(述)도 부여계어에서 많이 발견되는 접미 지
명소이다. 남부 지역에서 비록 희박한 분포를 보이는 이것들은 중부 지
역의 부여계어가 남부로 파급된 사실을 알려 주는 증거가 된다. 반면에
백제의 남부 지역에서 적극적인 분포를 나타내는 접미 지명소 ‘-촌’(-
村)·‘-지’(-只)·‘-기’(-己)·‘-부리’(-夫里) 등은 백제가 잃어버린
영역인 중부 지역에서는 발견되지 않는다. 이와 같은 부여계어의 남부
침투의 세력은 웅진(〉 공주) 천도를 계기로 더욱 강화되었을 것이다.
그리하여 지배족의 언어와 피지배족의 언어 사이에 더욱 두터운 계층
을 이루는 이른바 언어 계층사회를 형성하였을 것으로 생각된다.

한편 백제어의 역사에서 이 후기가 제일 큰 비중을 차지함은 백제사
668년 중 185년에 불과한 이 시기의 문화가 백제 문화를 대표할 만큼
찬란하였다는 점에 있다. 언어는 곧 문화 발전의 매개체이기 때문에 찬
란한 문화는 언어의 발달을 의미한다. 특히 성왕(聖王) 16년(538)에
‘소부리’(所夫里 〉 扶餘)로 서울을 옮긴 이후 122년간의 눈부신 문화
발전은 곧 언어적인 발전을 수반하는 것이다.

4. 망국후 백제어의 특징

비록 빈약한 자료이지만 그나마 우리의 손안에 들어 있는 백제어 자료 중 그 절반 이상이 후기 백제어에 해당하는 것들이다. 그리고 백제가 패망한 서기 660년 이후에도 대략 1세기 정도는 백제어가 그 본바닥에서 여전히 쓰였을 것으로 여겨진다. 이 상황은 신라 경덕왕(景德王)이 서기 757년에 정치·행정적인 면에서 언어(또는 지명) 통일을 목적으로 지명개정을 단행한 것으로 미루어 볼 때 백제어가 상당 기간 존속(存續)하였음을 암시하는 것이라 하겠다. 특히 『일본서기』 등 국내외 고문헌에서 백제 망명인들의 성명·관직명·지명들이 많이 발견되는 것도 그러한 추정에 무게를 실어주는 점이다.

지금까지 설명하여 온 백제어의 형성 및 발달 과정을 요약하면 〈그림 1〉과 같다.

그림 1. 백제어의 형성 및 발달표

內容 時代 區分		期間	地域	言語	都邑地		國號
前期		溫祚元年-古爾王 27年 18 B.C. ~A.D. 260 約 3世紀間	慰禮忽一圓 漢江以北 (辰韓의 北部)	單一言語社會 (夫餘系) (慰禮國語)	慰禮忽		慰禮國
中期	前期	古爾王 28年一契王 2年 A.D. 261~A.D. 345 約 1世紀間	北으로 浿河 (今禮成江) 南으로 熊川 (今安城)	複數言語社會 (1)夫餘系語(北部地域) (2)韓系語(南部地域)	比流王代 近肖古王以前	慰禮忽 廣州	〃 百濟國 伯濟國
	後期	近肖古王元年-文周王 1年 A.D. 346~475 約2世紀餘間	北으로 帶方故地 南으로 馬韓故地 (今忠淸·全羅道)	複數言語社會 (1)夫餘系語 地域擴大 (2)韓系語 地域擴大	廣州		〃
後期	前期	文周王1年-義慈王 20年 A.D. 475~A.D. 660 約2世紀間	北部地域失陷 南部地域 (忠淸·全羅)	單一言語社會(韓系) 但, 階層言語社會의 確立 (1)支配族言語(夫餘系) (2)被支配族言語(韓系)	聖王 16 義慈王20	公主 泗沘	〃 南夫餘
	後期	義慈王20年-景德王16年 A.D. 660~A.D. 757 約1世紀間	忠淸·全羅地域	百濟語의 殘溜 및 新羅語의 浸蝕 同化	所夫里郡		

〈보기〉

A(ⓐ+ⓑ) 지역 : 백제의 전·중기 지역
        (기원전 18~475, 493년간)

A·B 지역 : 고구려의 점령 지역
        (476~553, 77년간)

B·ⓑ 지역 : 신라의 점령 지역(553~668, 115년간)

C 지역 : 마한 지역(백제 점령 이전, 346 이전)
      백제의 점령지역(중·후기 지역)
      (346~660, 314년간)

D-ⓒ 지역 : 신라 전기·중기·후기 지역
        (기원전 57~935)

D-ⓓ 지역 : 가라 지역(42~532 또는 562)
        신라의 점령 지역(532 또는 562 이후)

E 지역 : 고구려의 본영토(압로강의 남·북지역)
        (기원전 37~668)

백제말과 이웃 나라말의 관계

1. 고구려말과의 관계

백제는 고구려 졸본에서 남하한 온조(溫祚) 일파가 세운 나라이다. 고구려 시조 주몽(朱蒙)의 본처 소생인 유리(琉璃) 태자가 북부여로부터 어느 날 갑자기 나타나자 온조·비류는 왕위 승계의 다툼을 피하여 황급히 남하하여 위례홀(현 서울의 어느 곳)에 정착하여 위례홀국(慰禮忽國)을 세웠고, 그의 형 비류는 뜻을 달리하여 현 인천(仁川)으로 가서 미추홀국(彌鄒忽國)을 세웠다. 그런데 이들의 부친 주몽(고구려 시조 동명성왕)은 북부여로부터 피신, 남하하여 압록강 북쪽의 졸본천(卒本川) 일명 흘승골성(紇升骨城)에 이르러 고구려를 건국하였던 것이니 부자간에 대물림을 한 셈이다. 이들의 출신지를 볼 때 주몽 일파의 언어는 부여어를 썼던 것이다. 수도 졸본에서 주몽이 재혼하여 낳은 아들이 온조·비류 형제이니 이들의 언어 또한 부여어를 썼음이 분명하다. 앞에서 이미 언급하였지만 형제가 나라를 세운 곳의 지명인 위례홀과 미추홀의 '-홀'(-忽)이 고구려의 흘승골의 '-골'(骨)과 같은 말이기 때문이다. '홀·매·단' 등 부여계어의 특징을 백제의 전기어가 보이는 사실을 우리는 앞에서 확인하였다. 여기서 한 가지 더 보탬직한 생각은 온조와 비류가 나라를 세우기 위하여 물색한 적합한 지역이 어디였을까라는 의문이다. 이 물음에 대한 정답은 일차적으로 '동일 언어권'이다. 언어가 소통되지 않는 지역에 나라를 세운다는 것은 무모하기 짝이 없기 때문이다. 따라서 언어가 통하는 곳에 나라를 세웠다고 믿을 수 있다. 이처럼 왕족과 지배층의 언어는 고구려와 백제가 동일한 부여계어에서 출발하였다고 봄이 옳다. 그 흔적이 고구려어와 백제어에 일부 남아 있다. 다음에서 '고구려어 : 백제어'를 대비하면 알 수 있다.

① 갑(甲) : 갑비(甲比), 홀(忽) : 홀(忽), 매(買) : 매(買), 단(旦) : 단(旦) , -해(諧), -가 : 하(瑕)(지명, 존호)
② 명(明) : 휘(暉) 명(明) 창(昌), 高씨 解씨 : 扶餘씨 解씨(왕명 왕성)
③ (泉蓋蘇文)의 천(泉) : 천(泉井口) = 어을(於乙買串), 천(泉井) = 어을(於乙買)(인명, 지명)

고구려는 왕호와 왕명을 따로 불렀다. 왕호와 이름이 동일한 경우는 제2대 유리(琉璃)왕 뿐이다. 다만 부분적으로 동일한 경우는 제16대 국강상(國岡上)왕(왕호) : 岡上(이름)과 제21대 명치호(明治好)왕(왕호) : 명리호(明理好)(이름)이다. 그러나 백제는 아명(본명)을 왕이 된 뒤에도 그대로 왕호로 불렀다. 그러니까 백제에서는 어릴 때 '이름 + 왕'이 곧 왕호인 셈이다. 백제와 고구려는 왕의 이름을 고유어로 불렀다. 고구려 시조 이름인 주몽(朱蒙)은 고구려어로 '명사수'란 뜻이고, 제2대 유리 (琉璃)는 '누리'(世)란 뜻이다. 백제의 시조 이름인 '온조'와 그 형의 이름인 '비류'도 백제의 고유어이다. 비록 고구려의 왕명과 본명을 이 중으로 호칭한 습관이 백제의 부름법과는 다르지만 어릴 적의 이름을 버리지 않고 끝까지 부른 점은 동일하다. 그리고 본이름을 고구려는 마 지막 왕인 제28대 보장(寶臧)왕까지 불렀다. 나라를 망친 왕이라서 유 독 홀로 왕호(시호)가 없다. 그러고 보면 고구려의 왕호는 이름과 별도 로 내려진 시호에 해당한다. 그러나 백제는 제24대 동성(東城)왕의 '동 성'이 처음으로 내려진 중국식 시호이다. 그러나 동성왕의 본이름은 모 대(牟大)·마제(麻帝)·모도(牟都)·말다(末多) 등과 같이 조금씩 다르 게 적힌 이름으로 나타난다. 이후로 마지막 왕인 의자(義慈)왕까지 본 이름을 불렀다. 다만 의자왕만 시호가 없다. 고구려와 마찬가지로 나라 를 망친 왕이어서 시호가 내려지지 않았기 때문이다. 다음에 두 나라의 왕호와 왕명을 열거하여 비교 편람토록 하겠다.

아래와 같이 백제는 제24대 동성왕부터 시호가 생기어 괄호 내의 이 름과 불리게 되었다. 다만 의자왕만 시호가 없다. 고구려의 보장왕도 시호가 없다. 나라 망친 왕들이기 때문이었다.

고구려의 왕명도 다음과 같이 아명(兒名)이 있었던 것을 확인할 수 있 다. 『삼국사기』와 『삼국유사』에서 찾아내어 다음에 열거한다.

백제의 왕력(이름 및 시호(諡號))

『삼국유사』		『삼국사기』	
대수		대수	
1	溫祚(온조)王	1	溫祚王(고구려 시조 東明王의 셋째 아들)
2	多婁(다루)王	2	多婁王
3	己婁(긔루)王	3	己婁王
4	蓋婁(개루)王	4	蓋婁王
5	肖古(초고)王	5	肖古王(素古王이라고도 함)
6	仇首(구수)王	6	仇首王(貴須王이라고도 함)
7	沙泮(사반)王	××	대수로 인정치 않음
8	古爾(고이)王	7	古爾王(沙泮은 沙沸(사비), 沙伊(사이)라고도 함.
9	責稽(책계)王	8	責稽王(靑替(청체), 靑稽(청계)라고도 함
10	汾西(분서)王	9	汾西王
11	比流(비류)王	10	比流王
12	契(계)王	11	契王
13	近肖古(근초고왕)王	12	近肖古王
14	近仇首(근구수)王	13	近仇首王
15	枕流(침류)王	14	近仇首王
16	辰斯(진사)王	15	辰斯王
17	阿莘(아신)王	16	阿莘王(阿芳(아방)이라고도 함.
18	腆支(전지)王	17	腆支王(眞支(진지), 映(영)이라고도 함.
19	久尒辛(구이신)王	18	久尒辛王
20	毗有(비유)王	19	毗有王
21	蓋鹵(개로)王	20	蓋鹵王(近蓋鹵(婁)(근개로(루)), 慶司(경사), 餘慶(여경)이라 함.
22	文周(문주)王	21	文周王(文州, 汶洲(문주, 문주)라고도 함.
23	三斤(삼근)王	22	三斤王(彡乞, 壬乞(삼걸, 임걸)이라고도 함.
24	東城(동성)王	23	東城王(牟大, 麻帝, 餘大, 牟都, 麻牟(모대마제여대모도마모)라함.
25	虎寧(호령)王	24	武寧(무령)王(斯麻, 斯摩, 隆(사마, 사마, 융)라고도 함.
26	聖(성)王	25	聖王(明穠, 明(명농, 명)이라고도 함.
27	威德(위덕)王	26	威德王(昌, 明(창, 명)이라고도 함.
28	惠(혜)王	27	惠王(獻, 季(헌, 계)라고도 함/
29	法(법)王	28	法王(孝順, 宣(효순, 선)이라고도 함.
30	武(무)王	29	武王(武康, 獻丙, 一耆節德, 璋(무강, 헌병, 일기절덕, 장)이라 함.
31	義慈(의자)王	30	義慈王

고구려의 왕력(이름 및 시호(諡號))

대수	왕 이름 및 시호
1	朱蒙~鄒牟~衆解~鄒蒙(東明聖王~東明王)
2	類利~孺留~累利~儒留(琉璃明王~琉璃王)
3	無恤~味留(大武神王~大解朱留王~大虎神王)
4	解色朱~色朱(閔中王)
5	解憂~解愛婁~愛留~愛憂(慕本王)
6	宮~於漱(大祖大王~國祖王~大祖王)
7	遂成(次大王)
8	伯固~伯句(新大王)
9	男武~伊夷謨~男虎~伊速(故國川王~國襄王)
10	延優~位宮(山上王)
11	憂位居~郊彘(東川王~東襄王)
12	然弗(中川王~中襄王)
13	藥盧~若友(西川王~西壤王)
14	相夫~歃失婁(烽上王~雉葛王)
15	乙弗~憂弗~憂弗~乙弗利(美川王~好壤王)
16	斯由~釗 劉~岡上(故國原王~國岡上王~國原王)
17	丘夫(小獸林王~小解朱留王)
18	伊連~於只支~伊速(故國壤王~國襄王)
19	談德(廣開土王~廣開王)
20	巨連~巨璉~臣(長壽王)
21	羅雲~明理好~ 雲~高雲(文次明王~明治好王)
22	興安(安藏王)
23	寶延(安原王)
24	平成(陽原王~陽崗王~陽崗上好王)
25	陽成~湯成~陽城~高陽(平原王~平崗上好王~平國王)
26	元 大原(嬰陽王~平陽王~嬰湯王 平湯王)
27	建武~建成(榮留王)
28	臧~寶臧(寶藏(臧)王)

　　이상의 자료를 통하여 우리는 고구려어에서는 왕호와 왕명이 별개로 불리었음을 알 수 있다. 호와 이름을 통칭한 경우는 제2대 '유리(명)

왕’뿐이다.

1) 두 나라의 왕명(본명) 비교 고찰

　백제의 시조 이름인 ‘온조’(溫祚 · 殷祚 · 恩祖)와 그의 형인 비류(沸流)는 아버지 ‘주몽은 활 잘 쏘는 사람’이란 뜻의 이름처럼 그 이름의 뜻이 밝혀져 있지 않아 정확히 알 수 없다. 그리고 어형비교로도 서로 닮은 점이 없다. 다만 백제 초기의 이름이고 보면 백제어를 한자의 음을 빌려 적은 어형임에는 틀림없다. ‘온조’를 세 가지로 다르게 적은 점으로 보나 초기의 지명인 ‘위례홀’(慰禮忽), ‘미추홀’(彌鄒忽), ‘부스압’(負兒岳)을 음차 표기한 점으로 보아도 그렇다. 그럴 뿐만 아니라 ‘온조’ 이후의 후대 왕명이 하나같이 음차 표기의 고유어형을 유지하다가 제24대 동성왕(東城王)대에 이르러 훈차 표기로 바뀐다. 그러나 표기 방법만 바뀌었지 호칭은 여전히 백제어(고유어)로 불렀다. 훈차 표기를 새겨서 부르면 곧 고유어가 실현되기 때문이다. 가령 柳川 · 大田 · 白江을 새겨서 부르면 각각 ‘버들내 〉 버드내, 한밭, 살비ᄀᆞ롬 〉 사비가람’이 되는 경우와 같다. ‘온조’도 후대에 ‘十濟〉百濟’(십제 〉 백제)로 표기변화를 일으켰지만 한자어로 굳어지기 전까지는 역시 ‘온조’라 불렀다. 이에 대한 자세한 설명은 뒤로 미루어 둔다. 백제 제2, 3, 4대의 왕명 다루(多婁), 긔루(己婁), 개루(蓋婁)에 돌림자처럼 보이는 ‘婁’(루)가 있는데 이것은 고구려 제5, 14대의 왕명 해애루(解愛婁), 삽시루(샘矢婁)의 ‘婁’(루)와 동일하다.

이 ‘婁’(루)는 해애류(解愛留)와 같이 ‘留’로 달리 표기되기도 하였으니 제3, 17대 대해주류(大解朱留), 소해주류(小解朱留)의 ‘留’ 역시 ‘婁’를 달리 적은 것임에 틀림없다. 이 ‘婁’는 해부루(解夫婁)·모두루(牟頭婁)·매구루(味仇婁)·단사루(偶社婁)·해루(解婁) 등과 같이 왕족과 귀족의 이름에 보편적으로 쓰인 것을 보면 아마도 돌림자의 공통 의미가 있었던 것 같다.

백제와 고구려는 선대의 왕명을 다시 쓰기도 하였다. 백제의 경우 제4, 5, 6대 ‘개로왕(蓋婁王), 초고왕(肖古王), 구수왕(仇首王)’이 제21, 13, 14대 ‘近(근)蓋婁王, 近肖古王, 近仇首王’과 같이 중복 사용되었을 뿐만 아니라 제11대 ‘비류왕(比流王)’과 제20대 ‘비유왕(毗有王)’도 동명으로 보인다. 특히 ‘比流’는 온조의 형인 비류(沸流)와 동명이기도 하다. 고구려의 ‘대해주류왕(大解朱留王)’과 ‘소해주류왕(小解朱留王)’의 이름이 같고 제9대 ‘이속(伊束)’과 제18대 ‘伊束(連)’이 동명이다. 다만 전후의 왕명을 구별하기 위하여 고구려는 관형어 ‘大’를 썼고 백제는 ‘近-’을 썼다. 여기 ‘近-’이 백제어 ‘그다(크다) 〉 = 大’의 ‘근-’이었으니 고구려도 ‘大-’로 적고 고유어 ‘근-’으로 불렀을 것이다.

두 나라의 왕명을 구조적인 면에서 비교하여 보면 거의가 2자명인 공통점이 있다. 물론 별칭 중에는 3자명도 더러 있으나 2자명의 기본 구조를 부인할 정도는 아니다. 특히 백제 왕명에서 보면 제19대 계(契)왕이 단자명이고 제19대 구이신(久爾辛)왕이 3자명이다. 그리고 제27대 위덕(威德)왕 이후부터 ‘창(昌)·혜(惠)·선(宣)·장(璋)’과 같이 기본 구조에서 벗어나 단자명으로 쏠렸다고 볼 수 있다.

2) 두 나라의 왕성(王姓)의 비교

부여(扶餘)왕 해부루(解夫婁)를 비롯하여 해모수(解慕漱)의 성씨는 '해'(解)씨였다. 이 해씨가 고구려왕의 성씨에 승계된다. 예를 들면 제 3, 4, 5, 17대의 왕명 '대해주류왕, 해색주왕, 해애루왕, 소해주류왕'에 '해'(解)가 공통으로 나타나기 때문이다. 그리고 시조 주몽의 성씨가 고(高)씨라고 하여 놓고 그의 본성은 '해'씨라 하였으니 앞에서 소개한 후대 왕들의 성이 해씨인 것으로 미루어 볼 때 본성이 '해'씨인 것만은 틀림없다. 온조·비류 형제를 비롯한 왕족이 해(고)주몽의 후손이기 때문에 백제의 왕성은 당연히 '해'씨여야 할 터인데 그렇지 않음이 기이하다. 백제왕의 성씨는 제20대 개로왕 이후(455~)부터 부여(扶餘)씨 혹은 이것을 줄여서 여(餘)씨로 나타난다. 그나마 국내 사서와 『일본서기』 등에는 없고 오로지 중국 사서에만 기록되어 있을 뿐이다. 성씨를 적극적으로 썼던 중국측 기록이고 보면 백제 사람들은 성은 부르지 않고 이름만 불렀던 것으로 여겨진다.

3) 백성의 성명 비교

고구려 유리왕은 '사물택'(沙勿澤)이란 곳에서 만난 장부(丈夫)의 이름을 '사물'로 지어주고 '위'(位)씨의 성을 내리었다. 또한 유리왕은 기산원야(箕山原野)에서 양쪽 겨드랑이에 깃(羽)이 달려 있는 이상한 사람을 만나 '우'(羽)씨란 성을 내리기도 하였다. 그리고 대무신왕(大武神王)은 장부가 솥을 짊어지고 가기를 간청하니 그에게 '부정'(負鼎)씨란 성을 내리었다. 그러나 백제에서는 왕이 백성에게 성을 지어준 일이 없다.

고구려 중천왕 때의 재상(國相) '명림어수'(明臨於漱)와 '명림물도'(明臨笏覩)의 '명림'이 복성(複姓)인 듯하다. 그러나 고주리(高朱利), 고복장(高福章), 고노자(高奴子) 등의 '고'씨가 있었고, 후대에도 을지문덕(乙支文德), 을두지(乙豆智), 을음(乙音), 을파소(乙巴素), 을소(乙素), 을불(乙弗) 등에서 '乙'씨를 확인한다. 또한 천개소문(泉蓋蘇文), 천남생(泉男生), 천남건(泉男建), 천남산(泉男産) 등에서 '泉'씨를 발견한다. 흔히 '男生, 男建, 男産'만으로도 적은 것을 보면 이는 필시 성씨를 생략한 것이니 '泉'씨임에 틀림없다. 따라서 이 두 성씨는 '乙支'(을지), '泉蓋'(천개)와 같은 복성(複姓)이 아니다.

백제는 팔대성(八大姓)이 있었다고 전한다. 백제만이 사성(賜姓)한 기록이 『삼국사기』와 『삼국유사』 등의 옛 문헌에서 발견되지 않는 것은 백제의 평민이 성씨가 없었기 때문인가? 중국에서 성씨를 갖는 목적이 귀천(貴賤)의 신분을 구분하기 위한 데 있었다면 어느 신분까지가 귀한 것이고 어느 신분까지가 천한 것이었나? 그 기준이 벼슬을 하고 못한 데 있엇던 것인가? 여러 의문이 제기된다. 그런데 옛 문헌에 나타나는 성씨는 대부분이 높은 벼슬을 한 고위직에서만 나타나고 하위직은 이름만 발견된다. 그리하여 중간층 이하의 백성들이 성씨를 가졌던 것인지를 판단하기 어렵다. 거기에다 성씨가 있는 왕족과 귀족마저도 이름만 부르고 적는 관습이 있었기 때문인지 성씨를 생략하고 거의가 이름만 기록하였다. 이처럼 성씨의 문제가 아리송한 가운데 중국의 옛 문헌에 백제에 '팔대성'(八大姓)이 쓰였다는 기록이 있어서 그나마 다행이다. 아마도 이 '팔대성'은 백제 귀족의 성씨에 해당할 것이다. 八大姓은 ① 진(眞)씨, ② 해(解)씨, ③ 사(沙)씨, ④ 연(燕)씨, ⑤ 백(苩)씨, ⑥ 국(國)씨, ⑦ 목(木)씨, ⑧ 협(協)씨이다. 위 여덟 성(八大姓씨) 중에서 실제로 나타나는 성씨는 다음과 같다.

① 眞씨 : 진회(眞會), 진과(眞果), 진충(眞忠), 진물(眞勿), 진가(眞可), 진의(眞義), 진고도(眞高道), 진정(眞淨), 진가모(眞嘉模), 진무(眞武), 진노(眞老), 진남(眞男) 등이다. 이들은 제2대 다루왕 7년(34)의 우보(右輔) 벼슬을 한 진회부터 제23대 삼근왕 2년의 좌평 진남까지의 사이에 살았던 좌평 벼슬을 지낸 고관대작의 백제 귀족이었다.

② 解씨 : 해루(解婁), 해충(解忠), 해수(解須), 해구(解丘), 해구(解仇), 해명(解明), 해수(解讐) 등이다. 해루는 온조왕과 함께 내려온 부여인이었고 나머지는 제17대 전지왕 2년(406)의 해충부터 제29대 무왕 3년(602)의 해수까지 좌평 혹은 달솔 벼슬을 한 고관대작의 귀족이었다.

③ 沙씨 : 사걸(沙乞), 사두(沙豆), 사약사(沙若思), 沙烏(사오) 등이다. 이들 또한 달솔 또는 좌평 벼슬을 지낸 명문이었다.

④ 燕씨 : 연신(燕信), 연돌(燕突), 연모(燕謀), 연회(燕會), 연문진(燕文進), 연비선나(燕比善那) 등이다. 이들의 벼슬은 좌평, 은솔, 간솔, 나솔 등처럼 다양하였다. 그러나 고관대작의 귀족임에 틀림없다.

⑤ 苩씨 : 백회(苩會), 백가(苩加), 백기(苩寄) 등이다. 이들 또한 고관들었는데 비교적 후대에 등장하는 인물들이다.

⑥ 國씨 : 국지모(國智牟), 국변성(國辯成), 국수다(國雖多), 국골부(國骨富) 등이다. 이들은 거의 말기에 등장하는 인물들인데 최고직인 대좌평(大佐平)까지 지냈다.

⑦ 木씨 : 목라근자(木羅近者), 목만치(木滿致), 목귀(木貴), 목윤귀(木尹貴) 등이다. 이들은 일본의 옛 문헌에만 나타난다. 벼슬은 장군 또는 하좌평에 이르렀다. 목라근자만 서기 249년대 사람이고 나머지는 거의 300여 년 뒤의 인물들이다.

⑧ 協씨 : 이 성씨는 국내외의 문헌에서 발견되지 않는다. 과연 백제의 팔대성이었는지 의심스럽다.

백제는 유독 복성을 썼다. 제21대 개로왕 21년(475)에 고구려 장수왕이 백제 왕성 한홀(廣州)를 급습할 때 선봉에 섰던 자들이 재증걸루(再曾桀婁)와 고이만년(古尒萬年)이다. 이들은 백제를 배신하고 고구려로 도망쳤다가 첩보원 겸 선봉에 선 앞잡이였다. 『삼국사기』 권 25(근개로왕 21년)은 '재증'과 '고이'는 복성(複姓)이라고 주(註)에서 밝혔다. 또한 문주왕이 남쪽 웅진(공주)로 남하할 때 함께 내려온 신하 중에 목협

만치(木協滿致)와 조미걸취(祖彌桀取)가 있는데 이들의 성씨도 '목협' 과 '조미'의 복성이었다. 이후로 사택지적(沙宅智積), 아택득문(阿宅得文), 진모귀문(眞牟貴文), 귀실복신(鬼室福信), 흑치상지(黑齒常之) 등 과 같이 복성이 흔하게 발견된다. 아마도 일본의 복성이 백제의 복성에 서 기원한 것이 아닐지 의심하여 봄직하다. 일본문화에 절대적인 영향 을 끼친 백제의 선진문화를 배경으로 생각할 때, 그리고 헤아릴 수 없 을 만큼 많은 백제인 특히 귀족들의 일본 유입을 감안할 때 가능성이 매우 짙다.

고구려인의 이름은 거의가 2음절(2자)로 지어졌다. 우선 왕의 이름이 '주몽, 유리, 무휼, 색주, 애루, 어수, 수성, 백고, 남무 ~ 이이모, 연 우, 교체(㴋) ~ 우위거, 연불, 약로, 상부 ~ 삽실루, 을불 ~ 을불이, 사 유, 구부, 이련 ~ 어지지, 덕담, 거련, 라운 ~ 명리호, 흥안, 보연, 평 성, 양성, 대원, 건무, 보장'(위 고구려왕호 및 이름 자료 참고)과 같이 2음절이다. 다만 '이이모'를 비롯한 여섯 이름이 3음절의 별칭이 있지 만 아마도 이는 2음절 이름을 기본으로 한 별명인 듯하다. 고구려 초기 의 귀족명도 '오이(烏伊), 협부(陜父), 재사(再思), 무골(武骨), 묵거(默 居), 옥지(屋知), 구추(句鄒), 도조(都祖), 마로(麻盧), 대정(大鼎), 두지 (豆智), 구도(仇都), 남생(男生), 남산(男産)' 등처럼 2음절 이름이 보편 적이다. '을음(乙音), 을소(乙素), 을불(乙弗)'의 '음, 소, 불'과 같은 1 음절 이름에다 '을지문덕(乙支文德), 천개소문(泉蓋蘇文)'의 3음절 이 름도 있긴 하지만 그 수가 상대적으로 극소수에 불과하기 때문이다.

백제인의 이름도 2음절 구조가 기조였다. 우선 왕의 이름이 '온조, 다루, 긔루, 개루, 초고, 구수, 사반, 고이, 책계, 분서, 비류, 계, 근초고, 근구수, 침류, 진사, 아신, 전지, 구이신, 비유, 개로, 문주, 삼근, 모대, 사마, 명농, 창, 계, 효순, 장, 의자' 등과 같이 대부분이 2자명이다. 여기서 근초고, 근구수는 접두어 '근(大)-'을 제거하면 역시 2음절이 된다. 다만, '구이신'만 3음절이다. 그리고 제12대 왕명이 단자명 '계'이고, 단자명 '창, 계, 장'이 말기에 집중적으로 나타난다. 이것들은 보편적인 틀에서 벗어나는 예외라 할 수 있다.(앞의 백제 왕명 및 왕호 자료 참고)

귀족이나 평민의 이름이 초기에는 진회(眞會), 진과(眞果), 진충(眞忠), 진물(眞勿), 진가(眞可), 진의(眞義), 진무(眞武)와 같이 단자명이다. 진고도(眞高道), 진가모(眞嘉謨)에서 2자명을 분석해낼 수 있고 아울러 '眞'씨가 백제 8대성의 으뜸이었던 사실을 앞에서 밝혔기 때문이다. 마찬가지로 '해루(解婁), 해구(解仇), 해충(解忠), 해수(解須), 해구(解丘), 해명(解明)'과 같이 '해'씨들도 단자명이었다. 그러나 후대로 내려오면서 2자명 구조로 변하였다. 예를 들면 '만치(滿致), 걸취(傑取), 걸루(傑婁), 만년(萬年), 기루(기루), 지적(智積), 성충(成忠), 흥수(興首), 계백(階伯), 복신(福信), 상지(常之)' 등과 같이 2자명이기 때문이다.

4) 관직명의 비교

고구려 제2대 유리왕을 '노려해'(奴閭諧)라고도 하는데 여기 '해'와 고구려의 최고 관직명 고추가(古鄒加)의 '가'는 백제 왕칭어인 '어라하'(於羅瑕)의 '하'와 거의 같은 어형이다. 그리고 고구려말로 왕을 '개'(皆)라 하였으니 믿을 수 있다. 고구려에서는 초기에 '대보(大輔), 좌보(左輔), 우보(右輔)의 최고 관직명이 쓰였다. 제8대 신대왕(新大王) 2년(166)부터 '좌보, 우보'가 국상(國相)으로 바뀐다. 백제도 초기에는 '좌보, 우보'를 쓰다가 제7대 고이왕(古爾王, 27년(260)에 16품계가 정해짐에 따라 좌평(佐平)으로 바뀐다. 고구려의 관직 욕살(褥薩)의 '살'이 백제의 관직 달솔(達率)의 '솔'과 같은 말일 듯하다.

2. 옥저 · 예맥말과의 관계

1) 옥저어와 예맥어

옥저국(沃沮國)은 한반도의 동북부 즉, 현재의 함경도를 비롯한 그 이북 지역에 있었고, 그 이남 지역인 현 강릉 · 철원을 중심으로 한 지역에 예맥국(濊貊國)이 위치하였던 것으로 추정함이 일반적 통설이다. 이러한 추정은 중국의 옛 역사서의 기록에 근거한 것이며 우리의 역사서도 동일 사료(史料)의 내용을 바탕으로 동일하게 기술하였을 뿐이다. 중국 역사서를 통하여 위 두 나라의 언어도 어렴풋이 알 수 있는데 거기에서 밝힌 내용은 부여계어를 사용하였던 것으로 되어 있다. 따라서 우리는 중국 문헌의 소박한 기록만을 토대로 옥저어·예맥어는 고구려어와 비슷하였던 것으로 추정하게 된다. 그러나 중국 역사서를 비롯한 국내외 문헌에 위 두 나라에 대한 왕력(王曆) 등의 구체적인 기사가 없기 때문에 왕명, 인명, 관직명조차도 알 길이 없다. 그리하여 우리는 예맥국이 위치하였던 지역의 옛 지명 자료를 중심으로 아주 소박한 고찰에 머무를 수밖에 없다.

2) 옥저·예맥의 지명과 그 특징

〈그림 1〉의 B지역의 북부 지역을 예맥의 영토로 보고 거기에 산재하였던 지명을 『삼국사기』(지리 2, 4)에서 찾아서 배치하였다(그림 3 참고). 이 예맥의 지명들과 백제 전기 지명을 다음에서 비교 고찰하기로 한다.

〈그림 3〉의 B 지역을 상·중·하로 구분할 때 상부 지역과 중·하부 지역에 분포한 지명들의 특성이 대조적일 만큼 다르다. 〈그림 3〉의 B 지역에서 우리는 상부 지역이 조밀(稠密)한 분포(1 ~ 31)를, 중·하부 지역이 그렇지 않음(32 ~ 52)을 확인한다. 넓이는 3분의 1도 안 되는 상부 지역인데 지명은 오히려 1.5배(31 : 23) 정도 조밀하다. 보다 넓은 중·하부 지역의 지명이 조밀하지 않은 것은 이 지역이 인구 밀도가 낮은 신라의 변방이었기 때문으로 풀이할 수 있다. 그 북부의 반대 현상은 아마도 옥저와 예맥의 근거지였기 때문이었을 것이다. 이러한 추정을 어휘의 분포 특징이 뒷받침하여 준다.

그림 2. 백제의 전기 판도와 지명의 분포

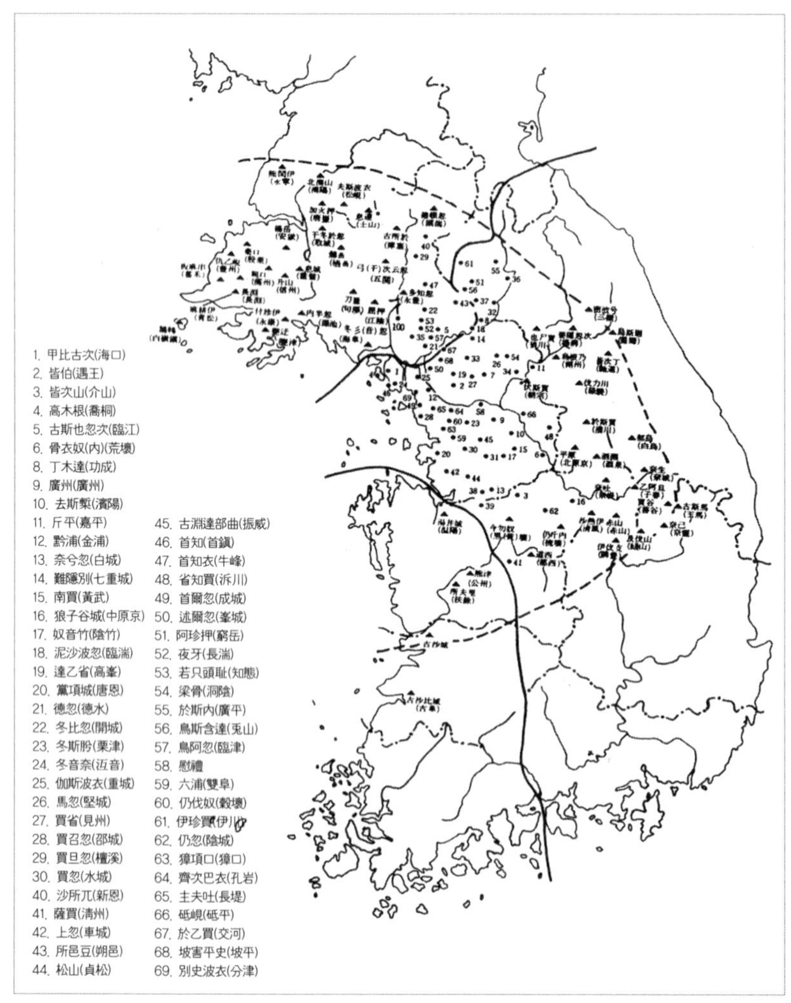

E
A
B
C
D
ⓐ
ⓑ
ⓒ

A-ⓐ지역
1. 態閑伊(永寧)
2. 北漢山(平壤)
3. 加火押(唐獄)
4. 夫斯波衣(松峴)
5. 息達(土山)
6. 德頓忽(十谷城)
7. 于冬於忽(取城)
8. 古所於(獐塞)
9. 沙所兀(新恩)
10. 仇乙峴(豊州)
11. 栗口(殷栗)
12. 楊岳(安嶽)
13. 鵂嵒(和波衣)
14. 弓次云忽(五谷)
15. 買旦忽(水谷城)
19. 闕口(儒州)
20. 板麻伊(嘉禾)
21. 麻耕伊(靑松)
22. 升山(信州)
23. 息城乃忽
24. 多知忽(大谷)
25. 首知衣(牛峰)
28. 長淵(長淵)
29. 刀臘(雉壤城)
30. 屈押(江陰)
31. 冬比忽(開城)
32. 所邑豆(朔邑)
35. 内米忽(瀑池)
36. 若只頭恥(如態)
37. 夜牙(長湍)
38. 古斯也忽次(獐口)
39. 泥沙波忽(麻田淺)
46. 鵠鴨(白嶺鎭)
47. 甕迂(甕津)
48. 付珍伊(永康)
49. 冬音忽(鼓監城)
50. 扶蘇岬(松岳)
51. 德忽(德水)
52. 鳥阿忽(津臨城)

26. 阿珍押(窮岳)
27. 烏斯含達(兎山)
33. 非勿(僧梁)
34. 毛乙冬非(鐵圓)
40. 工木達(功城)
41. 難隱別(七重)
42. 也尸買(狼川)
43. 要隱忽次(楊口)
44. 密波兮(三嶺)
45. 烏斯廻(猪蹄)
53. 於乙買串(泉井口)
54. 坡害平史(坡平)
55. 内乙買(沙川)
56. 馬忽(臂城)
57. 梁骨(洞陰)
58. 高木根(達乙斬)
59. 首知(新知)
60. 冬音奈(迊音)
61. 甲比古次(穴口)
62. 仇斯波衣(童子忽)
63. 述爾忽(峯城)
64. 達乙省(高峰)
65. 買省(見州)
66. 骨衣奴(荒壤)
67. 伏斯買(深川)
68. 斤平(嘉平)
69. 鳥根乃(朔州)
70. 皆次于(王岐)
71. 別史波衣(平淮押)
72. 黔浦(金浦)
73. 皆伯(王逢)
74. 國原城(未乙省)
75. 首爾忽(戍城)
76. 買召忽(邵城)
77. 主夫吐(長堤)
78. 齊次巴衣(孔岩)
79. 悉禮(漢城)
80. 伐力川(綠驍)
81. 仍伐奴(穀壤)
82. 冬斯肹(栗津)
83. 廣州(廣州)
84. 砥峴(砥平)
85. 古斯也忽次(獐項口)
86. 去斯斬(鵲易)

A-ⓑ지역
16. 伊珍買(伊川)
17. 於斯内(斧壤)
18. 夫若(富平)

87. 省知買(述川)
88. 於斯買(潢川)
89. 六浦(雙阜)
90. 松村活達(釜山)
91. 唐城(唐恩)
92. 買忽(水城)
93. 減烏(巨黍)
94. 奴音竹(陰竹)
95. 南買(南川)
96. 骨乃斤(黃驍)
97. 平原(北原)
98. 上忽(車城)
99. 松山(貞松)
100. 酒淵(酒泉)
101. 郁烏(白烏)
102. 沙伏忽(赤城)
103. 奈兮忽(白城)
104. 蛇山(白城)
105. 皆次山(介山)
106. 奈吐(奈堤)
107. 奈生(奈城)
108. 今勿奴(黑壤)
109. 仍忽(陰城)
110. 狼子谷城(中原京)
111. 沙熱伊(淸風)
112. 乙阿旦(子春)
113. 赤山(赤山)
114. 仍斤内(槐壤)
115. 薩買(淸州)
116. 道西(都西)
117. 伊伐支(隣豊)
118. 及伐山(岋山)
119. 買谷(善谷)
120. 古斯馬(玉馬)
121. 奈己(奈靈)

B지역
① 昔達(蘭山)
② 於乙買(井泉)
③ 買尸達(蒜山)
④ 原谷(首乙吞)(瑞吞)
⑤ 夫斯達(松山)
⑥ 比列忽(朔庭)
⑦ 東墟(幽居)
⑧ 鵠浦(古衣浦)(鶴浦)
⑨ 薩寒(霜陰)
⑩ 改淵(派川)
⑪ 加支達(菁山)
⑫ 於支呑(翼谷)
⑬ 赤木鎭(丹松)
⑭ 猪守峴(猪嶺)
⑮ 管述(軟雲)
⑯ 金惱(休壤)(金壤)
⑰ 吐上(隄上)
⑱ 藪狌川(藪川)
⑲ 各連城(連城)
⑳ 丹松(赤木鎭)(沙非斤乙)
㉑ 斤尸波衣(文峴)
㉒ 冬斯忽(岐城)
㉓ 大楊(大楊管)(馬斤押)
㉔ 習比呑(習谿)
㉕ 平珍波衣(平珍峴)
㉖ 助乙浦(臨道)
㉗ 買伊(水入)
㉘ 也次忽(母城)
㉒ 猪迂穴(烏斯押)
㉓ 達忽(高城)
㉔ 所勿達(僧山)
㉕ 加羅忽(迁城)
㉖ 翼峴(翼嶺)
㉗ 穴山(洞山)
㉘ 支山(支山)
㉙ 東(束)吐(棟善)
㉚ 河西羅(溟州)
㉛ 仍買(旌善)
㉜ 波利(海利)
㊳ 奈生於(竹嶺)
㊵ 滿若(滿鄉)
㊴ 悉道(三陟)
㊲ 羽谷(羽谷)
㊳ 波且(海曲)
㊴ 于珍也(蔚珍)
㊶ 斤乙於(平海)
㊵ 伊火兮(綠武)
㊸ 屈火(曲城)
㊹ 青己(積善)
㊺ 助攬(眞安)
㊻ 阿兮(海阿)
㊼ 也尸忽(野城)
㊽ 于尸(有隣)

(1) ▲ 買(⇒ 水・井) (※ ⇒는 한역 표시)

於乙買(⇒ 泉井), 買尸達(⇒ 蒜山), 買伊(⇒ 水入)(16 ~ 18)가 상부 북단에 분포하고 있다. 이것은 백제 전기어 지역에 흔하게 분포되어 있는 점(1 ~ 15)과 같은 특성이어서 우리의 주목을 끈다.(그림 4의 ▲표 1 ~ 24 참고)

(2) ⊕達(⇒ 高・山)

昔達(⇒ 蘭山), 買尸達(⇒ 蒜山), 夫斯達(⇒ 松山), 加支達(⇒ 菁山), 達忽(⇒ 高城), 所勿達(⇒ 僧山) 등의 6개 예(7 ~ 12)가 상부 지역에 분포되어 있다. 이는 A 지역의 6개 예(1 ~ 6)와 동수이어서 지역의 광협(廣狹) 대비로 따지면 오히려 조밀한 편이다.(그림 4의 ⊕표1 ~ 12참고)

(3) * 吐(⇒ 堤, 隄)

吐上(⇒ 隄上), 束吐(隄) 등의 2개 예(4, 5)가 상부 지역과 중부 지역에 각각 위치하고 있다. A지역에는 3개 예(1 ~ 3)가 나타난다.(그림 4의 *표 1 ~ 5 참고)

(4) ⊙ 押(⇒ 岳, 嶽)

馬斤押(⇒ 長楊), 烏斯押(⇒ 篆椵) 등의 2개 예(6, 7)가 상부 지역의 하단에 자리잡고 있다. A지역에는 5개 예(1 ~ 5)가 나타난다.(그림 4

〈그림4〉 고대 한반도의 지명 분포 특징

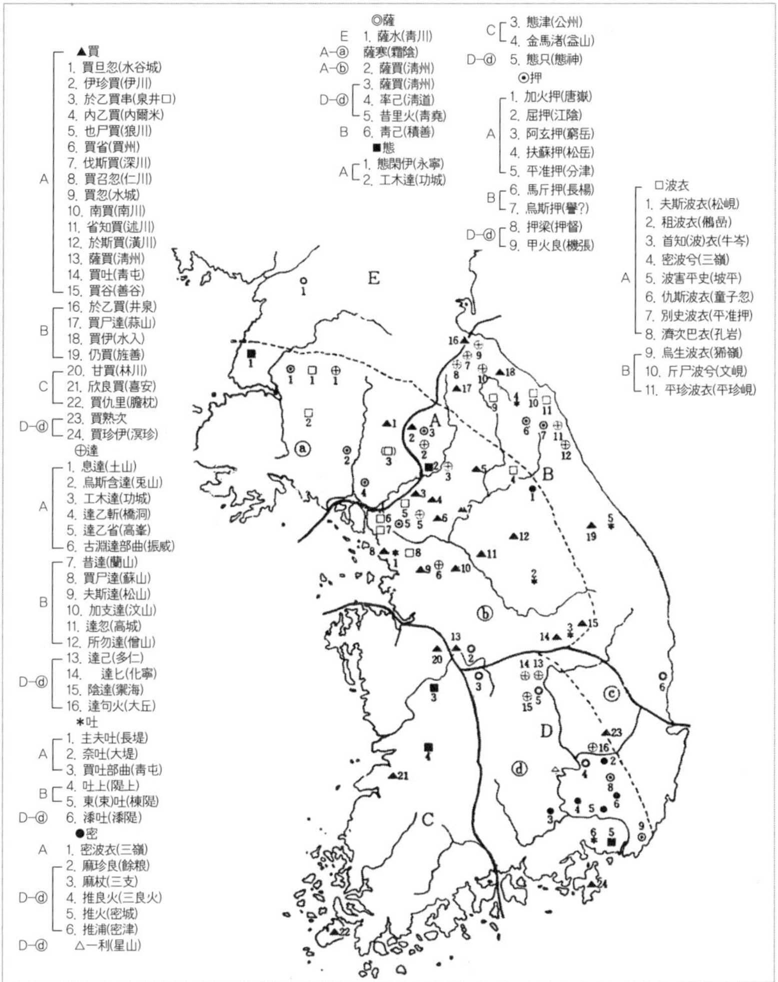
▲買
1. 買旦忽(水谷城)
2. 伊珍買(伊川)
3. 於乙買串(泉井口)
4. 内乙買(内爾米)
5. 也尸買(狼川)
6. 買省(買州)
7. 伐斯買(深川)
A 8. 買召忽(仁川)
9. 買忽(水城)
10. 南買(南川)
11. 省知買(述川)
12. 於斯買(潢川)
13. 薩買(淸州)
14. 買吐(靑屯)
15. 買谷(善谷)
16. 於乙買(井泉)
B 17. 買尸達(蒜山)
18. 買伊(水入)
19. 仍買(旌善)
20. 甘買(林川)
C 21. 欣良買(喜安)
22. 買仇里(瞻枕)
D-ⓓ 23. 買熟次
24. 買珍伊(溟珍)
⊕達
1. 息達(土山)
2. 烏斯含達(兎山)
A 3. 工木達(功城)
4. 達乙斬(橋洞)
5. 達乙省(高峯)
6. 古淵達部曲(振威)
7. 昔達(蘭山)
8. 買尸達(蘇山)
B 9. 夫斯達(松山)
10. 加支達(汶山)
11. 達忽(高城)
12. 所勿達(僧山)
13. 達己(多仁)
D-ⓓ 14. 達匕(化寧)
15. 陰達(禦海)
16. 達句火(大丘)
*吐
1. 主夫吐(長堤)
A 2. 奈吐(大堤)
3. 買吐部曲(靑屯)
B 4. 吐上(隄上)
5. 東(東)吐(棟隄)
D-ⓓ 6. 漆吐(漆隄)
●密
A 1. 密波衣(三嶺)
2. 麻珍良(餘粮)
3. 麻杖(三支)
D-ⓓ 4. 推良火(三良火)
5. 推火(密城)
6. 推浦(密津)
D-ⓓ △一利(星山)
◎薩
E 1. 薩水(靑川)
A-ⓐ 薩寒(霜陰)
A-ⓑ 2. 薩買(淸州)
3. 薩買(淸州)
D-ⓓ 4. 率己(淸道)
5. 昔里火(靑龑)
B 6. 靑己(積善)
■態
A 1. 態閑伊(永寧)
2. 工木達(功城)
C 3. 態津(公州)
4. 金馬渚(益山)
D-ⓓ 5. 態只(態神)
⊙押
1. 加火押(唐嶽)
2. 屈押(江陰)
A 3. 阿玄押(窮岳)
4. 扶蘇押(松岳)
5. 平准押(分津)
B 6. 馬斤押(長楊)
7. 烏斯押(譽?)
D-ⓓ 8. 押梁(押督)
9. 甲火良(機張)
□波衣
1. 夫斯波衣(松峴)
2. 租波衣(鵂嵒)
3. 首知(波)衣(牛岑)
4. 密波兮(三嶺)
A 5. 波害平史(坡平)
6. 仇斯波衣(童子忽)
7. 別史波衣(平准押)
8. 濟次巴衣(孔岩)
9. 烏生波衣(猘嶺)
B 10. 斤尸波兮(文峴)
11. 平珍波衣(平珍峴)
E
A
B
C
D
ⓐ
ⓑ
ⓒ
ⓓ

의 ⊙표 1 ~ 7 참고)

(5) □波衣(兮)(⇒ 峴, 嶺)

鳥生波衣(⇒ 猨嶺), 斤尸波兮(⇒ 文峴), 平珍波衣(⇒ 平珍峴) 등의 3개 예(9 ~ 11)가 상부지역에 위치하고 있다. A지역에는 무려 8개 예(1 ~ 8)나 산재하여 있다.(그림 4의 □표 1 ~ 11참고)

(6) ● 呑 · 旦(⇒谷)

首乙呑(⇒瑞谷), 於支呑(⇒翼谷), 習比呑(⇒歙谷), 乙阿旦(⇒子春) 등의 4개 예(4 ~ 7) 중 3개 예(4 ~ 6)가 상부 지역에 나타나고, 1개 예(7)는 중부 지역의 하단과 A지역의 경계선에 나타난다. A지역에는 3개 예(1 ~ 3)가 나타난다.(그림 4의 ●표 1 ~ 7 참고)

위 (1) ~ (6)의 지명소들은 백제 전기 지역에 분포한 지명소와 동질적인 것들이다. 이것들이 동일 지역(B 지역)의 중·하부 지역에는 존재하지 않았던 점이 주목된다. 아마도 서로 언어차가 있었기 때문이라고 볼 수 있다. 그런 반면에 A지역과는 동질성을 보인다는 사실은 백제의 전기어와 예맥어가 동일계의 언어권에 공존하였음을 시사하는 바라 하겠다.

3. 가라말과의 관계

1) 가라어의 특징

옛날의 역사서들은 '가락국'이 '변한'에 세워진 연맹국이었다고 전한다. 만일 가라제국이 변한에 이어진 나라들이 아니었다는 다른 주장이 나올 수 있다손 치더라도, 마한·변한·진한 중의 어느 한 나라에서 일어났거나 아니면 이들의 국경을 중심으로 한두 나라(양한)에 걸쳐서 세워진 나라였던 사실만은 부인할 수 없을 것이다. 그렇다면, 우리의 상식으로는 가라어는 곧 한계(韓系)어에 속한다는 결론을 내리어 마땅하다. 그러나 앞에서 제시한 가라어의 자료 중 상당수가 우리의 소박한 상식을 뒤집는다. 우선 앞에서 인용한 "*tor(梁)은 門의 뜻인데 가라어"라 한 주석은 가라가 한계에 속하였고, 따라서 신라어와 그 언어가 동일 계통이었을 것이라는 우리의 추정을 부인하는 의미로 받아들여져야 한다. 그리고 신라어와 차이가 있다는 주석의 설명은 그것이 곧 한계어가 아니라는 의미로 받아들여질 수도 있다. 단, 그것이 문장 수준의 보기를 들어놓고 신라어와 다르니 같으니 한 것이 아니라 단어, 그것도 유일한 단어를 놓고 가라어라 하였으니, 오로지 이 한 단어만이 신라어와 다를 수 있다는 가능성을 역시 배제할 수 없는 처지이기도 하다. 따라서, 우리는 여기 *tor(門)과 비슷한 유형의 이질적(신라어에 비교하여) 존재의 단어들을 찾아야 한다. 서로 이질적인 요소로 대립하는 어휘의 양적인 확보는 곧 가라어의 성격을 규명하는 데에 크게 뒷받침될 것이기 때문이다.

(1) 買(mai = 水·井·川) : 勿(mir = 水)

위 〈그림 4〉에서 확인할 수 있는 바와 같이 '買'(매)는 A-ⓐ지역에 1개, A-ⓑ지역에 14개(▲표의 2 ~ 15), B지역에 4개(▲표의 16 ~ 19), C지역에 3개(▲표의 20 ~ 22), D-ⓓ지역에 2개(▲표의 23 ~ 24)가 발견되는데 D-ⓒ지역(신라)에서는 발견되지 않는다. 이와 같은 사실은 '買'의 언어적 성격이 비부여계일 가능성을 보인 증좌일 수도 있다. 물론 중부지역의 지명은 비교적 풍부하게 남겨진 데에 반하여, 본래의 고구려 영토인 E지역은 보다 훨씬 광활한데도 불구하고 그 남겨진 지명은 이른바 압록수 이북의 몇몇 지명 뿐이어서, 양쪽을 균등한 자료로 보고 비교할 수 없는 불안을 우리에게 준다. 그러나 '買'와 거의 동률로 나타나는 '勿'이 E지역에 다수 나타나는데도 불구하고 '買'의 부재 현상은 그 분포가 중부 이남에 국한되었던 사실로 받아들임직한 것이다. 그리고, 이 '買'가 신라지역에서 발견되지 않음이 기이하다. 하기야 다음에 소개할 '勿(mir)도 본래의 신라지역(D-ⓒ)에서는 발견되지 않으니 이 두 어형에 대한 존재 여부를 논할 길이 막힌다. 그러나 '勿'이 A지역에 1개, C지역에 3개, D-ⓓ지역에 1개가 분포되어 있었으니, 대체적으로 남부지역에 분포한 존재로 볼 수 있으며, A지역의 1 예는 남에서 북진한 듯이 보인다.

본래에는 동일한 어기(語基)였을 터인데, 그것이 '買'와 '勿'의 두 어

형으로 분화된 과정에 대한 문제는 도수희(1984)에서 논의하였으므로
여기서는 생략하거니와, 어쨌든 우리의 주목을 끄는 바는 가라어에 이
미 서로 다른 두 어형이 사용되었다는 사실에 있다.

거질미왕 일작 금물(居叱彌王 一作今勿)(왕력 제1), 마품왕 일운 마품김씨(麻品王
一云馬品金氏)……태자거질미를 낳았다, 거질미 일운 금물김씨(生太子居叱彌, 居
叱彌 一云今勿金氏)

『삼국유사』(권 2)를 보면 이와 같은 기록을 반견하는데, 만일 여기
'彌 : 勿'이 '水'를 뜻하는 어휘였다면 같은 뜻을 지닌 두 어형의 존재
를 또 하나 추가하게 된다. '彌'는 고대 한음으로 'miɪ'이기 때문이다.
요컨대 A · B지역의 언어요소와 C · D지역의 언어요소가 혼용(혼합)되
어 있음이 특이한 것으로 지적될 수 있다.(도수희 : 1984 참고)

(2) 達(tar = 高 · 山) : moy(〈 mori = 山)

 '達'(달)은 A-ⓐ지역에 1개, A-ⓑ지역에 5개(⊕표의 2-6), B지역에
6개(⊕표의 7 ~ 12), D-ⓓ지역에 4개(⊕표의 13 ~ 16, 특히 13 ~ 15
는 고구려의 점령선에 인접한 사실을 유의할 것)가 유기적인 분포를 보
이고 있다.
 이 '達'은 위 〈그림 3 · 4〉의 E지역에서도 '非達忽'(비달홀) '加達忽'
(가달홀)과 같이 2개가 발견된다. 이 '達'은 한계어의 ＊mori 〉

moy(山)와 대응되므로 주목된다.

(3) 吐(tu = 堤)

堤(둑)를 뜻하는 이 지명소 '吐'(토)가 A-ⓑ지역에 3개(＊표의 1 ～ 3), B지역에 2개(＊표의 4 ～ 5), 그리고 D-ⓓ지역에 1개가 나타난다. 공교롭게도 이것이 C지역과 D-ⓒ지역에서는 발견되지 않는다. 그리하여 이것에 대응하는 한계어가 무엇인지 알 수 없다. 중세국어의 '두듥'과 현재의 '뚝'이 '吐'에서 발달한 듯하다.

(4) 密(mir = 三) : 悉(siri ˃ səi ˃ səy = 三)

숫자 3을 뜻하는 '密'(밀)이 A-ⓑ지역과 B지역의 접경에 1개, D-ⓓ에 5개(●표의 2 ～ 6)가 흩어져 있다. 그런데 한계어로 추정되는 '悉'(실)(sir ～ səy, 悉直 ˃ 三陟)이 역시 3의 뜻을 가지고 B지역에 나타난다. 동일한 B지역, 그것도 아주 가까운 거리에 '密'(밀)과 '悉'(실)이 공존한다는 것은 매우 흥미로운 일이다.

(5) 一利(iri = 星) : 八居 ～ 八里(pyəri = 星)

별을 뜻하는 어휘 '一利'(일리)가 가라의 옛 터전인 D-ⓓ지역에서 발견된다. 비록 유일한 예이긴 하지만 이것은 가라어의 성격을 규명하는 데에 매우 중요한 의미를 갖는다. 아직도 낙동강 상류천을 '이리내'(一利川 ～ 星川)라고 부르는 바, 이것은 중세국어의 '별'과 다름을 보이기 때문이다.

그러면 이 지명의 변천을 알아보자.

一利郡(일리군)〉星山郡(성산군)〉加利縣(가리현)(『삼국사기』권 34)

星山伽耶(성산가야) ~ 碧珍伽耶(벽진가야)(『삼국유사』가락국기)

一利縣(일리현)〉星山郡(성산군)〉伽利縣(가리현)(『여지승람』권 28)

八居縣(팔거현)〉八利縣(팔리현)〉八居(팔거) ~ 八居縣(팔거현)(『여지승람』권 28)

여기서 우리는 '一利 ~ 星 : 八居 ~ 八里'의 대응을 얻는다. '星州 都氏'(성주도씨)를 일명 '八居 都氏'(팔거도씨)라고도 부르는 바, 여기서도 星이 '八居'와 대응된다. 향가의 '혜성가'에 "길 쓸 벼리 ㅂ라고"(道尸掃尸星利望良古)란 구절이 있는데, 여기 星利를 우리는 pyəri ~ pyər로 해독할 수 있다. 따라서 남부어에서의 'pyər'을 상정할 수 있다. 그리고 '一利郡'의 별칭으로 '仁里'(인리), '七谷'(칠곡)이 있는데 이것들을 'i(n)ri', 'ir(kop)sir'로 읽는다면 역시 iri에 가까워진다. 이렇게 해서 우리는 星을 뜻하는 두 어형의 대립인 iri : pyəri를 상정할 수 있다.(위 그림 4의 D-ⓓ지역에서의 번호 없는 △이 iri(一利 = 星)임)

(6) 薩(sar = 靑) : 古良(kora = 靑)

이 '薩'(살)은 靑 혹은 淸을 뜻하는 어휘인데, A-ⓐ지역에서 약간 벗어난 북쪽에 1개(이른바 薩水=淸川江), A-ⓑ지역에 1개, D-ⓓ지역에

3개(◎표의 3 ～ 5), B지역의 하단에 1개 나타난다. 고구려 본기에서 발견되는 '설하수'(薛賀水) 또한 '살하수 (薩賀水)'일 것이다. 이것은 C지역에서의 古良夫里(고량부리) 〉 靑陽(청양)의 '古良'과 대응된다.

(7) 熊(koma)

이 어휘는 A-ⓐ지역에 1개, A-ⓑ지역에 1개, C지역에 2개(■표의 3 ～ 4), D-ⓓ지역에 1개가 분포되어 있다. 도수희(1972 : 429 ～ 512)에서 '고마'(熊)의 근원지가 중부지역임을 논증하였거니와, 이러한 '고마'가 다름 아닌 D-ⓓ지역에까지 하강하여 있는 점을 우리는 주목해야 한다.(위 그림 4에서 ■(= 熊)표의 분포 참고)

(8) 押(ap = 岳, 嶽)

'岳', '嶽'을 의미하는 것으로 보이는 접미 지명소인데, 이것이 A-ⓐ지역에 3개(◉표의 1,2,4), A-ⓑ지역에 2개(◉표의 3,5), B지역에 2개(◉표의 6, 7), D-ⓓ지역에 2개(◉표의 8,9)가 나타난다. 그런데 C지역과 D-ⓒ지역에는 한 예도 발견되지 않는다. 그러나 E지역에서는 '居尸押'(거시압), '骨尸押'(골시압)과 같이 2개가 발견된다. 이는 북쪽에서 남쪽으로 들어온 어휘인 듯하다.(위 그림 4에서 ◉참고)

(9) 波衣(paiy = 岩, 峴)

바위와 고개를 뜻하는 이 어미가 A-ⓐ지역에 3개(口표의 1 ～ 3), A-

ⓑ지역에 5개(ㅁ표의 4 ~ 8), B지역에 3개(ㅁ표의 9 ~ 11)가 분포되어 있을 뿐, 기타 지역(C, D, E지역)의 지명에서는 발견되지 않는다. 그렇다면 이들 ‘波衣 ~ 波兮 ~ 波害 ~ 巴衣’(파의 ~ 파혜)는 중부지역에서만 분포하였던 아주 특수한 어휘로 한(韓)계어와 다른 성질의 것이었던가? 그러면 이에 대응되는 한계어는 무엇이었던가? 중세국어에서 우리는 ‘구무바회 : 孔巖(공암)(『용비어천가』 3 : 13), 즈믄바회 : 千巖(천암)(『두시언해』 1 : 27), 바회암 : 巖(『훈몽자회』 상 3)’과 같이 ‘바회’(岩)를 발견한다. 이 중세국어의 ‘바회’가 곧 앞에서 소개한 ‘波衣’(파의)에 소급되는 것인가? 우리는 이제까지 중세국어에서 확인되고 또한 현재에도 쓰이고 있는 ‘바위’(〈 바회)가 곧 신라어에서 이어진 것으로 보고 아무런 의심도 없이 신라의 문헌어인 향가 중에서, 특히 헌화가의 ‘紫布岩乎邊希’를 ‘지뵈바회 ㄱ새’로 풀이하여 신라어의 ‘바회’(岩)를 인정하였다. 그러나 지명의 분포대로 그것이 중부지역에만 있었던 비한계의 특수한 존재였다면 조심스럽게 재고할 필요가 있다고 생각한다.

(10) 伊(i)(〈ki = 城) : cas(= 城)

이 ‘伊’(이)는 대체적으로 r / -y 아래에 나타나기 때문에 ki 〉 i와 같은 k탈락을 경험한 것으로 도수희(1984)에서 논증하였다. 그런데 이 지명소가 A지역에 6개, B지역에 3개, E지역에 1개, C지역에 8개, D-ⓓ 지역에 2개가 분포되어 있는데 D-ⓒ지역에는 없다.

(11) 珍(tar, kir = 高, 江)

　경우에 따라서는 高의 뜻을 지닌 '달'(達)과 같은 존재일 것으로 보이기도 하고, 그렇지 않으면 '江'의 의미일 수도 있는 (kir 〉kir + am 〉kiram 〉)kerem = 江을 생각할 때 '珍'(그르진)이 A지역에 3개, B지역에 2개, C지역에 8개, D-ⓓ지역에 2개의 분포를 보인다. 그러나 D-ⓒ지역에서는 보이지 않는다.

(12) 只 · 支 · 岐 · 己(ki ~ i = 城?) : cas(= 城)

　'己'가 백제어에서 城을 의미하는 ki이었을 것임은 도수희(1984)에서 논의하였으므로 여기서는 설명을 생략하고, 그 분포만 소개하면 A지역에 2개, B지역에 2개, C지역에 20개, D-ⓒ지역에 1개, D-ⓓ지역에 7개가 있다. 그 분포의 조밀도로 보면 역시 D-ⓒ지역이 1개로서 가장 희소하다. 이는 무엇을 암시하는 것인가? 백제와의 적극적인 언어교류를 증언하는 단서이다.

(13) 內米 ~ 餘美(nami = 海) : 波利 ~ 波旦(pater = 海)

　海의 의미로 쓰인 'nami'(內米)가 현재의 황해도 해주를 기점으로 서해안을 타고 내려오면서 분포하였는데, A지역에 1개, C지역에 3개가 분포하였다. 이에 대응되는 듯한 'pater (波利 ~ 波旦(파리 ~ 파단))은 현 강원도 남단에 해당하는 곳에서 발견된다. 신라어로 '海'를 'pater'이라 하였음은 '海干(해간) ~ 波珍飡(바돌찬)'에서 확인된다.

(14) 那(na = 壤) : 羅(ra = 地)

壤의 의미로 쓰인 지명소가 중부지역에서는 '奴 ~ 內 ~ 那 ~ 惱'(노 ~ 내 ~ 나 ~ 뇌)로 나타나고, 남부지역, 특히 D지역에서는 '盧 ~ 羅 ~ 那 ~ 洛 ~ 耶 ~ 良'(로 ~ 라 ~ 나 ~ 낙야 ~ 량)으로 나타난다. 여기서 A지역과 D지역의 차이는 어두에서 'n : r' 대응인 듯하다. 물론 D지역의 '那'가 문제이다. 단 한 예가 D-ⓓ지역에서 '阿尸良 ~ 阿那加耶'(아시량 ~ 아나가야)와 같이 나타나기 때문이다. 이것은 A지역의 영향이 아니었던가 의심해 본다. 그런데 신라어 지역에서 흔하게 발견되는 '羅'가 현재의 강원도의 중동부에 '加羅忽, 阿瑟羅'(가라홀, 아슬라)와 같이 나타난다. 이는 신라어 및 가라어의 '羅'가 동해안을 타고 북상한 듯이 보인다.

이제까지 논의하여 온 가라어의 특징을 알려주는 특수 지명(① ~ ⑨)만 택하여 지도 위에 옮기면 위 〈그림 4〉의 D-ⓓ 지역의 분포와 같다.

2) 백제어(전)와 가라어의 상관성 문제

어떤 두 언어가 서로 친근성을 보일 때 우리는 그 둘 사이에 맺어진 관계가 계통적으로 자매성을 지닌 것인가, 아니면 서로의 교섭에 의하여 이루어진 언어 교류의 결과인가를 판별하기가 매우 힘들다. 백제어(전)와 고대 일본어와의 어휘 비교에서도 여러 면에서 유사성을 발견하게 되는데, 역시 그것들이 계통이 같은 데서 유산으로 물려받은 동질성인지, 아니면 언어 교섭의 결과로 생겨난 유사성인지를 신중히 검토할 필요가 있다. 설령 두 언어가 계통을 같이한다 하여도 긴 역사 속에서 계통이 서로 다른 언어로 오인할 만큼 소원하여진 단계에 이르러, 적극적인 언어 교섭으로 어휘의 유사성을 띠게 되었다고 가정하자. 그럼에도 불구하고 또한 오랜 세월이 흐르면 옛날의 언어 교섭 사실이 감추어져 그 유사성을 계통적인 속성으로 오인할 수도 있게 된다. 이런 상황에 놓여 있는 언어가 곧 가라어의 특징이 아닌가 한다. 앞의 ① ~ ⑭까지의 어휘 비교에서 우리는 A · B지역과 D-ⓓ지역 사이에서 여러 가지 동질적인 요소들을 많이 발견하였다. 어찌하여 위 〈그림 4〉에서 확인할 수 있는 바와 같이, A · B지역의 특징이 C와 D-ⓒ지역에는 없고 유독 D-ⓓ지역에만 뿌리박혀 있는 것인가? 이 의문을 우리는 두 측면에서 풀 수 있다. 그 하나는 가라어(D-ⓓ지역)의 계통이 백제어(전)(A지역어)와 같았기 때문이라는 해답이다. 다른 하나는 백제 전기 시대에 백제와 가라가 매우 긴밀한 국교를 가지고 모든 면에서 적극적인 교섭을 한 결과라는 해답이다. 여기서 필자는 후자에 더욱 역점을 주고자 한다. 도수희(1984)에서 이미 밝혔지만, 백제가 일본에 문물을 전한 시기가 현 경기도 광주(廣州)에 서울을 둔 백제의 전기였다. 이 때에 백제의 선진 문화가 일본으로 물밀듯 밀려갔던 것인데, 그 때에 백제와 일본을 이어 주는 교량역할을 한 나라가 곧 가라국이었던 것이다. 서로 자매적일 만큼 친숙하게 국교가 맺어지지 않고는 그렇듯 교량국이 될 수 없는 것이다. 이런저런 일로 백제와 가라는 형제국이 아니었던가 한다. 두 나라의 문화 교류는 곧 언어의 교류를 뜻한다. 일찍이 보다 선진의 위치에 있었던 백제는 가라와의 언어교섭에서 백제어(전)를 가라어에 적극적으로 침투시킨 것이 아니었던가 한다. 왜냐하면 우리가 한 언어의 특징을 상고할 때 한 가지 특징에만 지나치게 생각이 편중되면 그것과 대응되는 이질적인 특징들에 대한 생각에서 벗어나게 되는 경향이 있다. 이제까지 우리는 가라어 지역에서 중부지역의 언어적 특징을 발견하려고 노력하였다. 그 결과로 역시 여러 가지 유사점을 찾은 것만은 사실이다. 그러나 가라어의 자료에는 A·B지역어의 특성과는 다른 이질성이 또 있음을 버려서는 안 된다. 가령 앞에서 제시한 가라지역의 지명 중에서 '加羅 : 徐羅' '加耶 : 徐那'의 '羅'와 '那'는 서로 닮아 있는 것이다. '沙伐 : 徐伐' 역시 닮은꼴이다. '星'에 대한 의미로 쓰인 '一利'와 '八里'의 공존 현상은 무엇을 의미하는 것인가? 여기서 우리가 중부지역에서도 쓰였음직한 '一利'(iri)만을 우대하고 남부 지역에서 쓰였을 것으로 생각되는 '八里'(pyəri)는 하대할 것인가? 도대체 iri에 대응하는 pyəri의 존재는 무엇인가? 신라지역에서 흔하게 발견되는 '火 ~ 伐'(pər)이 가라어 지역에서도 많이 발견된다. 그리고 수사체계도 백제어(전)에 해당하는 '密'(mir = 三)이 가라어 지역에서 여러 번 확인되나 이것도 한계어로는 '悉'(siri 〉 sɨi 〉 səy = 三)이었던 것인데, 이것 역시 두 체계의 공존을 암시하는 존재이다. 이 밖에도 '勿'(mir = 水), '居柒'(kəcir = 荒), '巨老'(kəro = 鵝) 등등 한계어에 해당할 것으로 보이는 어휘들이 많이 발견되는 것이다. 이처럼 언어의 특징이 두 갈래로 분류되는데, 이 둘 중 어느 것이 기층어이고 어느 것이 침투된 언어인지를 현재의 필자로서는 명백히 분간할 수가 없다. 따라서 보다 깊은 연구를 위하여 후일로 미루어 둘수 밖에 없지만, 그런 대로 여기서 성급한 예측을 한다면, 가라어의 지역이 남부이고 그 선대의 언어가 변한어일 가능성을 전제로 할 때, 본바탕은 한계를 벗어날 수 없지 않겠느냐는 점이 강조될 수 있으리라 믿는다.

4. 신라말과의 관계

1) 언어사적 고찰

백제어사와 신라어사는 여러 면에서 차이가 많다.

신라는 수도 서라벌을 중심으로 천년에 가까운 장구한 역사를 누리었다. 따라서 언어도 동일한 언어를 지속적으로 사용하는 언어사를 이룩하였다. 물론 역사의 흐름에 따라서 점진적으로 흡수하거나 통합한 인근의 여러 소국 및 가락국의 언어들과 차이가 있었는지는 알 길이 없다. 다만 흡수 및 통합 지역의 대부분이 한계어를 사용하였던 것으로 추정할 뿐이다. 일찍이 도수희(1985)가 논의한 「가라어와 백제 전기어의 비교」에서 동질적 특징을 많이 발견하였다. 그러나 이 특징은 두 나라 사이의 적극적인 문화 교류를 통하여 생성된 관계로 추정하고 가라어의 본바탕을 역시 한계어로 추정하였다. 또한 다음에서 논의하겠지만, 위 〈그림 1〉의 B지역 중 상부와 중·하부의 언어 특징이 상이한 것을 예맥어와 신라어는 계통이 다른 것으로 추정할 수 있다.

  백제어의 역사는 신라어의 역사처럼 단조롭지 않다. 백제는 여러 번의 천도에 따라서 언어도 변하였기 때문이다. 백제 시조 온조는 위례홀에 건국하였고, 그의 형 비류는 미추홀에 건국하였다. 모두가 지명소 '-홀'이 쓰인 지역에 건국한 것이다. 이는 지명소 '-부리'가 쓰인 지역과 대응된다. 말하자면 지명소 '-忽'을 근거로 부여계어 지역이었을 것으로 추정할 수 있다. 이렇게 부여계어 지역에서 기원한 백제어는 고이왕 때부터 국토가 남북으로 확장됨에 따라 언어도 복수 언어사회로 바뀌었다. 즉 마한을 통합함으로써 이중(二重) 언어사회가 된 것이다. 이 기간은 대략 서기 261 ~ 475년 동안이다. 고구려 장수왕의 남침으로 백제는 절반에 가까운 영토를 잃게 되었다. 그리하여 수도 '한홀'(漢忽)(경기도 廣州)를 포기하고 문주왕 1년(475)부터 '웅진'(현 충청남도 공주)를 수도로 63년, 성왕 16년(538)부터 '소부리'(현 충청남도 부여)를 최종 수도로 122년 동안 단일 언어사회로 회귀(回歸)한다. 백제의 언어사는 다음과 같이 요약할 수 있다.(도수희 : 1977 참고)

단일언어(부여계어) ⇒ 이중언어(부여계어 + 한계어) ⇒ 단일언어(한계어)

2) 왕성 · 왕명 · 왕호의 비교

(1) 왕성(王姓)의 비교

신라는 시조 박혁거세(朴赫居世)로부터 성이 '朴' 씨로 나타나기 시작한 이후 '昔' 씨와 '金' 씨로 이어져 역대 왕의 성씨를 밝히었다. 그러나 백제는 시조 온조의 성씨가 발견되지 않는다. 그의 아버지가 고구려 시조 고주몽이니 아들의 성씨 역시 '高' 씨여야 당연하다. 다만 상당히 후대에 이르러서야 왕성이 '解' 씨 혹은 '扶餘' 씨로 나타난다. 하기야 고구려의 왕성도 시조만 '고' 씨로 불러 1회에 끝났고, 제2대 왕성부터는 '해' 씨로 불리었으니 아마도 '高=解' 씨였기 때문이 아니었던가 한다. 그래서 백제도 처음에는 '解'(해)씨로 부르다가 후대에 이르러 '扶餘' 씨로 바뀐 듯하다. 그리고 『삼국사기』와 『삼국유사』의 왕역을 보면 신라왕은 빠짐없이 성씨가 있는데 백제의 왕은 모두가 이름만 있고 성씨는 없다. 다만 중국 사서인 『진서』, 『송서』에 제16대 아신왕 때부터 '餘暉(阿莘王), 餘映 ~ 扶餘映(腆支王)' 등과 같이 '餘 ~ 扶餘'(여 ~ 부여)씨로 나타날 뿐이다. 『일본서기』에도 백제의 왕성이 나타나지 않는다. 아마도 백제에서는 이름만 부르고 성씨는 쓰지 않았기 때문인 듯하다.(도수희 : 1994, 2000 참고)

(2) 왕명의 비교

왕명의 비교에서도 신라는 시조 이름을 '블구누리'(弗矩內)라 불렀는데 이것을 '赫居世'로 다르게 표기를 하였기 때문에 '弗矩(블거) = 赫居 + 內(누리) = 世'로 추독할 수 있다. 그러나 백제의 시조 이름은 단순히 '溫祚'만 전하여지기 때문에 위와 같이 의미 파악이 용이하지 않다. 그리하여 필자는 여러 모로 고찰한 결과 '溫祚 = 百濟 = 十濟'로 추정하였다. 즉 ‘百’과 ‘十’의 훈음을 ‘온’(溫)으로 추정하고 ‘조’(祚 = 濟)로 추정하여 모두를 ‘*ončo’(溫祚)로 추독하였다. 그 의미는 ‘광활함’이었을 것으로 추정되며 시조의 이름이라기보다 아마도 나라 이름(백제국명)이었을 가능성이 있다고 주장하였다.(도수희 : 1994, 2000 참고) 아니면 시조의 이름을 곧 나라 이름으로 삼은 듯하다. 마치 ‘로마제국’이 나라를 세운 사람의 이름인 로물루스(Romulus)에서 ‘Roma’가 나온 것처럼 온조의 형이 세운 ‘비류국’도 형의 이름 ‘비류’(沸流)에서 나왔으니 인명이 곧 국명이 되는 경우가 때때로 있었던 것이다.

　왕명의 의미에 있어서 공통점이 발견되기도 한다. 신라 시조 ‘불구내’(弗矩內)는 ‘光明理世’(광명리세)의 뜻으로 할주(割註)되어 있다. 그래서 ‘赫居世’(혁거세)로 한역된 것이다. 이 한역명을 바탕으로 고구려 시조 ‘동명성왕’(東明聖王)의 ‘明’도 ‘불가’(光明)로 해석할 수 있다. 후대의 왕명에서 신라의 ‘정명왕’(政明王) ~ ’명지왕’(明之王)(신문왕 681 ~ 691), 고구려의 ‘유리명왕’(琉璃明王), ‘해명’(解明)(유리명왕의 태자), ‘문자명왕’(文咨明王) ~ ’명치호왕’(明治好王)(492 ~ 518), 백제의 ‘성명왕’(聖明王) ~ ‘명농왕’(明穠王)(523 ~ 553) 등의 ‘明’을 발견한다. 그리고 광명의 뜻과 비슷한 ‘일광’(日光)을 반영한 왕명으로 신라의 ‘소지왕’(昭知王) ~ ‘비처왕’(毗處王)(479 ~ 499), ‘일소‘(日昭)(신문왕의 아명), ‘효소왕’(孝昭王)(692 ~ 701), ‘소성왕’(昭聖王)(799), 백제의 ‘暉’(아신왕의 이름), ‘映’(전지왕의 이름), ‘昌’(위덕왕의 이름) 등이 모두 ‘빛’(日光)을 의미한다. 특히 고구려의 유리명왕과 해명, 백제의 성명왕과 위덕왕 창은 부자간이다. 양대에 걸쳐 '빛'을 소재로 작명한 점이 특이하다. 그리고 신라의 정명왕의 아명이 '日昭'(일소)이니 '明'과 '日昭'의 의미가 동일하다고 추정할 수 있다. 신라의 왕명에는 '昭' 자가, 백제의 왕명에는 '暉, 暈, 映, 昌'(휘, 휘, 영, 창)자가 차자되었는데 '明'(명)을 비롯하여 모두가 日(일) 자 변의 글자들이니 그 뜻이 모두 동일하였던 것으로 추정할 수 있다.

(3) '왕호'(王號)의 비교

왕호도 신라는 '거서간·차차웅·이사금·마리한'의 순서로 바꾸어가며 사용하였는데 백제는 모든 왕명 뒤에 존칭이 오로지 '王'으로 기록되어 있을 뿐이다. 다만 중국 사서에 "지배족(부여계로부터 남하한)은 '於羅瑕'라 불렀고, 토착민(마한계)은 '鞬吉支'라 불렀다"고 기록되어 있다. 그러나 기록에 나타난 대로 백제인들은 고유어의 존호를 쓰지 않고 차용어인 '王'으로 존칭하였던 것일까? 아마도 그렇지는 않았을 것이다. 왜냐하면 백제의 왕명이 신라와 같이 제23대 삼근왕 때(478)까지는 고유명(아명)을 썼기 때문이다. 이는 신라가 고유어 왕명을 쓰지 않고 이른바 시호를 쓰기 시작한 지증왕 때(499)와 엇비슷한 시기이다. 다만 위 두 왕호를 언제까지 사용하였는지는 알 수 없다. 만일 민요 속에 잔존하는 "어라 만수"의 '어라'가 '어라하'의 '어라'와 동일한 것이라면 거의 후대까지도 사용한 것이라고 추정할 수 있다. 그런가 하면 『일본서기』에 나오는 사마왕의 기록 중 '니리므세마nirimu-sema'

(主島)가 발견된다. 이 기록을 근거로 백제인들이 왕을 'nirimu'라 불렀음을 알 수 있다. 斯麻王(사마왕)이 태어난 시기가 개로왕 때(455 ~ 474)일 것이니 비교적 후대의 존호였던 것으로 추정된다. 여기 'nirimu = 主'가 'nirimu 〉 niøimu〉 niːimø 〉 niːm'으로 변천하였음을 필자의 여러 논문에서 논의하였다(도수희 : 1994, 1989, 2000 등). 이 'nirimu'가 언제부터 쓰였는지는 자세히 알 수 없으나 어쨌든 문헌상으로는 적어도 서기 5세기 이전으로 올라갈 가능성이 농후하다. 그렇다면 백제 시대의 왕호는 '어라하'·'건길지'·'니리므' 등 세 가지의 고유호칭이 있었음을 확인하게 된다. 여기 '니리므'의 발달형인 '님'이 곧 현대 국어의 '님·-님·님(-금)'으로 쓰이고 있다. 왕호의 구조적 비교 분석을 보면 신라는 '-한(干, 翰)·-감(邯)·-금(今, 錦)'의 존칭 어미가 있었는데 백제는 '-길지(吉支)·-하(瑕)·니리므-'의 존칭사가 있었다. -표는 존칭사의 위치 표시로 '니리므'만 어두에 있고 나머지는 어미에 있다. 위 '길지'를 '길 + 지'로 분석한다면 '지'는 신라의 존칭사인 김알지 등의 '지'와 동일한 것으로 볼 수 있다. 이 '길지'를 계승한 것으로 추정되는 어형이 『일본서기』에 자주 나타나는 '＊kisi'이다. 이른바 천자문과 경서를 일본에 전하고 가르친 백제의 큰 학자이었던 아직기와 왕인이 아직길사(아지기시), 왕인길사(와니기시)로 기록되어 있다. '기시'(吉師)와 '길지'(吉支)는 거의 닮은 꼴이다. 아직기와 왕인이 백제의 중반기인 서기 4세기의 인물이었으니 벌써 '吉支'는 극존칭의 지위에서 한 두 등급 낮아진 의미로 사용된 듯하다.

어쨌든 이 어휘가 백제 중반기까지 쓰인 것만은 틀림이 없는 듯한데 이 '길지'가 위로는 이른바 고조선의 가공인물인 '箕子'(긔즈)와 음상이 비슷하다. 이 '긔즈'가 인명이 아니라 왕칭호이었을 것이란 확신을 주는 바는 『광주천자문』에 나타나는 '긔즈왕王' 때문이다. 그렇다면 이 단어는 '긔즈(箕子) 〉 (鞬-)吉支 〉 吉師(기시) 〉 긔즈'의 발달과정을 밟은 것이라 하겠다. 여기서 우리의 이목을 끄는 바는 고조선 시대에 쓰인 북부의 '긔즈'가 한계인 마한에 '길지'로 쓰인 사실이다. 거기에다 '기 + 즈 〉 길+지'를 상정할 때 '긔즈 〉 긔지'는 신라어의 존칭사 '智'(지)와 동일하다. 그리고 '건'(鞬)은 신라어 '한-(韓-)'과 동일한 '大'의 뜻이다. 이 '鞬-'은 백제의 '近肖古王', '近貴首王', '近蓋婁王'의 '近-'(= 大)으로 이어졌다. 어원적으로 '한-'과 '근-'은 어떤 관계인가. 근 · 현대까지 '하다(= 大, 多)와 '그다 〉 크다(= 大)로 쓰인 둘 사이는 동일 어원의 변화형이 아니겠는가 하는 의문이 든다.

  한편 신라의 '한 〉 간 ~ 금'(居西干 · 麻立干 · 尼師今 · 寐錦)이 백제어에는 '하'(於羅瑕)로 나타난다. 이것은 백제 전기 지명에 '개'(皆伯 · 皆次)로 나타나기도 하는데 王의 뜻이었다. 고구려 제2대 琉璃王(뉴리왕)이 중국의 고사서에 '奴閭諧'(노려해)로 기록되어 있다. 따라서 이중 언어사회이었던 백제는 왕호도 '하 〉 가 ~ 해'와 '길지'와 같이 두 가지를 사용하였다. 신라의 '한 〉 간 ~ 금'과 백제의 '하 〉 가 ~ 개'를 비교하면 'n ~ m'의 받침만 있고 없을 뿐이다. 만일 '긔즈 〉 길지'의 '긔 〉 길'이 '하 〉 가 ~ 개'와 동어원일 가능성을 추정한다면 동질성의 문제까지 제기된다. 이를 근거로 백제 제2·3·4대 왕명인 '多婁, 己婁, 蓋婁'(다루, 기루, 개루)의 '하(= 多), 기, 개'도 뜻이 王일 가능성을 배제할 수가 없다. 어두에 '개'가 온 예를 감안하면 구조적으로 형태소 배열규칙에 어긋나는 것도 아니기 때문이다.

(4) 왕명·왕호의 차자 표기 문제

도수희(1994a : 11-31)에서 이미 논의한 바와 같이 백제의 왕명은 대체적으로 고유명일 가능성이 짙다. 가령 제5대 肖古 ~ 素古, 제6대 仇首 ~ 貴須, 제7대 沙洋 ~ 沙伴 ~ 沙沸 ~ 沙夷 ~ 沙伊, 제8대 古爾 ~ 古尒, 제9대 責稽 ~ 靑替 ~ 靑稽 , 제17대 阿莘 ~ 阿芳, 제18대 腆支 ~ 眞支, 제21대 蓋鹵 ~ 蓋婁, 제22대 文周 ~ 文州 ~ 汶州, 제23대 三斤 ~ 三乞 ~ 壬乞, 제24대 牟大 ~ 牟都 ~ 麻帝 등과 같은 동명 이자(異字) 표기에서 그 이자가 유사음이거나, 동일음일 때는 그것들은 모두가 음차 표기이었을 가능성이 높은 것이다.

(5) 황산벌전투 당시 백제와 신라의 언어

황산벌은 서기 660년에 백제와 신라가 싸운 결전장이다. 이 전투에서 백제군과 신라군은 어떤 언어를 썼을까? 동일한 언어였을까 아니면 다른 언어였을까? 이 물음에 대하여 어느 누구도 확답할 수 없다. 까마득한 세월이 흘러간 1343년 전의 옛말이기 때문이다. 당시의 말은 이미 사라졌고 그 때의 언어에 관한 아무런 기록도 남지 않았다. 그리하여 우리는 여러 측면에서 당시의 언어 상황에 관한 단편적인 지식들을 옛 문헌에서 찾아내어 막연한 추측을 일삼을 수밖에 없다.

고대 남만주와 한반도에는 어떤 언어들이 분포하고 있었을까? 이 막연한 질문에 대하여 학자들은 '한반도 중부 이북에서는 부여(扶餘)계어가 쓰였고, 그 이남에서는 한(韓)계어가 쓰였다'고 추정할 뿐이다. 이 통설을 근거로 '부여·고구려·옥저·예맥'의 언어를 부여계어군으로, '신라·가라·백제'의 언어를 한계어군으로 분류한다. 이 학설은 백제어와 신라어를 동일 기원으로 묶어 놓고 있다. 그리하여 필연코 두 언어의 동일 기원이 내내 동질성을 견지(堅持)하게 만든 기틀이었음을 믿도록 강요한다. 그러나 이는 마한의 터전에 백제가 건국한 것으로 잘못 추정한 데서 비롯된 착각이다. 이 착각은 마침내 백제어가 마한어를 승계한 것처럼 인식하게 만들었다. 그러나 백제어는 한계어가 아닌 부여계어에서 출발하였다. 마한은 근초고왕(346 ~ 374)이 흡수할 때까지 건재하였기 때문이다. 따라서 중기 이전의 백제는 한계어와 아무런 관계도 없는 것이다. 백제 시조 온조와 그 형 비류는 고구려 시조 주몽의 아들로 부여계어를 사용하였다. 그들과 함께 남하한 일행도 부여계어를 썼다. 그들은 언어 소통이 가능한 부여계어 지역에 나라를 세웠다. 그들이 세운 초기 국호인 위례홀과 미추홀의 '홀'(忽)이 그 증거가 된다. 그 당시 '홀'에 대응하는 한계어는 '벌'(伐)·'부리'(夫里)였기 때문이다. 또한 백제 전기어인 '달'(達)·'매'(買)·'단'(旦, 呑)이 한계어인 '뫼(山)'·'믈'(水)·'실'(谷)의 뜻으로 대응한다. 이처럼 백제어와 신라어는 계통적으로 다른 출발을 한 것이다. 설령 두 언어가 동일 기원이라 할지라도 황산벌 전투 때까지는 거의 700년 동안이나 서로 다른 언어발달 과정을 밟았기 때문에 서로 몰라보게 다른 언어로 변천하였을 가능성이 있다. 두 언어의 언어사적 배경과 어휘를 비교해 보도록 하겠다.

① 언어사적인 면에서 차이가 있었다.

　신라의 서울은 천년 간이나 서라벌에 고정되어 있었다. 그래서 천도로 인한 언어변화를 경험하지 못 하였다. 그러나 백제는 천도로 인하여 '위례홀 ⇒ 한홀 ⇒ 고마(현 公州) ⇒ 소부리(현 扶餘)'와 같이 언어권이 세 번이나 바뀌었다. 여러 번의 천도에 따른 언어 변화는 백제로서는 특기할만한 사건들이다. 신라어가 중앙어를 서라벌에 고정시켜 천년 장수를 누린 것과는 대조적일 만큼 백제는 천도에 따른 언어변화의 격동을 겪어야 했다. 그 변화의 특징에 따라서 백제어는 전·중·후기로 구분할 수 있다.

　□ 전기어의 특징 : 초기의 '위례홀어'는 부여계의 단일 언어이었다. 따라서 전기 백제어의 특징은 단일 부족국가에 의하여 쓰여진 부여계어의 단일 언어사회라는 점에 있다.

　□ 중기어의 특징 : 신라어에 비하여 백제어가 아주 다르게 형성된 시기이다. 백제는 중기에 남북으로 영토를 확장하여 언어사회의 구조까지 바뀌었다. 이 시기에 백제어는 남부와 북부 사이에 이질적인 복수

언어사회를 형성하게 되었다. 마한 흡수에 따른 영토 확장으로 말미암아 부여어 + 마한어를 사용하는 복수 언어사회로 바뀐 것이다.

ㅁ 후기어의 특징 : 후기는 웅진(熊津) 시대(475)부터 막이 오른다. 이 시기에 백제는 영토의 상반신을 잃고 다시 단일 언어사회가 된다. 다만 다른 점은 후기의 단일언어는 한계어라는 사실에 있다. 말하자면 '단일 언어(부여계) ⇒ 복수 언어(부여계 + 한계) ⇒ 단일 언어(한계)'로 변천한 것이다. 이 시기의 문화는 백제 문화를 대표할 만큼 찬란하였다. 문화의 발달은 매개체인 언어의 발달을 수반한다. 아마도 지배층만은 여전히 복수 언어를 사용하였을 것이다. 위와 같이 백제어사와 신라어사는 변천과정이 서로 다름에 유의할 필요가 있다. 그래야 황산벌 전투 당시의 언어 상황을 파악하는데 도움이 될 것이다.

② 단어 비교에서 같고 다름이 있었다.

백제어와 신라어의 단어를 비교하면 상호간의 같고 다른 관계의 윤곽이 들어날 것이다. 백제인은 왕을 '어라하 · 건길지'라 불렀다. '어라하'는 지배층이, '건길지'는 토착인들이 사용하였다. 이는 지배층과 피지배층의 언어가 달랐던 사실을 예증하는 단서이다. '어라 + 하'의 '하'는 신라어의 '간 · 한'과 같은 말인데 'ㄴ'의 유무 차이만 있을 뿐이다. 그리고 앞에서 언급한 것처럼 '건 + 길지'의 '길지'는 중세국어 '긔즈'(王)로 계승되었다. 백제 후기어는 왕을 '니리므'라 불렀다. 이 '니리므'가 말모음 'ㅡ'와 자음 'ㄹ'을 잃고 '니임'으로 변한 뒤에 다시 줄어들어 '님:'이 된 것이다. 현대어 '-님:'(선생님)과 '님:'(님이 시여!)으로 쓰인다. 신라인은 왕을 '거서한·니사금·마리한'이라 불렀다. 전기에는 '거서한·니사금'이 쓰이다가 중기 이후부터 '마리한'이 쓰였다. 이처럼 왕의 호칭이 서로 달랐음을 알 수 있다. 백제어 '바혜'가 신라어는 '고개'로 다르게 쓰였다. 또한 신라어 '바달'이 백제어 '나미'(內米)로, '솔'(松)이 '부사'로 달리 쓰였다. 수사체계도 신라어 '셋·다섯·일곱·열'이 백제어 '밀(三)·우츠(五)·나는(七)·덕(十)'과 같이 달랐다. 마한 54국명 중에 '비리'(卑離)가 무려 여덟 번이나 나타난다. 그런데 이 '비리'는 백제어 '부리'(夫里)로 계승되었다. '소부리'(부여)를 비롯하여 무려 열 번이나 나타난다. 공교롭게도 그 수가 '비리'와 거의 비슷하다. 이 '부리'는 신라어 '벌'에 해당한다. 공주의 옛 이름 '고마나리'의 '고마'는 北·後의 뜻이다. 이 단어에 대한 신라어는 '뒤'이다. 백제어는 津·川의 뜻이 '나리'인데 신라어는 '나 ~ 내'이다. 『일본서기』에는 '구마나리'(久麻那利)로 나온다. 백제어의 '나리'가 신라어 '내'로 줄었음을 알 수 있다. '소부리'는 백제의 마지막 수도의 이름이다. '소'는 '동쪽'이란 뜻이고, '부리'는 '벌판'이란 뜻이다. 그러니까 '소부리'는 '동쪽벌판'이란 뜻이 된다. 이 말은 신라어 '사벌'(沙伐), '셔벌'(徐伐)과 같은 말이다. 이 말이 변해서 오늘의 '서울'이 되었다. '부리'가 줄어 '벌'이 된 것이니 '소부리'가 '사벌' 또는 '셔벌'보다 이른 시기에 발생한 것으로 볼 수 있다. 백제어는 '大'의 뜻이 '한·근'(> 큰)이었다. '한홀·한산·건길지·근초고왕·

근구수왕·근개루왕'의 '한·건·근'을 예로 들 수 있다. 신라어도 '한 지부·한나마·한아찬'의 '한'을 썼다.

지금까지 설명한 언어사와 단어의 비교로 우리는 백제어와 신라어의 동이성(同異性)을 어느 정도 짐작할 수 있게 되었다.

요컨대 백제어는 부여계의 단일 언어로 출발하여 중기에 이르러 마한 어까지 사용하는 복수 언어사회를 이루었던 것이다. 그러나 드디어 국 토의 상반신을 빼앗기게 되자 부여계 언어 지역을 상실하고 다시 한계 어를 사용하는 단일 언어권이 되었다. 그러나 마한이 망한 후 거의 400년이나 지났고 거기에다 언어의 계층으로 보아 왕족을 비롯한 상류 층의 언어는 여전히 웅진 천도 이전의 언어 즉 한홀(漢忽)을 중심으로 형성된 지배층의 언어를 사용하였을 것이다. 아마도 백제 말기의 언어 는 웅진과 소부리를 중심으로 한 수도권 언어가 표준어 역할을 하였을 것이다. 다만 수도권의 언어라 할지라도 지배층의 언어와 피지배층의 언어가 달랐을 것이다. 계백 장군은 수도어인 소부리어를 사용하였을 것인데 그 중에서도 특히 지배층의 언어를 사용하였을 가능성이 많다. 김유신 장군은 서라벌어를 썼을 것이다. 황산벌 전투를 치를 당시는 백 제어와 신라어가 700년 동안이나 서로 다르게 발달한 단계였기 때문에 아무래도 자유로운 언어소통은 불가능하였을 것으로 여겨진다. 단일 언어의 현대적 편견 때문에 1343년 전의 언어까지 단일하였을 것으로 착각해서는 안 된다. 현대국어가 완전한 단일어인데도 불구하고 불과 분단 50년만에 남북의 언어가 상당히 달라진 현실을 감안하면 짐작이

갈 것이다. 지금부터 50년 전만 하여도 제주도 토박이말을 이해하기 어려웠던 점도 참고가 된다. 하물며 기나긴 7세기 동안이나 서로 다르게 발달한 마지막 단계의 백제어와 신라어 사이라면 아마도 직접 대화의 가능성은 매우 희박하였던 것으로 추정함이 옳을 것이다.

5. 백제말(전)과 고대 일본말의 관계

1) 국내 사서와 일본 사서의 백제 왕명 비교

우리 역사책에 기록되어 전하는 백제의 왕명과 일본 역사책에 나타나는 그것들을 다음에 대비, 열거하여 놓고 여러 모로 살펴보도록 하겠다.

다음의 대비표는 대체적으로 동일음 혹은 유사음의 한자로 표기되어 있음을 보인다. 여기서 확인하는 바와 같이 일본의 고사서에 백제어가 얼마나 정확히 등재된 것인가를 알 수 있다.

2) 백제(전)·가라·일본의 문화교류

①위에서 논의한 바와 같이 백제가 고대 일본에 문물을 전하기 시작한 시기가 현재의 경기도 광주에 수도를 둔 전기시대이었다. 이 시기에 백제의 선진문화가 일본으로 홍수처럼 동류(東流)하였던 것인데, 그 때에 백제와 일본을 이어 주는 교량 역할을 한 나라가 곧 가라국이었던 것이다. 서로 자매적일 만큼 친숙하게 교린(交隣)관계에 있지 않고서는

	『삼국사기』『삼국유사』	『일본서기』『고사기』 등
제5대	肖古~素古	照古~肖古~速古
제6대	仇首~貴須	貴須~貴首~久素
제7대	沙泮~沙伴	沙半
제11대	比流	避流~比流
제13대	近肖古	近速古~肖古
제14대	近仇首	近貴首~貴首~貴須
제15대	枕流	枕流
제16대	辰斯	辰斯
제17대	阿莘~阿芳	阿花
제18대	腆支~眞支	腆支
제20대	毗有	毗有~比有
제21대	蓋鹵~近蓋婁	加須利~蓋鹵
제22대	文周~文州~汶洲	汶洲~汶淵
제23대	三斤~三乞~壬乞	文斤
제24대	牟大~麻帝~牟都	末多
제25대	斯摩~斯麻(誌石文)	斯麻
제26대	明~明穠	明

그렇듯 교량국이 될 수 없는 것이라 하겠다. 따라서 백제와 가라는 가까운 형제국의 사이였음이 틀림없다. 두 나라의 적극적인 문화교류는 곧 언어의 교류를 의미한다. 이러한 언어교섭을 통하여 보다 선진의 위치에 있었던 백제는 스스로의 언어(전기)를 가라국을 통하여 일본어에 침투시킨 것이라 추정한다.(도수희 1987 : 313 ~ 341 참고)

②필자가 여러 논문에서 논의한 바와 같이 일본의 남부지역과 한반도의 남부지역은 대마도를 사이에 두고 거의 대등한 위치에서 마주 바라보고 있는 동일문화권역이었다. 일본의 남부는 구주(九州)와 근기(近畿)지역이며, 한반도의 남부는 가라지역인 것이다. 이 두 지역이 동일문화권으로 묶이어 현대처럼 그렇게 엄격한 국경선이 없었던 고대에는 가까운 이웃으로 피차간 문물을 자유롭게 교류하였을 것으로 여겨진다. 『일본서기』는 일본의 사신이 가라를 경유하여 백제의 수도인 광주(廣州)에 입성하였고 역시 백제의 사신도 가라를 통하여 일본에 입국한 사실을 밝히고 있다. 이와 같은 양국간의 교섭과정에서 가라와 일본은 언어면에서도 그 교류를 적극적으로 이행하였을 것으로 추정할 수 있다.

요컨대 선진 백제의 언어가 일본으로 동류(東流)한 전기시대의 통로는 '백제(한홀시대) ⇒ 가라 ⇒ 일본'과 같은 유로(流路)이었음을 추정할 수 있다.

③위와 같이 백제의 선진문화가 일본으로 동류(東流)한 사실은 누구나 공인하는 사실임을 앞에서 여러 번 강조하였다. 이와 같은 선진문화의 동류는 그 매개체인 언어를 필연적으로 수반한다는 사실도 역설하였다. 오늘날 선진국의 언어가 후진국의 언어 속으로 물밀듯 유입되듯이 옛날에도 백제어가 일본어에 홍수처럼 흘러 들어갔을 것은 당연한 결과이다.

백제어가 일본으로 동류한 파동은 전기와 후기로 양분할 수 있다. 백

제가 마한을 병합한 시기를 중심으로 그 전·후에 백제의 전기어가 가
라국을 경유하여 일본에 동류한 파동이 그 하나요, 그 이후에 이른바
공주·부여시대의 백제어가 현 전남 강진과 군산포(옛 白江口)를 통하
여 동류한 파동이 다른 하나이다.

3) 백제어(전)와 고대 일본어의 어휘 비교

그러면 이제 백제어(전)와 고대 일본어 사이에서 상사성(相似性)을 보
이는 어휘를 비교고찰하고자 한다. 다만 이번에는 비교 대상을 백제의
전기어(종래에 고구려어로 잘못 인식하여 온 백제어)에 한정하려 한다.
그 후기어와의 비교 고찰은 지면 관계로 생략한다. 앞으로 자주 사용될
백제 전기어를 백제어(전)로, 백제 후기어를 백제어(후)로 줄여서 적기
로 한다. 그리고 어느 시기의 언어인가를 표시하지 않을 경우의 지명어
는 백제어(전)임을 미리 밝혀 둔다.

1. '泉井 一云於乙買, 南川 一云南買, 水入 一云買伊'에서 '買 : 井 ·
   川 · 水'의 대응에 의거하여 '買'(매)가 '川 · 井 · 水'의 의미인 고유어
   임을 알 수 있다. 이 '買'는 중고한음(中古漢音) 'mai / may'로 읽을
   수 있는 음차표기이다. 이 'mai'는 에벤키어 mu(水) · 만주어
   muke(水) · 몽고어 mören(江)과 비교될 수 있고, 또한 고대 일본어(이
   하 일본어) mi-du(水)와 백제어(후) mir(水)과 대응된다. 다만 *mai
   는 어중 자음을 잃고 이중 모음의 어형을 이루고 있는데 일본어에서는

아직 어중 자음 'd'를 보유하고 있으며, 백제어는 어말 모음을 잃고 어말 자음이 잔존하고 있음이 다를 뿐이다. 따라서 재구형 *mVrV(水·井·川)이,

㉠ *mari 〉 *maoi 〉 *mai 〉 may
㉡ *mari 〉 *maro 〉 mar 〉 mir 〉 mur

로 변천하였을 것이다.(도수희 1987 : 63, 74 참고)

2. '釜山 一云松村活達, 高木根 一云達乙斬, 僧山 一云所勿達'에서 '達 : 山 / 高의 대응을 확인한다. 그리고 '達'(달)이 山 / 高의 의미인 *tar 정도의 음독자임을 판명할 수 있다. 이 어휘는 일본어 take(嶽), taka(高)와 비교되는데 이것보다 이른 어형으로 우리는 *talke, talka-를 재구할 수 있을 것 같다. 왜냐하면 마침 신라어에 유입된 것으로 보이는 '大丘〈 達句火'(대구〉달구화)에서 *talku(達句)가 발견되며, 또한 몽고어 tologai 'head-summit' 칼방언 tologol' head'와도 비교됨직하기 때문이다. 이 모두가 어중에 -lk- 혹은 -lg-를 가지고 있는데 이렇게 복자음을 보유하고 있는 어형이 보다 이른 形이라면 백제어(전)에서는 *tal(〈 *talu 〈 *taløu 〈 *talku)를 상정할 수 있고, 일본어에서는 take / taka(*taoke / *taoka- 〈 *talke / talka)를 상정할 수 있다.(박병채 : 1968참고)

3. ‘買尸達 〉 蒜(산)山’에서 ‘買尸 : 蒜’의 대응을 얻는다. ‘買尸’(매리)를 모두 음차자로 볼 때 우리는 ‘ma-l’은 ‘mai-li’ 정도로 추독할 수 있다. 그리하여 ‘*mir ~ *mairi’로 조정할 수 있는 이 어휘는 중세국어 ‘마눌’(蒜)로 이어지며, 일본어 mira(?), 퉁구스어(magehun(?), 몽고어(magihun(?)와 비교할 수 있다. Miller(1979)는 중세국어 ‘마눌’에 대한 백제어(전)(Miller의 고구려어)를 *mais, *mais ‘garlic’로 재구하고 몽고어 manggir 및 일본어 mira와 비교하였다.

4. ‘獐項口 一云古斯也忽次, 獐塞 一云古所於’에서 ‘古斯也 ~ 古所於 : 獐’의 대응을 발견한다. 여기 ‘古斯也·古所於’(고사야·고소어)는 ‘*kusaja *kusoə’ 정도로 추독할 수 있을 것 같다. 이 어휘에 대한 승계어는 중세국어에서 발견되지 않는다. ‘獐’(장)에 해당하는 단어로 중세국어의 ‘노른’가 발견될 뿐이기 때문이다. 그러나 일본어에서 상사어형인 kuzika(獐)가 발견되는 것이 이채롭다.

5. ‘泉井口 一云於乙買串, 泉井 一云於乙買’에서 ‘於乙 : 泉’의 대응을 발견한다. ‘水’의 의미를 나타내는 ‘買’와 복합된 ‘於乙(泉)’은 일본어 itsu(泉)와 비교될 수 있다. ‘於乙’을 우리는 *əri로 추독할 수 있겠는데 일본어에서도 처음에는 泉(천)을 *iri라 하였던 것인데 후대로 내려가면서 itsu로 변하였을 것이다. 천개소문(泉蓋蘇文)의 ‘泉’이 고대

일본인에 의하여 '伊梨'(iri)로 전사되었던 점도 참고할 수 있다. 마치 백제어(전) *mir(三)이 일본어에서는 mitsu로 변하였듯이 itsu로 변한 후에 다시 mi(〈 misu(水))가 복합된 것이다. 그리하여 itsumi(泉水)를 생성한 것이라 하겠다. 그런데 처음의 복합 당시에는 '泉水'가 복의(複意)였을 것이나 후대로 내려오면서 단의로 변화되어 결국 '泉'의 뜻만을 나타나게 된 것이다. 그렇지 않으면 '*iri(泉) + mitsu(水)' 처럼 각각의 원어형이 복합된 뒤에 'itsumi'로 융합되었는지도 모른다. 이 변화현상은 *ər(i)(泉) + mir(i)(水) 〉 *ə + mir(井) 〉 umir(井)과 그 조어법 및 발달과정이 아주 비슷하다.(도수희, 1987 : 65 ~ 90, 박병채, 1968 : 79 참고)

6. '麻田淺縣 一云泥沙波忽'에서 '泥沙 : 麻' 혹은 '沙 : 麻'를 발견한다. 유창균(1980 : 310)에서는 '泥沙'(니사)를 'nərsam'으로 추독하였고, 박병채(1968 : 80)에서는 '沙'를 'sam'으로 풀었다. '沙'는 sam에서 m을 생략하고 표기한 것으로 보았다. 여기서 『향약구급방』(13세기)의 '板麻 널삼'(〉 너삼)을 참고 할 때 '泥沙'는 '널삼'의 음차 표기일 듯싶다. 그러나 만일 여기서 '泥沙 : 麻'의 대응을 택한다면 '泥'의 중고음 niɛi를 기준하여 속음 'ni'로 조정할 수 있게 된다. 그리하여 '泥沙'는 '*nisa'로 추독할 수 있다. 이 *nisa의 어두자음 탈락으로 생성된 어휘가 일본어의 asa(麻)가 아닌가 한다. 람스테트(Ramstedt, 1949)는 '三'을 아이누어 suŋgi와 일본어 sugi(〈 *

sum-ki(ki 'wood, tree'))에 비교하였다.

7. 또한 우리는 앞의 6에서 '波 : 田'의 대응을 발견한다. '波'(파)의
상고음은 pwâ(혹은 pwa)이며 중고음은 puâ(혹은 pua)이다. 속음(俗
音)으로는 'pa'로 읽을 수 있을 것이기 때문에 '田'의 새김인 '밭'(『훈
몽자회』)과 접근한다. 이 '밭'은 일본어 hatake, 유구어 fataki,
pataki와 비교될 수 있다. 토이기어 sor방언 및 몽고어의 'atar 〈 *
hatar(?) 〈 *patar'(a fallow, a field)와도 비교될 수 있을 것으로 보
인다.

8. '橫川縣 一云於斯買'에서 '於斯 : 橫'의 대응을 얻는다. '於斯'(어
사)의 상고음은 âg-sieg이며, 중고음 uo-sie 이다. 따라서 '於斯'는
*as 혹은 *ŏs 정도로 추정할 수 있겠는데, 이것의 승계어가 중세국어
의 '엇'(橫)일 것이다. 일본어의 joko(橫)와 비교될 가능성이 있다.

9. '赤木縣 一云沙非斤乙'에서 '沙非 : 赤'의 대응을 얻는다. '沙非'
(사비)의 상고음은 sa-pi̯wəd이며, 중고음은 sa-pjwei이다. 또한 '沙
伏忽 〉 赤城'에서 '沙伏 : 赤'의 대응을 얻는다. '沙伏'(사복)의 상고음
은 sa-b'i̯wək이며, 중고음은 sa-b'i̯uk이다. 여기서 *sapi ~ *
sapok을 재구할 수 있다. 일본어의 sabi(錆), so fo(*so po(赤者))와
비교될 수 있을 것이다.

10. 또한 우리는 앞의 9에서 ‘木 : 斤乙’을 발견한다. 이와 비슷한 예로 ‘高木根縣 一云達乙斬’을 들 수 있다. 여기서 ‘木’과 ‘乙’을 대응시킬 때 무엇이 생략되었거나 아니면 오기된 느낌을 준다, 전자의 ‘斤乙’(근을)을 기준하면 후자의 ‘乙’ 앞에 있었던 ‘斤’이 생략된 듯이 보인다. 아니면 ‘己’를 잘못 적어 ‘乙’이 된 것이라고 판단할 수도 있다. 만일 ‘斤乙’이 그 원형이라면 우리는 ‘斤乙’을 *kə-ər로 추독할 수 있게 된다. ‘斤平 〉 嘉平’(근평 〉 가평)에서 ‘斤’의 말자음 ‘n’이 버려진 표기가 있기 때문이다. 그리하여 우리는 *kər(木)을 재구할 수 있겠다. 이 고형이 아직도 ‘등걸(tɨngkər)’, ‘그루(kɨru)’로 잔존하고 있으며 ‘고주박이(kočc upaki)’도 *kər의 변형이 아닌가 싶다. 일본어의 ki(木)와 대응된다.

11. ‘童子忽懸 一云仇斯波衣’에서 ‘仇斯 : 童子’를 발견한다. ‘仇斯’(구사)의 상고음은 giog-sieg이며, 중고음은 gʹiəru-sie이다. 따라서 ‘*kus ~ *kusɛ’를 재구할 수 있다. 이 어휘는 중세국어에서 발견되지 않으며 일본어 ko(子)와 대응될 수 있을 듯하다.

12. ‘於斯內縣 一云斧壤, 骨衣奴 一云荒壤, 仍伐奴 一云穀壤, 仍斤內 一云槐壤’에서 ‘內·奴:壤’의 대응을 발견한다. ‘內·奴’(내·노)의 상고음은 nwəd(nwər), nag(no, nar)이며, 중고음은 nuəi(nuəi), nuo이다. 이 고음을 토대로 속음으로 조정(調整)하면, ‘內·奴’는 nai, no

로 읽을 수 있다. '壤'(양)을 의미하는 이 '內·奴'는 신라어의 '羅·盧·那'에 대응하여 백제어(후)의 奴斯只(奴叱只), 沙尸良(沙羅)에서의 '奴·良·羅'와도 비교됨 직하다. 이 *na ~ *nai는 중세국어 및 현대어의 '누리-뉘'에 해당할 것으로 여겨진다. 일본어의 na(地), no(野)와 대응하며 만주어 na(地), 골디어 na(地)와도 비교될 수 있다.

13. '功木達 一云熊閃山'에서 '功木 : 熊'의 대응을 발견한다. '功木'(공목)의 상고음은 kung-muk이며, 중고음도 kung-muk이다. 여기에서 말자음 '-ng'와 '-k'를 제거하면 '功木'은 kumu만 남는다. 이것을 다시 속음으로 바꾸면 *koma가 되는데 이는 중세국어의 '곰·고마'(熊)로 이어진다. 『용비어천가』 주석에도 '고마ᄂᆞᄅ'(熊津)가 있으며, 아직도 현지에서는 '웅진'을 '고마나루'라 부르고 있다. 일본어의 koma·kuma(熊)에 대응되며 라므트어 kuma 'the great seal' 에벤키어 kumaka, 'stag, elk'에 대응한다.(박병채, 1968, 도수희, 1975 참고)

14. '刀臘縣 一云雉嶽城'에서 '刀臘(랍) : 雉'의 대응을 발견한다. '刀臘'(도랍)의 상고음은 tog-lap이며, 중고음은 tau-lap이다. 여기서 어말자음을 제거하고 속음으로 조정하면 '*tau-lap 〉 *tola'가 된다. 그런데 이것에 대응하는 '雉'(치)는 그 새김이 '꿩'(유합)이니 앞의 'tola'에 이어지지 않는다. 그러나 '가토리'(雌雉)와는 관련이 있을 듯

하다. 이것을 ㄱㅎ > 갓(始) + 도리'의 복합어로 본다면 우리는 *tola ~ *tori를 얻게 된다. 이것은 일본어의 tori(鳥)와 대응이 가능할 것이다(박병채 1968 참고).

한편 선후지명의 대응을 '刀 : 雉', '臘 : 嶽'으로 분리하여 볼 수도 있다. '刀'의 상고음은 tog이니까 *tor(〈 tog)로 표기된 것으로 보면 이는 일본어의 tori와 상사형이며 중세국어 '둙'과도 관계가 있을 듯싶다. 몽고어 taraki, 칼뮤크어 t′àrxi 'fowleϒ, perches for hens'와도 비교됨 직하다. 이렇게 '刀'(도)만으로 '雉'(치)의 의미에 대응시키려면 '雉'의 문제가 해결되어야 한다. 만일 이것이 'l-ap'으로 'l'이 선행어의 말자음을 표기한 것이라면 'ap'만 남게 되는데 이것은 '嶽 : 押'(악 : 압)(唐嶽縣 一云加火押, '押 : 岳'(압 : 악)(松岳縣 一云扶蘇押)의 대응에서 '嶽 : 岳'의 의미인 '押'에 해당한다(유창균 1980 참고). 또한 '鵂岩 一云租波衣'에서 '鵂 : 租'의 대응을 얻는다. '鵂'(휴)의 상고음은 xi̯ôg이며, 중고음은 xiəu이다. 여기서 속음 *hyu / *šyu로 조정할 수 있다. '租'의 상고음은 tsag이고, 중고음은 tsuo이다. 여기선 속음 *tar / *sar을 재구할 수 있다. *tar은 중세국어의 '둙, 비도리 / 비두리'에 이어질 듯하며 hyu / šyu / sar은 중세국어의 '새'(〈 *sari(鳥))에 이어질 듯하다.

15. '狼川縣 一云也尸買'에서 '狼 : 也尸'(랑 : 야시)의 대응을 얻는다. '也尸'(야시)의 상고음은 di̯â-si̯ər이고, 중고음은 i̯a-si이다. 여기서 중고음을 기준으로 속음화하면 '*jasi'가 된다. 이것은 중세국어

‘여ᄉᆞ’에 이어질 듯하다. 한편 ‘尸’를 ‘ri’로 추독하게 되면 ‘*jari’가 되는데 이것은 다시 ‘*jasi 〉 jari 〉 iri’로 발달 과정을 기술할 수도 있다. 일본어의 inu(犬)와 비교될 수 있을 것 같다.

16. ‘內米忽 一云池城’에서 ‘內米 : 池’의 대응을 얻는다. ‘內米’(내미)의 상고음은 nwd-mied이고, 중고음은 nuâi-miei이다. 이 중고음을 기준으로 속음으로 조정하면 *nami가 된다. 이것은 ‘池 · 海’의 훈에 해당하는데 백제어(후)의 ‘餘村 〉 餘邑 〉 餘美 〉 海美’(여촌 〉 여읍 〉 여미 〉 해미)에서도 ‘餘美 〉 : 海美’를 발견하는 바 여기서 ‘餘’를 훈음차자로 볼 때 역시 *nami를 얻게 된다.(도수희 1977 : 52 ~ 53 참고) 퉁구스어 · 만주어 namu(海) · 일본어 nami(波)에 대응한다. 나아가서 일본어의 nami 〈 *nami(波)는 nada 〈 *namta 〈 nami-ta(儺)와 비교될 수도 있다.

17. ‘津臨城 一云鳥阿忽’에서 ‘鳥阿 : 臨’의 대응을 얻는다. ‘鳥’(오)를 ‘鳥’(됴)의 오기로 보고 ‘鳥阿’의 중고음 tieu-a를 기준으로 속음화하면 *tjoa로 조정된다. 이 *tjoa는 ‘臨’(임)의 옛 새김이며, 중세국어 닿-(臨, 接)과 연결된다. 일본어 tsu-(接), 퉁구스어 taga-‘to be caught, to meet’와 관계가 있을 듯하다.(박병채, 1968 참고)

18. ‘深川縣 一云伏斯買’에서 ‘伏斯 : 深’의 대응을 얻는다. ‘伏斯’

(복사)의 상고음은 bʹwǝk-sieg이고 중고음은 biuk-sie̯이다. 중고음을 기준으로 속음화하면 '∗poksa'로 조정할 수 있다. 이것은 '深'(심)의 뜻을 지닌 것인데 일본어의 fuka-(深)(〈 ∗puka-)와 대응된다.

19. '長淺城縣 一云耶耶 一云夜牙'에서 '淺 : 耶耶 / 夜牙'(야야 / 야아)의 대응을 얻는다. '耶耶'는 속음으로 '∗ja-ja, ∗jaa'로 조정할 수 있을 듯하다. 이것은 중세국어 '얕'(淺)에 이어질 수 있을 것 같다. 일본어 asa-(淺), 토이기어 jata- 'to be weak', jas, jasqa 'to be fatten'과 비교됨 직하다.(박병채, 1968 참고) 일본어의 asa-(淺)는 '飛(あす)鳥(か)山의 옛이름인 淺(あさ)香(か)山'에서 발견된다.

20. '平淮押 一云別史派衣'에서 '別史 : 平'의 대응을 얻는다. '別吏'(별리)의 상고음은 piwat-sǝg이고, 중고음은 piuat-si이다. 그런데 곳에 따라서는 '史'가 '吏'로 표기되어 있는 경우도 있기 때문에 '史'를 '吏'의 잘못으로 보고 '吏'를 택한다면 '別吏'는 '∗pjǝri'로 속음화할 수 있다. 이 '∗pjǝri'가 '平·原'의 뜻을 나타낸 것으로 'pǝr 〈 puri 〈 ∗piri(卑離)'(原)의 자매어로 추정할 수 있다. 일본어 hira, 아이누어 pira(平原)와 대응한다. 그리고 퉁구스어 hilekĕn 'open field, even ground', 만주어 fila 'a plate', 올차어 및 골디어 pile, pili 'a plate'와 비교될 수 있다.

21. ‘峰城 一云述尒忽’에서 ‘述尒 : 峰’의 대응을 얻는다. ‘述尒’(술이)는 *sur-ni 〉*suri로 추독할 수 있다. 이것은 ‘峰’(봉)의 뜻을 지닌 단어이다. 중세국어 ‘수리’에 이어지며, 현대국어 ‘봉우리’(〈 봉수리)에 대응한다. 일본어 siro와 대응한다. 울차어 soli ‘the upper stream’ 만주어 soliɣon ‘dwellers of upper stream’와 비교될 듯하다.

22. ‘七重縣 一云難隱別’에서 ‘別 : 重’(별 : 중)의 대응을 얻는다. ‘別’의 상고음은 piwat이고, 중고음은 piuat이다. 이것을 속음으로 추독하면 ‘*pjəl’이다. 이 ‘*pjəl’은 ‘重’의 뜻을 나타내는데 중세국어 ‘블, 볼’에 해당하며 일본어의 fe(重)와 대응될 듯하다.

23. ‘泉井口 一云於乙買串’에서 ‘串 : 口’(관 : 구)의 대응을 얻는다. 그런데 ‘口’에 관한 다른 기록이 ‘甲比古次 ~ 穴口, 古斯也忽次 ~ 獐口, 要隱忽次 ~ 楊口’와 같이 나타나 ‘口 : 古次, 口 : 忽次’의 대응을 다시 얻는다. 여기서 우리는 ‘古次, 忽次’(고차, 홀차)가 ‘口, 串’(구, 관)의 의미로 쓰였음을 알 수 있다. ‘忽次’의 상고음은 xuət-ts’i이고, 중고음은 xuət-ts’iɪi이다. 이것은 중고음을 기준 삼아 속음으로 조정하면 ‘*hurči / kurči’가 될 수 있다. 또한 ‘古次’에 대한 상고음은 ko-ts’i̯ər이고, 중고음은 kuo-ts’iɪi이다. 또한 중고음을 기준하여 속음으로 조정하면 *kuči가 될 수 있다. 이 ‘hurči / kurči / kuči’는

‘口 : 串’의 의미로 쓰였으며, 일본어의 kuci(口)(〈 *kuti), kusi(串)
에 대응한다. 몽고어 qurča, 토이기어 qurč와 비교될 듯하다. 현대국
어 ‘곶 (串)을 그 승계어로 볼 수 있다.(김완진, 1968 참고)

24. ‘古斯馬 一云玉馬’에서 ‘古斯 : 玉’의 대응을 얻는다. ‘古斯’(고
사)의 상고음은 ko-sie̯g이고, 중고음은 kuo-sii̯ě이다. 중고음을 기준
하여 속음으로 조정하면 ‘*kosa’가 될 수 있다. 이것은 중세국어의
‘구슬’(玉)에 이어질 듯하다. 일본어 kusiro (釧)와 대응된다. 이들 대
비에서 어말자음 ‘r-’’-r’를 발견하기 때문에 ‘古斯’ 역시 ‘*kosar’
로 추정할 수 있는 어떤 가능성을 암시하여 준다.(박병채, 1968 참고)

25. ‘十谷 一云德頓忽, 水谷城 一云買旦忽, 五谷 一云弓次呑忽’에서
‘頓 · 旦 · 呑 · 谷’(돈 · 단 · 탄 · 곡)의 대응을 발견한다. ‘頓 · 旦 · 呑’
의 상고음은 ‘twən · tân · t’ən’이고 중고음은 ‘tuən · tan · t’ən’
이다. 중고음을 기준하면 *tan / *tun으로 조정할 수 있다. ‘谷’의 뜻
으로 *tan / *tun이 쓰였으며, 이것은 일본어의 tani(谷)와 대응한다.
현대국어 두메(tume 〈 tummoy 〈 *tun + moy)에 *tun이 접두되어
있을 듯하다.

26. 앞의 16, 17, 21, 25 등에서 ‘忽 : 城’의 대응을 발견한다. ‘忽’
(홀)의 상고음은 xwət이고, 중고음은 xuət이다. 중고음을 기준하여

조정하면 ‘*xol · *kol · *hol’로 추독할 수 있다. 이것은 신라어의 ‘火 · 伐 · 弗’과 대응되며, 백제어(후)의 ‘夫里(〉卑離)’와도 대응한다. 백제어(전)와 고구려어에서 ‘城’에 가장 적극적으로 대응하는 이 *hol(〈*kuru / *huru)은 중세국어의 ‘골’(谷)에 이어진다. 일본어의 horo(洞), kohori(郡), 만주어의 kurun ‘nation’ holo ‘valley’에 대응한다.(김방한, 1982)

27. ‘今勿奴 一云黑壤’에서 ‘今勿 : 黑’의 대응을 얻는다. ‘今勿’(금물)의 상고음은 kiəm-miwət이고, 중고음은 kiəm-miuət이다. 중고음을 조정하면 *kimmir이 된다. 이는 중세국어의 ‘검-’(黑)에 이어질 수 있을 듯하며 일본어의 kuro(黑色)에 대응될 듯하다.

28. ‘鵂岩 一云租波衣’에서 ‘岩 : 波衣’의 대응을 얻는다. ‘波衣’(파의)의 상고음은 pwâiər, 중고음은 pua-iəi이다. 속음으로 조정하면 *pahoy / *paoy가 된다. 이것은 중세국어의 ‘바회’에 이어지며 ‘*pakoi 〉 pahoi 〉 paoi 〉 paiy의 발달을 추정할 수 있다. 또한 이것은 일본어의 ipa / ihwa(岩)와 비교될 수 있을 것이다. 그리고 여진어 wəhə(石, 岩), 만주어 woho(石)와 대응될 수 있다.

29. ‘仍斤內 〉 槐壤’에서 ‘仍斤 : 槐’의 대응을 얻는다. ‘仍’(잉)의 상고음은 ńiəng이고 중고음은 ńiIng이다. 이것의 속음은 *ning / *ni

ng이었을 것이다. 이것은 다시 *nir / *nɨr로 조정할 수 있을 것이다. '仍伐奴 〉 穀壤'(닝벌노 〉 곡양)에서 '仍伐 : 穀'(닝벌 : 곡)의 대응을 얻는데 여기서 '仍伐'이 '穀'의 새김을 표음한 것이라고 볼 수 있다. '穀'의 새김은 '낟'(『훈몽자회』 하 2)이며, 현대국어에서는 '나부래기'로 쓰인다. 따라서 '仍伐'을 *napər로 추정할 수 있게 된다. 중세국어의 '늣희나모'(서거정 『물명고』 목), '느릅나모'(榆)(『훈몽자회』 상 5)에 이어질 듯하므로 '仍斤'을 *nɨrkər(槐木)로 재구할 수 있을 듯하며 이것은 일본어 nirje에 대응될 수 있을 것으로 보인다.

30. '屈於押 一云紅西'에서 '屈於 : 紅'(굴어 : 홍)의 대응이 성립한다. 그런데 '屈押 ~ 江陰(〉 江陰)'(굴압 ~ 강음)의 다른 기록에 의하여 우리는 '紅'이 '江'의 잘못임을 확인할 수 있다. '屈於'(굴어)의 상고음은 kjwət-aɣ이고, 중고음은 k′uət-uo이다. 중고음에 의거하여 속음으로 조정하면 *kur / *kurə가 될 수 있다. 이 어휘는 '江'의 의미로 쓰인 것인데 중세국어의 'ᄀᆞ름'에 이어진다. 이것의 원형은 *kVrV이었으며, 후대로 내려오면서 kVr로 어간화하였다. 그리고 지명소 '옴 / 음'이 접미하여 '글+옴→ᄀᆞ름(江)', '걸 + 앙 → 거랑(渠,溝)', '걸 + 음 → 거름(肥料), 걸-(沃), 갈대, 갈게'가 생성되고, 한편 어중모음 사이에서 -r- 탈락규칙에 따라서 'kVrV 〉 *kVØV 〉 kay 〉 kɛ(浦)가 생성된 것이라 하겠다.(도수희 : 1985 참고) 이 *kVrV는 일본어 kawa(川)(〈 *kara)와 대응될 듯하다. 일본어의 방언에서 발견되는

kaara(川)(秩夫), kawara(川)(隱岐, 知夫郡), kaara(川)(三中繩) 등도 kawa의 어원을 밝히는데 큰 도움이 된다.

31. '三峴縣 一云密波兮'에서 '密 : 三'의 대응이 성립한다. '密'(밀)의 상고음은 miwət이고, 중고음은 miuet이다. 한국어사에 있어서 '-t 〉 -r'의 한자음 변화를 고려하여 이것들을 속음으로 조정(調整)하면 *mir로 재구할 수 있다. 도수희(1987)가 고찰한 가라어에도 '推良火縣 一云三良火', '三支縣 一云麻杖'과 같이 '推 : 三', '麻 : 三'의 대응을 하고 있다. 여기서 '推'(추)를 'mir'의 훈음차로, '麻'(마)는 '*ma'의 음차자로 볼 때 모두 '三'에 관한 고유어 *mir을 기록한 것으로 보인다. 이 *mir(三)은 백제어(전)와 가라어에서만 사용되었을 뿐 그 이후에는 계승되지 못하였다. 중세국어에서는 발견되지 않기 때문이다. 이 *mir(三)은 일본어 mi(三)와 대응한다.

32. '五谷郡 一云弓次云忽 / 于次吞忽'에서 '五 : 于次'의 대응이 성립한다. 여기서 '弓'(궁)을 '于'의 잘못으로 볼 때 '于次'(우차)의 상고음은 giwo-tsiər이고, 중고음은 jiuts'i이다. 중고음을 속음으로 조정하면 *uts가 될 수 있다. 역시 중세국어 '다섯'과는 상이하기 때문에 백제어(전)에서만 사용되었던 수사인 듯하다. 일본어의 수사 itsu(五)와 대응한다.

33. ‘七重城 一云難隱別’에서 ‘七 : 難隱’(칠 : 난은)의 대응이 성립한다. ‘難隱’의 상고음과 중고음이 nân-iǝn과 같이 동일하다. 이것은 속음으로 조정하면 nanin이 될 것이다. 역시 중세국어의 ‘일곱’과는 상이하다. 이것은 일본어 nana(七)와 대응될 수 있다.

『동국여지승람』권 50 경원도호부조(慶源都護府條)에,

나단산은 산에 일곱 개의 돌이 차례대로 서 있어서 이를 일곱 보석이라 이른다. 여진어로 일곱을 ‘나단’이라 하는 까닭으로 지어진 이름이다(羅端山 山有七石序立 謂之七寶石 胡語七數爲羅端故名).

와 같이 주석되어 있어 여진어의 수사 nadan(七)을 확인한다. 이것은 백제어(전)의 nanin(七)과 대응된다. 그리고 퉁구스어의 nadan, nada ‘seven’과의 대응도 확인할 수 있다.

34. ‘十谷 一云德頓忽’에서 ‘十 : 德’의 대응이 성립한다. ‘德’(덕)의 상고음과 중고음은 tǝk이다. 이것 또한 중세국어에서 발견되지 않는다. 일본어의 töwö(十)와 대응된다.

지금까지 필자는 우선 백제어(전)를 중심으로 일본어와 대응되는 어휘만을 선택하여 비교고찰하였다. 필자가 『삼국사기』(지리 2, 4)의 이른바 ‘고구려 지명록’에서 찾아 환원한 A지역에 해당하는 121개의 백제지명(전)만을 우선 그 비교대상으로 삼았다. 이 밖의 B지역에 해당하는 53지명에 대한 일본어와의 비교와 또 다른 백제지명(후)에 관한 일본어와의 비교고찰은 생략한다.(도수희 1987 : 14, 64 등 참고)

물론 필자가 추정구획한 A(ⓐ · ⓑ)지역에 오로지 백제지명(전)만 실재하였다고 주장하는 것은 결코 아니다. 그 중에는 고구려의 지명요소를 비롯하여 예맥 · 신라의 지명요소들이 다소 혼효(混淆)되었을 것은 필연적인 사실이다. 다만 그 중에서 특히 복수지명 중 고유지명들이 거의가 백제어에 해당할 것이라는 점을 추정할 뿐이다. 또한 여기서 B지역의 지명에 관한 기술도 유보하는 것은 필자가 오래 전부터 구상하여 온 A지역과 B지역의 지명비교의 선행연구가 아직 완결되지 않았기 때문이다. 언뜻 보기에도 B지역의 상부에 분포한 지명들 역시 일본어와 대응되는 어휘가 많을 것으로 예견된다.

요컨대, 고대의 문화사적인 측면에서 볼 때 기원전 3세기로부터 7세기까지 근 10세기간에 3차에 걸쳐 한반도로부터 민족집단이 도왜(渡倭)하였다. 이 도래인 집단에 의하여 고대 일본문화가 형성되었다는 사실이 최근의 고대 일본사 연구의 성과로 밝혀졌음은 주지하는 바이다. 실로 고대에 있어서는 문화와 문물이 한결같이 한반도로부터 일본으로 일방동류(一方東流)만 하였을 뿐이지, 그와 반대방향의 역류는 거의 없었던 사실을 고려할 때 문화 · 문명의 전달 매체인 언어가 일본으로부터 한반도로 유입하여 한국어에 차용되었다거나 그 형성에 작용하였다고 주장한다면 이는 상식에서 너무 벗어나는 억지가 아닐 수 없다. 그렇기 때문에 우리는 김택장삼랑(金澤庄三郎, 1910)의 주장을 재고할 수

밖에 없고 동일 의도로 작도된 하야유랑(河野六郎)의 일본어 계통도(系統圖) 또한 부정하게 되는 것이다.

앞에서 고찰한 A(ⓐ·ⓑ)지역의 어휘비교만으로 성급히 백제어와 일본어의 관계를 결론짓는다면 오히려 속단을 면키 어려울 것이다. 따라서 보다 만족에 가까울 수 있는 결론은 더 연구한 후에 내릴 것을 기약하며 여기서는 우선 소박한 예견만을 제시하여 두려 한다.

① 앞에서 우선 일차적으로 비교 고찰한 결과만으로 얻어진 대응어휘가 34개나 된다. 그 대부분이 명사에 해당하는 것들이라는 데 우리는 주목할 필요가 있다. 또한 '三, 五, 七, 十'의 어형이 닮은꼴임을 지극히 주목한다. 이 두 가지 사실은 백제어와 일본어의 관계를 규명하는데 있어서 양국어의 동계 혹은 비동계의 문제를 떠나서 우선 차용관계를 추상하도록 유인하는 것이다. 상호 차용관계가 아니고서는 그렇게 명사 쪽 이른바 동계어로 추정하고 있는 몽고어·퉁구스어·만주어 등 동일어휘와의 비교에서 얻은 상사성보다 훨씬 더 가까운 근사치를 나타내기 때문이다.

② 양국어가 동계임을 주장하는 강력한 뒷받침이 '三, 五, 七, 十'에 대한 수사이었다. 만일 백제어(전)에서 나머지 '一, 二, 四, 六, 八, 九'의 수자 역시 지명에서 발견된다면 이것들 또한 일본어의 수사(一, 二, 四, 六, 八, 九)와 동일형이었을 가능성은 아주 짙은 것이다. 만일 이것들마서 상사형이라고 가정하여 놓고 따져 보도록 하자. 그렇다고 전제

하여도 우리는 동계(同系)라는 주장에 선뜻 수긍할 수가 없게 된다. 왜냐하면 '수사체계'는 얼마든지 차용될 수 있기 때문이다. 한국어가 어느 시기엔가 '一, 二, 三, 四, 五, 六, 八, 九, 十'의 수사체계를 중국어에서 차용하였고, 일본어 역시 동일한 차용체계를 사용하고 있다. 필자는 이러한 언어현실에 준거하여 고대에 있어서의 그럴 가능성을 배제할 수 없는 것이다. 이미 나타난 'mir(三), uč(五), nanin(七), tək(十)' 등이 이른바 동계어로 지목하고 있는 알타이어와의 비교에서 외형상 거의 상이함을 보이는데[여진어의 nadan(七)만을 제외하고는] 오히려 일본어의 'mi(三), itsu(五), nana(七), töwö(十)'는 그렇지 않다는 사실이다. 오히려 지나칠 만큼 짙은 상사성 때문에 일본어가 백제어(전)의 수사체계를 차용한 것이 아닌가 의심을 품게 한다. 더욱이 그것이 백제어(전)에서만 사용되었을 뿐 그 이후에는 전하여지지 않아 현대 국어의 수사체계와도 다르다는 점을 주목하게 된다. 만일 일본어가 그것을 차용하지 않았다면 그것은 한반도로부터 건너간 대집단의 도래인(渡來人)들이 일본에 있어서의 기본어족이 되어 내내 스스로의 수사체계를 그곳에 이식성장(移植盛長)시킨 결과라 하겠다.

　어떤 두 언어가 상호 친근성을 보일 때 우리는 그 둘 사이에 맺어진 관계가 계통적으로 자매성을 띤 것인가, 아니면 서로의 교섭에 의하여 이루어진 언어 교류의 결과인가를 판별하기가 매우 힘들다. 위의 고대 한국어와 고대 일본어와의 어휘비교에서도 여러 면에서 유사성을 발견하게 되는데, 역시 그것들이 계통이 같은 데서 유산으로 물려받은 동질성인지, 아니면 언어교섭의 결과로 생겨난 유사성인지를 신중히 검토할 필요가 있다. 설령 두 언어가 계통을 같이한다 하여도 긴 역사 속에서 계통이 서로 다른 언어로 오인할 만큼 소원(疏遠)하여진 단계에 이르러, 적극적인 언어교섭으로 어휘의 유사성을 띠게 되었다고 가정하자. 그럼에도 불구하고 또한 오랜 세월이 흐르면 옛날의 언어교섭 사실이 감추어져 그 유사성이 계통적인 속성으로 오인될 수도 있게 된다. 이런 상황에 놓여 있는 두 언어가 곧 백제어(전)와 고대 일본어의 관계가 아닌가 한다.

백제말의 어휘 자료

1. 백제어의 고유명사

1) 관직명(벼슬이름)

가. 특수품계 : 좌보(左輔), 우보(右輔), 상좌평(上佐平), 대좌평(大佐平)

나. 16품계 : 좌평(佐平), 달솔(達率), 은솔(恩率), 덕솔(德率), 한솔(扞率), 나솔(奈率), 장덕(將德), 시덕(施德), 고덕(固德), 계덕(季德), 대덕(對德), 문독(文督), 무독(武督), 좌군(佐軍), 진무(振武), 극우(剋虞)

다. 관서(官署)22부 : 내관(內官) ; 전내부(前內部), 곡부(穀部), 육부(肉部), 내원부(內原部), 외원부((外原部), 마부(馬部), 도부(刀部), 공덕부(功德部), 약부(藥部), 목부(木部), 법부(法部), 후궁부(後宮部)

외관(外官); 사군부(司軍部), 사도부(司徒部), 사공부(司空部), 사구부(司寇部), 점구부(點口部), 외사부(外舍部), 객부(客部), 주부(綢部), 일관부(日官部), 도시부(都市部)

라. 기타관직 : 법관대보(法官大輔), 학식두(學識頭)

2) 성명(姓名)

가. 왕족의 성씨 : 고(高)씨, 해(解)씨, 부여(扶餘)씨

나. 백성의 성씨 : 단성(單姓); 고(高)씨, 국(國)씨, 목(木)씨, 백(苩)씨, 사(沙)씨, 연(燕)씨, 왕(王)씨, 진(眞)씨, 해(解)씨 등

복성(複姓) ; 가수(加須)씨, 고이(古尒)씨, 과야(科野)씨, 구좌(臼佐)씨, 귀실(鬼室)씨, 복국(福國)씨, 복부(福富)씨, 부여(扶餘)씨), 마나(麻奈)씨, 목협(木劦)씨, 목라(木羅)씨, 문가(文價)씨, 사택(沙宅)씨, 아택(阿宅)씨, 재증(再曾)씨, 조이(祖爾)씨, 주리(洲利)씨, 진모(??)씨, 흑치(黑齒)씨 등

다. 왕의 이름 : 온조, 다루, 기루, 개루 등을 앞의 자료를 참고할 것.

라. 백성의 이름 : 단자명; 남(男), 무(武), 의(義), 물(勿), 가(可), 충(忠), 과(果), 회(會), 노(老), 루(婁), 구(仇), 구(丘), 수(須) 등

복자명 ; 우수(優壽), 우두(優頭), 우복(優福), 우영(優永), 기루(己婁), 걸취(桀取), 걸루(桀婁), 만취(滿致), 만년(萬年), 가모(嘉謨), 모진(毛津), 고도(高道), 례곤(禮昆), 계백(階伯), 성충(成忠), 흥수(興首), 충상(忠常), 상지(常之), 복신(福信) 등

3) 지명 자료

가. 전기의 지명 자료 ;『삼국사기』지리 4의 백제 전기 영토 안의 지

명 자료(一云, 或云 등은 ~로 표시하고, 별지명이 없을 경우는 경덕왕
개정명을 〉로 표시함.)

1.未乙省(미을성) ~ 國原城(국원성)
2.南買(남매) ~ 南川(남천)
3.滅烏(멸오) ~ 駒城(구성)
4.仍斤內(잉근내) 〉 槐壤(괴양)
5.省知買(성지매) ~ 述川(술천)
6.骨乃斤(골내근) 〉 黃驍(황효)
7.去斯斬(거사참) ~ 楊根(양근)
8.今勿內(금물내) ~ 萬弩(만노)
9.都盆(西)(도분(서)) ~ 道西(도서)
10.仍忽(잉홀) 〉 陰城(음성)
11.皆次山(개차산) 〉 介山(개산)
12.奴音竹(노음죽) 〉 陰竹(음죽)
13.奈兮忽(나혜홀) 〉 白城(백성)
14.沙伏忽(사복홀) 〉 赤城(적성)
15.蛇山(사산) 〉 蛇山(사산)
16.買忽(매홀) ~ 水城(수성)
17.唐城(당성) 〉 唐恩(당은)
18.車忽(차홀) ~ 上忽(상홀)
19.松村活達(송촌활달) ~ 釜山(부산)
20.冬斯肹(동사혜) ~ 栗木(율목)
21.仍伐奴(잉벌노) ~ 穀壤(곡양)
22.齊次波衣(제차파의) 〉 孔巖(공암)
23.彌鄒忽(미추홀) ~ 買召忽(매소홀)
24.古斯也忽次(고사야홀차) ~ 獐項口(장항구)
25.主夫吐(주부토) 〉 長堤(장제)
26.首尒忽(수이홀) 〉 戌城(술성)
27.黔浦(검포) 〉 金浦(김포)
28.仇斯波衣(구사파의) ~ 童子忽(동자홀)
29.別史波衣 ~ 平淮押(평회압)
30.北漢山(북한산) ~ 平壤(평양)
31.骨衣內(奴)(골의내(노)) 〉 荒壤(황양)
32.皆伯(계백) ~ 王逢(왕봉) 〉 遇王(우왕)
33.馬忽(마홀) ~ 買省(매성)
34.難隱別(난은별) ~ 七重(칠중)
35.波害平史(파해평사) 〉 波平(파평)
36.於乙買串(어을매곶) ~ 泉井口(천정구)
37.述尒忽(술이홀 ~ 首泥忽)(수니홀) 〉 峯城(봉성)
38.達乙省(달을성) 〉 高烽(고봉)
39.馬忽(마홀) ~ 臂城(비성) 〉 堅城(견성)
40.內乙買(내을매 ~ 內尒米)(내이미) 〉 沙川(사천)
41.毛乙冬非(모을동비) ~ 鐵圓(철원)
42.梁骨(양골) 〉 洞陰(동음)
43.非勿(비물) ~ 僧梁(승량)
44.功木達(공목달) ~ 熊閃山(웅섬산)
45.夫如(부여) 〉 富平(부평)
46.於斯內(어사내) ~ 斧壤(부양)
47.烏斯含達(오사함달) 〉 兎山(토산)
48.阿珍押(아진압) ~ 窮嶽(궁악)
49.所邑豆(소읍두) 〉 朔邑(삭읍)
50.伊珍買(이진매) 〉 伊川(이천)
51.首知衣(수지의) ~ 牛岑(嶺)(우잠, 령)
52.古斯也忽次(고사야홀차) ~ 獐項(장항)
53.耶耶,夜牙(야야, 야아) ~ 長淺城(장천성)
54.泥沙波忽(니사파홀) ~ 麻田淺(마전천)
55.扶蘇岬(부소갑) 〉 松岳(송악)
56.若只頭恥(약지두치) ~ 朔頭,衣頭(삭두, 의두)

57.屈於押(굴어압) ～ 紅西(홍서)
58.冬比忽(동비홀) 〉開城(개성)
59.德勿(덕물) 〉德水(덕수)
60.烏阿忽(오아홀) ～ 津臨城(진임성)
61.甲比古次(갑비고차) ～ 穴口(혈구)
62.冬音奈(동음나) ～ 休陰(휴음)
63.達乙斬(달을참) ～ 高木根(고목근)
64.首知(수지) ～ 新知(신지)
65.多知忽(다지홀) ～ 大谷(대곡)
66.買旦忽(매단홀) ～ 水谷城(수곡성)
67.德頓忽(덕돈홀) ～ 十谷(십곡)
68.冬音忽(동음홀) ～ 豉鹽城(시염성)
69.刀臘(도랍) ～ 雉嶽城(치악성)
70.于次呑忽(우차탄홀) ～ 五谷(오곡)
71.內米忽(내미홀) ～ 池城,長池(지성,장지)
72.漢忽,乃忽,息城(한홀,식성) ～ 漢城(한성)
73.租波衣,鵂巖(조파의,휴암) ～ 鵂鶹(휴유)
74.古所於(고소어) ～ 獐塞(장색)
75.于冬於忽(우동어홀) ～ 冬忽(동홀)
76.薪達,息達(신달,식달) ～ 今達(금달)
77.仇乙峴(구을현) ～ 屈遷(굴천)
78.闕口(궐구) 〉儒州(유주)
79.栗口(율구) ～ 栗川(율천) 〉殷栗(은율)
80.長淵(장연) 〉長淵(장연)
81.馬耕伊(마경이) 〉青松(청송)
82.楊岳(양악) 〉安嶽(안악)
83.板麻串(판마곶) 〉嘉禾(가화)
84.熊閑伊(웅한이) 〉水寧(수녕)
85.甕遷(옹천) 〉甕津(옹진)
86.付珍伊(부진이) 〉永康(영강)
87.鵠島(곡도) ～ 白嶺(翎)鎭(백령(령)진)
88.升山(승산) 〉信州(신주)
89.加火押(가화압) 〉唐嶽(당악)
90.夫斯波衣(부사파의) ～ 仇史峴(구사현)
91.烏根乃,首次若(오근내,수차야) ～ 牛首(우수)
92.伐力川(벌역천) 〉綠驍(녹효)
93.於斯買(어사매) ～ 橫川(횡천)
94.砥峴(지현) 〉砥平(지평)
95.平原(평원) ～ 北原(북원)
96.奈吐(나토) ～ 大堤(대제)
97.沙熱伊(사열이) 〉清風(청풍)
98.赤山(적산) 〉赤山(적산) 〉丹山(단산)
99.斤平(근평) ～ 並平(병평)
100.伏斯買(복사매) ～ 深川(심천)
101.要隱忽次(요은홀차) ～ 楊口(양구)
102.烏斯廻(오사회) ～ 猪足(저족)
103.皆次丁(개차정) ～ 王岐(왕기)
104.密波兮(밀파혜) ～ 三峴(삼현)
105.也尸買(야시매) ～ (잔나비)狌川(생천)
106.買谷(매곡) 〉善谷(선곡)
107.古斯馬(고사마) 〉玉馬(옥마)
108.及伐山(급벌산) 〉山+及(업)山(업산)
109.伊伐支(이벌지) ～ 自伐支(자벌지)
110.奈生(나생) 〉奈城(나성)
111.乙阿旦(을아단) 〉子春(자춘)
112.于烏(우오) ～ 郁烏(욱오)
113.酒淵(주연) 〉酒泉(주천)

나. 후기의 지명 자료; 문주왕 1년(475)부터 의자왕 20년(660)까지
공주(熊津)·부여(所夫里)시대의 백제 영토내의 지명 자료이다. 『삼국

사기』 지리 4 중 백제지 명록을 근거로 삼았다. ～는 '일운, 혹운' 등을, 첫째 〉는 경덕왕 16년(757)을 중심으로 전후의 개정을, 둘째 〉는 고려 태조 23년(940)의 개정을 표시하는 부호이다.

1. 熊川(웅천)～熊津(웅진) 〉웅주(熊州) 〉公州(공주)
2. 熱也山(열야산) 〉尼山(니산)
3. 伐音支(벌음지) 〉淸音(청음)
4. 娘子谷, 臂城(낭자곡, 비성) 〉西原京(서원경)
5. 大木岳(대목악) 〉大麓 〉木州
6. 其(甘)買(기, 감매)～林川(임천) 〉순ㅣ(순치)
7. 仇知(구지) 〉金池(금지) 〉全義(전의)
8. 加林(가림) 〉嘉林(가림)
9. 馬山(마산) 〉馬山(마산)
10. 大山(대산) 〉翰山 〉鴻山
11. 舌林(설림) 〉西林(서림) 〉舒川(서천)
12. 寺浦(사포) 〉藍浦(남포)
13. 比衆(비중) 〉庇仁(비인)
14. 馬尸山(마시산) 〉伊山(이산)
15. 牛見(우견) 〉目牛(목우)
16. 今勿(금물) 〉今勿 〉德豊(덕풍)
17. 構(樻)(구, 헤) 〉樻城(헤성)
18. 伐首只(벌수지) 〉唐津(당진)
19. 餘村(여촌) 〉餘邑(여읍) 〉餘美(여미)
20. 沙平(사평) 〉新平(신평)
21. 所夫里(소부리) 〉扶餘(부여)
22. 珍惡山(진악산) 〉石山(석성) 〉石城(석성)
23. 豆陵尹城, 豆串城, 尹城(두능윤성, 두곶성,
     유성)～悅己(열기) 〉悅城(열성) 〉定山(정산)
24. 任存城(임존성) 〉任城(임성) 〉大興(대흥)
25. 古良夫里(고량부리) 〉 靑正(청정) 〉靑陽(청양)
26. 烏山(오산) 〉孤山(고산) 〉禮山(예산)
27. 黃等也山(황등야산) 〉黃山(황산) 〉連山(연산)
28. 眞(貞)峴(진현) 〉鎭嶺(진령) 〉鎭岑(진잠)
29. 珍同(진동) 〉珍同(진동)
30. 雨述(우술) 〉比豊(비풍) 〉懷德(회덕)
31. 奴斯只(노사지) 〉儒城(유성)
32. 所比浦(소비포) 〉赤烏(적오) 〉德津(덕진)
33. 結己(결기) 〉潔城(결성)
34. 新村(신촌) 〉新邑(신읍) 〉保寧(보령)
35. 沙尸良(사시량) 〉新良(신량) 〉黎陽(여양)
36. 一牟山(일모산) 〉燕山(연산)
37. 豆仍只(두잉지) 〉燕岐(연기)
38. 未谷(미곡) 〉眛谷(매곡) 〉懷仁(회인)
39. 基(기) 〉富城(부성)
40. 省大兮(성대혜) 〉蘇泰(소태)
41. 知六(지육) 〉地育(지육) 〉北谷(북곡)
42. 湯井(탕정) 〉湯井(탕정) 〉溫水(온수)
43. 牙述(아술) 〉陰峯(岑)(음봉, 잠) 〉牙州(아주)
44. 屈旨(直)(굴지, 직) 〉 祁梁(기량) 〉新昌(신창)
45. 比斯伐～比自火～完山(비사벌, 자화, 완산) 〉全州(전주)
46. 豆伊(두이)～往武(왕무) 〉杜城(두성) 〉伊城(이성)
47. 仇智山(구지산) 〉金溝(김구)
48. 高山(고산) 〉高山(고산)
49. 古龍(고룡)～南原(남원) 〉南原(남원)
50. 大尸山(대시산) 〉大山(대산) 〉泰山(태산)
51. 井村(정촌) 〉井邑(정읍)

52. 賓屈(빈굴) 〉 斌城(빈성) 〉 仁義(인의)
54. 古沙(眇)夫里(고사(묘)부리) 〉 古阜(고부)
56. 欣良買(흔량매) 〉 喜安(희안) 〉 保安(보안)
58. 進仍乙(진잉을)~進乃(진내) 〉 進禮(진례)
60. 勿居(물거) 〉 淸渠(청거)
62. 德近(덕근) 〉 德殷(덕은) 〉 德恩(덕은)
64. 只良肖(지량초) 〉 礪良(려량) 〉 市津(시진)
66. 屎山(시산)~忻(文)(흔,문) 〉 臨陂(임피)
68. 馬西良(마서량) 〉 沃溝(옥구)
70. 碧骨(벽골) 〉 金堤(김제)
72. 首冬山(수동산) 〉 平皐(평고)
74. 武斤村(무근촌) 〉 武邑(무읍) 〉 富潤(부윤)
76. 礫坪(력평) 〉 磧城(적성)
78. 金馬渚(금마저) 〉 金馬(금마)
80. 闕也山(알야산) 〉 野山(야산) 〉 朗山(낭산).
82. 伯海(伊)(백해,이) 〉 壁谿(벽계) 〉 長溪(장계)
84. 雨坪(우평) 〉 高澤(고택) 〉 長水(장수)
86. 馬突~馬珍(마돌,마진) 〉 馬靈(마령)
88. 奴只~武珍(노지,무진) 〉 武州(무주) 〉 光州
90. 伏龍(복룡) 〉 龍山(용산) 〉 伏龍(복용)
92. 分嵯(분차) 〉 分嶺(분령) 〉 樂安(낙안)
94. 冬老(동노) 〉 兆陽(조양)
96. 比史(비사) 〉 柏舟(백주)泰江(태강)
98. 馬斯良(마사량) 〉 代勞(대로) 〉 會寧(회령)
100. 烏次(오차) 〉 烏兒(오아) 〉 定安(정안)
102. 秋子兮(추자혜) 〉 秋成(추성) 〉 潭陽(담양)
104. 栗支(율지) 〉 栗原(율원) 〉 原栗(원율)
106. 半奈夫里(반내부리) 〉 潘南(반남)
108. 古彌(고미) 〉 昆湄(곤미)
110. 丘斯珍兮(구사진혜) 〉 珍原(진원)
112. 武尸伊(무시이) 〉 武靈(무령) 〉 靈光(영광)
114. 毛良夫里(모량부리) 〉 高敞(고창)

53. 也西伊(야서이) 〉 野西(야서)
55. 皆火(개화) 〉 扶寧(부령)
57. 上(桼)漆(상칠) 〉 尙質(상질)
59. 豆尸伊(두시이) 〉 伊城(이성) 〉 富利(부리)
61. 赤川(적천) 〉 丹川(단계) 〉 朱溪(주계)
63. 加知奈(가지내)~加乙乃(가을내)
65. 只伐只(지벌지) 〉 雲梯(운제)
67. 甘勿阿(감물아) 〉 咸悅(함열)
69. 夫夫里(부부리) 〉 澮尾(회미)
71. 豆乃山(두내산) 〉 萬頃(만경)
73. 乃利阿(내리아) 〉 利城(이성)
75. 道實(도실) 〉 淳化(순화) 〉 淳昌(순창)
77. 坪(돌평) 〉 九皐(구고)
79. 所力只(소력지) 〉 沃野(옥야)
81. 于召渚(우소저) 〉 紆洲(우주) 〉 紆州(우주)
83. 難珍阿(난진아) 〉 鎭安(진안)
85. 任實(임실) 〉 任實(임실)
87. 居斯勿(거사물) 〉 靑雄(청웅) 〉 巨寧(거령)
89. 未冬夫里(미동부리) 〉 玄雄(현웅) 〉 南平(남평)
91. 屈支(굴지) 〉 祁陽(기양) 〉 昌平(창평)
93. 助助禮(조조례) 〉 忠烈(충열) 〉 南陽(남양)
95. 豆肹(두힐) 〉 薑原(강원) 〉 荳原(두원)
97. 伏忽(복홀) 〉 寶城(보성)
99. 季川(계천) 〉 季水(계수) 〉 長澤(장택)
101. 古馬彌知(고마미지) 〉 馬邑(마읍)
103. 菓支(과지) 〉 玉菓(옥과)
105. 月奈(월내) 〉 靈巖(영암)
107. 阿老谷(아노곡) 〉 野老(야노) 〉 安老(안노)
109. 古尸伊(고시이) 〉 岬城(갑성) 〉 長城(장성)
111. 所非兮(소비혜) 〉 森溪(삼계)
113. 上老(상노) 〉 長沙(장사)
115. 松彌知(송미지) 〉 茂松(무송)

116.歃平(감평)~武平(무평) 〉 昇平(州)(승평,주)
117.猿村(원촌) 〉 海邑(해읍) 〉 麗水(여수)
118.馬老(마노) 〉 晞陽(희양) 〉 光陽(광양)
119.突山(돌산) 〉 廬山(려산) 〉 突山(돌산)
120.欲乃(욕내) 〉 谷城(곡성)
121.遁支(둔지) 〉 富有(부유)
122.仇次禮(구차례) 〉 求禮(구례)
123.豆夫只(두부지) 〉 同福(동부)
124.尒陵夫里(이능부리) 〉 陵城(능성)
125.波夫里(파부리) 〉 富里(부리) 〉 福城(복성)
126.仍利阿(잉리아) 〉 汝湄(여미) 〉 和順(화순)
127.發羅(발라) 〉 錦山(금산) 〉 羅州(라주)
128.豆肹(두힐) 〉 會津(회진)
129.實於山(실어산) 〉 鐵冶(철야)
130.水川(수천) 〉 艅艎(여황)
131.道武(도무) 〉 陽武(양무) 〉 道康(도강)
132.古西伊(고서이) 〉 固(同)安(고,동안) 〉 竹山
133.冬音(동음) 〉 耽津(탐진)
134.塞琴(색금) 〉 浸溟(침명) 〉 海南(해남)
135.黃述(황술) 〉 黃原(황원)
136.勿阿兮(물아혜) 〉 務安(무안)
137.屈乃(굴내) 〉 咸豊(함풍)
138.多只(다지) 〉 多岐(다기) 〉 모평(牟平)
139.道際(도제) 〉 海際(해제)
140.因珍島(인진도) 〉 珍島(진도)
141.徒山(도산) 〉 로山(로산)
142.買仇里(매구리) 〉 膽耽(담탐) 〉 臨淮(임회)
143.阿次山(아차산) 〉 壓海(압해)
144.葛草~何老~谷野(갈초,하노,곡야) 〉 碣島
145.古祿只(고록지)~開要(개요) 〉 鹽海(염해)
　　(갈도) 〉 六昌(육창)
146.居(屈)知山(거(굴)지산)~安陵(안능) 〉 安波
　　(안파) 〉 長山(장산)
147.奈己(내기) 〉 奈靈(내령) 〉 剛州(강주)

다. 당 나라의 도독부(都督府) 지명 자료 ; 이 자료는 당 나라가 백제를 평정한 후 9년만인 총장(總章) 2년(669)에 백제의 옛 터전에 설치하려고 계획하였던 주·현(州縣)의 지명이다. 〉의 앞은 백제의 본지명이고 뒤는 당의 개정 지명이다.

1.悅己(열기) 〉 ①嵎夷(우이), ②神丘(신구), ③尹城(윤성)　2.古良夫里(고량부리) 〉 ④麟德(인덕)　3.新村(신촌) 〉 ⑤散昆(산곤)　4.仇尸波知(구시파지) 〉 ⑥安遠(안원)　5.比勿(비물) 〉 ⑦賓汶肹(빈문) 6.麻斯良(마사량) 〉 ⑧歸化(귀화)　7. * 寺浦(사포) 〉 ⑨邁羅(매라)　8.古莫夫里(고막부리) 〉 ⑩甘蓋(감개)　9.奈西兮(내서혜) 〉 ⑪奈西(내서)　10.德近支(덕근지) 〉 ⑫得安(득안)　11.古麻山(고마산) 〉 ⑬龍山(용산)
〈이상 도독부 13현〉

1.熊津村(웅진촌) 〉 ①熊津(웅진)　2.阿老谷(아노곡) 〉 ②鹵辛(로신)　3.仇知(구지) 〉 ③久遲(구지)　4.伐

畓村(벌음촌) 〉 ④富林(부림)
　〈이상 東明州 4현〉

　1.今勿(금물) 〉 ①己汶(기문)　2.只彡村(지삼촌) 〉 ②支潯(지심)　3.孤山(고산) 〉 ③馬津(마진)　4.夫首只(부수지) 〉 ④子來(자래)　5.皆利伊(개리이) 〉 ⑤解禮(해례)　6.古麻只(고마지) 〉 ⑥古魯(고로)　7.知留(지류) 〉 ⑦平夷(평이)　8.沙好薩(사호살) 〉 ⑧珊瑚(산호)　9.거사물(거사물) 〉 ⑨융화(융화)
　〈이상 支　州 9현〉

　1.魯山(노산) 〉 ①甘勿阿(감물아)　2.仇知只山(구지지산) 〉 ②唐山(당산)　3.豆尸(두시) 〉 ③淳遲(순지)　4.只馬馬只(지마마지) 〉 ④支牟(지모)　5.馬知沙(마지사) 〉 ⑤烏蠶(오잠)6.源村(원촌) 〉 ⑥阿錯(아착)
　〈이상 魯山州 6현〉

　1.古沙夫村(고사부촌) 〉 ①平倭(평왜)　2.大尸山(대시산) 〉 ②帶山(대산)　3.辟骨(벽골) 〉 ③辟城(벽성)　4.上杜(상두) 〉 ④佐贊(좌찬)　5.두내지(두내지) 〉 ⑤淳牟(순모)
　〈이상 古四州(〈古沙夫里) 5현〉

　1.号尸伊村(호시이촌) 〉 ①牟支(모지)　2.모량부리(모량부리) 〉 ②無割(무할)　3.上老(상노) 〉 ③佐老(좌로)　4.夫只(부지) 〉 ④多支(다지)
　〈이상 沙泮州(〈号尸伊城) 4현〉

　1.至留(지류) 〉 ①知留(지류)　2.屈柰(굴내) 〉 ②軍那(군나)　3.抽山(추산) 〉 ③徒山(도산)　4.半奈夫里(반내부리) 〉 ④半那(반나)　5.豆肹(두힐) 〉 ⑤竹軍(죽군)　6.巴老彌(파노미) 〉 ⑥布賢(포현)
　〈이상 帶方州(〈竹軍城) 6현〉

　1.仇斯珍兮(구사진혜) 〉 ①貴旦(귀단)　2.買省坪(매성평) 〉 ②首原(수원)　3.秋子兮(추자혜) 〉 ③皐西(고서)　④軍支(군지) (이상 分嵯州(〈波知城) 4현)
　〈이상 합 1도독부 7주 51현〉

백제말의 단어 해석

1. 단어의 구조 분석과 뜻풀이

1) 백제어(전)의 단어

(1) 명사의 구조와 의미

① 접미(어말) 지명소의 의미

買(매) : 川(내 = 천)

2.南 + 買 ~ 南 + 川, 5.省知 + 買 ~ 述川, 93.於斯 + 買 ~ 橫 + 川, 100.복사 + 매 ~ 深 + 川, 105.也尸 + 買 ~ 牲 + 川 등과 같이 買(매)와 川(천)이 대응하므로 川의 뜻으로 '매'가 쓰였음을 알 수 있다.

※ 128쪽 3) **지명자료**(가 · 나 · 다)에서 지명마다에 한글로 표기한 해당 번호의 자료를 참고하기 바람(이하 같음).

買(매) : 水(믈 = 수)

16.買 + 忽~水 + 城, 66.買 + 旦忽~水 + 谷城 등과 같이 買(매)와 水(수)가 대응하므로 水의 뜻으로 '매'가 쓰였음을 알 수 있다. 한편 23.彌 + 鄒忽 ~ 買 + 김忽(미 + 추홀 ~ 매 + 소홀)은 買가 彌와 대응할 뿐이다. 비록 水와의 직접 대응은 아니지만 위 16. · 66.의 예를 근거로 買가 水의 뜻으로 쓰였음을 알 수 있고 彌(미)는 買(매)와 대응하는 까닭으로 또한 水의 뜻으로 쓰였음을 알 수 있다.

買(매) : 井(우믈 = 정)

36.於乙 + 買 + 串 ~ 泉 + 井 + 口에서 買가 井(정)과의 대응을 보인다. 이는 예맥어 지명으로 추정되는 於乙 + 買 ~ 泉 + 井이 있기 때문에 買가 井의 뜻으로 쓰였음을 알 수 있다. 그런데 이 세 경우는 위치에 따라서 의미가 달라진다. 買가 어두에서는 川으로, 어말에서는 水로, 어중에서는 井의 뜻으로 쓰였음을 알 수 있다. 구조면에서 참여한 위치별로 의미차를 보인다. 그런 가운데 모두가 물의 의미로 포괄될 수 있다. 물의 포괄 의미가 지명을 구성하는데 참여한 위치에 따라서 '川 · 水 · 井'의 의미로 분화(分化)한 것이라 하겠다.

勿(믈) : 水(믈 = 수)

43.非勿 ~ 僧梁 59.德勿 〉德水에서 勿(믈)이 水와의 대응을 보인다. 또한 史勿 : 泗水(사믈 : 사수)의 대응 예가 추가된다. 여기 '勿'의 뜻은

‘水’이다. 이 ‘勿’은 중세국어 ‘믈’과 현대국어 ‘물’에 이어진다. ‘믈 〉
물’로 변하였다.

德勿(덕물) : 德積(물 · 샇- = 적)

59. 德勿 〉德水, 德物島 ~ 德積島(『삼국사기』)에서 ‘勿 : 積’의 대응
은 ‘勿’이 ‘積’(적)의 뜻도 있음을 알려 준다. ‘積’에 관한 중세국어의
훈은 ‘믈젹’(『광주천자문』 10)과 ‘搔-’이다. 중세국어의 ‘믈’과 정확
히 일치한다. 이른 시기부터 ‘믈(〉 물)’이 ‘水 · 積’의 동음이의어였던
사실을 알려 준다.

達(달) : 山(뫼〈모로 = 산)

19.松村活達 ~ 釜山, 44.功木達 ~ 熊閃山, 47.烏斯含達〉兎山, 76.息
達 〉 土山, 예맥어 夫斯達 〉 松山(부사달 〉 송산), 買尸達~蒜山(매시달
~ 산산), 所勿達~僧山(소물달 ~ 승산)의 ‘達’은 山의 뜻이다. 그것이
어말위치에 오면 山의 뜻으로 쓰였다.

達(달) : 高(높- = 고)

38. 達乙省 〉 高峰 63.達乙斬 : 高木根에서 達 : 高의 대응은 ‘達’(달)
이 高의 뜻이었음을 알려준다. 이처럼 어두 위치에서는 高의 뜻으로 쓰
였다.

內ㆍ奴ㆍ弩(내ㆍ노) : 壤(나 = 양)

4.仍斤內~槐壤, 8.今勿內~萬弩~黑壤, 21.仍伐奴~穀壤, 31.骨衣內~荒壤, 46.於斯內~斧壤 등과 같이 內ㆍ奴ㆍ弩가 壤과 대응한다. 이 ‘內ㆍ奴ㆍ弩’의 중고음은 각 자 ‘nuaiㆍnuo’이다. 이것들의 속음은 ‘naiㆍno’이다. 이 지명소는 壤(양)의 뜻으로 쓰였는데 중세국어의 ᄯᅡ(地ㆍ壤)와 다르다. 이것은 마한어 馹盧(사라), 진한어 斯盧ㆍ斯羅(사로, 사로)의 ‘盧ㆍ羅’에 소급될 듯하다. 그리고 신라 시조의 이름 弗矩內(불구내)의 ‘內’와 신라 儒理尼師今(유리니사금)의 ‘儒理’에 소급될 듯하다. ‘내’(內)는 世(누리)의 뜻이라 『삼국유사』에 주석되어 있고, ‘누리’는 世의 뜻이라 주석되어 있기 때문이다. 만일 중세국어의 ‘누리’(世)를 원초형으로 본다면 ‘누리 〉 누이 〉 뉘’의 변화가 아주 이른 시기에 진행되었음을 알려 주는 정보이다. 나라의 ‘나’도 동일 어원에서 나온 화석으로 볼 수도 있다. 일본어 na = 地, no = 野, 만주어 na = 地와 동일한 점이 흥미롭다.

忽(홀) : 城(잣 = 성)

10.仍忽 〉 陰城, 13奈兮忽 〉 白城, 14.沙伏忽 ~ 赤城, 16.買忽 ~ 水城, 18.車忽ㆍ上忽 〉 車城, 23.미추홀매소홀 〉 邵城, 26.首尒忽 〉 戍城, 37.述尒忽 ~ 首泥忽 〉 峯城, 39.馬忽 ~ 臂城 〉 堅城, 58.冬比忽 〉 開城, 60.烏兒忽 ~ 津臨城, 66.買旦忽 ~ 水谷城, 68.冬音忽 ~ 鼓鹽城, 71.內米忽 ~ 池城, 72.漢忽 ~ 乃忽 ~ 息城 ~ 漢城, 75.于冬於忽ㆍ

冬忽 〉 取城 등과 같이 忽(홀)이 城의 뜻으로 쓰였다. 이밖에 城으로 한 역되지 않은 28.仇斯波衣 ~ 童子忽, 33.馬忽 ~ 買省, 54.泥沙波忽 ~ 麻田淺, 65.多知忽 ~ 大谷, 67.德頓忽 ~ 十谷, 70.于次吞忽 ~ 五谷, 75.于冬於忽 ~ 冬忽의 忽 또한 城의 의미였음이 확실하다. 忽의 중고음은 xol이고 속음도 '홀'이다.

백제(전)의 지명 자료 중에서 가장 많이 나타나는 이 '홀'은 백제 후기의 지명 자료 중에서도 많이 나타나는 '부리'(夫里)와 대조되며 신라와 가라의 지명 자료에서 많이 나타나는 '블/벌'(火/伐)과도 대조를 이룬다. 그리고 백제 후기의 영역에 복홀 〉 보성(伏忽 〉 寶城)과 같이 서남부 남단에 단 하나가 침투하였다. 이것은 부여계어의 한 특징으로 '부락·촌락'을 의미하는 한계어의 특징인 '부리 〉 블 ~ 벌'과 대조를 이룬다. 이 '홀'이 '골'로 변하면서 의미도 城에서 谷으로 변하였다. 백제어(후)는 '실'이 谷의 뜻이었다(이 특수 지명소들의 분포도는 도수희(1987 : 67)의 도표 5를 참고).

波衣·巴衣·波兮(파의·파혜) : 巖·峴(바위·고개 = 암·현)
22.齊次巴衣 〉 孔巖, 73.租波衣 ~ 鵂巖, 90.夫斯波衣 ~ 仇史峴 〉 松峴, 104.密波兮 ~ 三峴 등과 같이 波衣·巴衣·波兮(파의·파혜)가 巖·峴의 뜻으로 쓰였다. 예맥어 자료 중에서 斤尸波兮 ~ 文峴(근시파혜 ~ 문현), 烏生波衣 ~ 猪守峴(오생파의 ~ 저수현), 平珍波衣 ~ 平珍峴(평진파의 ~ 평진현)의 波兮·波衣를 추가할 수 있다. 중세국어의 바

회(巖)와 대응된다. 그리고 동요의 '바위고개 언덕'의 '바위'가 고어의
화석어일 듯하다. 일찍이 모음 사이에서 'ㅎ'이 탈락한 흔적으로 波兮
> 波衣 · 巴衣를 상정할 수 있다. 波衣 · 巴衣는 바의(paii)로, 波兮는 바
혜(paɣie)로 추정되기 때문이다. 巖(암)을 뜻하는 '바회'는 오늘날까
지 계승되어 바위로 쓰이고 있지만 峴 · 嶺(현 · 령)의 의미인 '바회'는
'고개'로 바뀌었다. 다만 지명 중에서 '울바위 > 울바우'(鳴巖), '덕바
위 > 덕바우'(德巖)의 '바위 > 바우'가 화석같은 잔존형이 아닐까 의심
하여 본다.

知衣(지의) : 쑥 · 嶺(고개 · 재 = 잠 · 령)

51. 首知衣 ~ 牛岑 · 牛嶺 > 牛烽은 知衣가 쑥의(잠) · 嶺(령)의 뜻으로
쓰였음을 알 수 있다. 知는 중고음은 tie ~ tiI, 속음은 '디'이다. 依의
중고음은 jəi, 속음은 '의'이다. 이상의 고음을 종합하여 '디의'로 조정
할 수 있다. 이 단어는 '디의 > 지의 > 자이 > 재'로 변한 중세국어 '재
/ 잣'(嶺 / 城)으로 이어진다.

忽次 · 古次 · 串(홀차 · 고차 · 곶) : 口(구)

24. 古斯也忽次 ~ 獐項口, 36. 於乙買串 ~ 泉井口, 52. 古斯也忽次 ~
獐項, 61. 甲比古次 ~ 穴口, 101. 要隱忽次 ~ 楊口 등과 같이 忽次, 古
次, 串(홀차,고차,관)이 口의 뜻으로 쓰였다. 백제어(전)에서 '홀차 > 고
차'(忽次 > 古次)와 같이 설단자음 'ㅈ' 앞에서 'ㄹ'이 탈락한 현상을

보인다. 또한 忽 〉 古는 'ㅎ 〉 ㄱ'로 변화한 현상이다. 그리고 36.의 串 : 口의 대응은 古次를 고지(〉 곶)로 추독할 수 있는 가능성을 보인다. 아직도 지명에서 '솔고지 · 꽃지(안면도) · 돌고지 · 달고지 · 호미고지' 등과 같이 '고지'가 여전히 쓰이고 있다. 따라서 백제어(전)에서 이미 '홀지'가 '고지'로 바뀌었다고 추정할 수 있다.

押 · 岬(압 · 갑) : 岳 · 嶽(악)

48.阿珍押 ～ 窮嶽, 55.扶蘇岬(부소갑) 〉 松岳, 57.屈於押 ～ 紅(江?) 西, 89.加火押(가화압) 〉 唐嶽 등과 같이 押 · 岬이 岳 · 嶽의 뜻으로 쓰였다. 押 · 岬의 상고음은 kap이다.(李珍華 · 周長楫 : 1993 『한자고금음표』 469) 그런데 중고음은 押은 ap이고, 岬은 여전히 kap이다. 속음도 押은 '압'이고, 岬은 '갑'이다. 본래는 모두 kap이었는데 押만 ap으로 변하였으니 고유어를 '압 ～ 갑'으로 상정할 수 있다. 백제어(전) '갑 〉 압'이 중세 국어 묏부리(『훈몽자회』, 『천자문』) 또는 '큰뫼'(『신증유합』)로 훈이 변하였다.

吐(토) : 堤(둑 = 제)

25.主夫吐 〉 長堤, 96.奈吐 ～ 大堤 등과 같이 吐가 堤의 뜻으로 쓰였다. 동일한 예를 예맥어 자료에서 吐上 ～ 棟上(토상 ～ 제상), 束吐 ～ 棟隄(속토 ～ 속제)를 추가할 수 있다. 신라어의 자료에서도 漆隄 〉 漆吐(칠제 〉 칠토)와 같이 吐 : 隄를 발견한다. 吐의 중고음은 t'uo이고

속음은 '토'이다. 당시에는 아직 유기음이 생성되지 않았던 것으로 추정되므로 '도'로 조정할 수 있다. 일단 도 〉 더로 변하고 접미사 ㄱ이 첨가되어 덕 / 둑이 되었다.

別(별) : 重(볼 = 중)

34. 難隱別 ~ 七重와 같이 別(별)이 重의 뜻으로 쓰였다. 別의 중고음은 piuat이고 속음은 '별'이다. 이는 중세국어 '볼'(重)에 해당한다.

② 어간 지명소의 의미

滅烏(멸오) : 駒(ᄆᆡ아지 = 구)

3. 滅烏 ~ 駒城에서 滅烏가 駒와 대응한다. 滅은 중고음 mjiät이고 烏(오)는 uo이다. 한자음의 설내입성(舌內入聲) t는 l로 속음화(俗音化)하였기 때문에 mjiätuo를 '멸오'로 조정할 수 있다. 이는 중세 국어로 駒의 새김 'ᄆᆡ야지'와 비슷하다.

沙伏(사복) : 赤(북새 = 적)

14. 沙伏忽 〉 赤城은 沙伏이 赤의 의미였음을 알려 준다. 동일형이 영동 북부의 예맥어 沙非斤乙 ~ 丹松(사비근을 ~ 단송), 후기 백제어 沙比 〉 赤烏(사비 〉 적오)에서 '沙非ㆍ沙比'가 丹ㆍ赤의 뜻으로 쓰였음을 알 수 있다. 현 충남 방언으로 이른 아침에 생기는 붉은 노을을 '북새'

라 하는데 '사복'이 전도되어 '북새'로 쓰인다고 추정함 직하다.

仍斤(잉근) : 槐(느티 = 괴)

4.仍斤乃 〉槐壤의 仍斤 : 槐를 느 + 글(근을 → 그을 〉그루 ~ 덩글(고주박이)로 분석할 수 있다. 이 지명 표기에서 仍(닝)의 쓰임새는 10.仍忽 〉陰城, 21.仍伐奴 〉穀壤에서도 仍자를 '나 ~ 내'로 추독할 수 있기 때문이다(후술 참고). 따라서 槐의 뜻으로 쓰였던 仍斤을 '느그을 ~ 느글'로 추정할 수 있다. 중세국어 '느티'로 이어진다.

骨乃(골내) : 黃(누르 = 황)

5.骨乃斤 〉黃驍에서 骨乃(골내)가 黃의 뜻으로 쓰였을 가능을 발견한다. 이는 백제어(후)에서 쓰인 '누르'(黃)와 다르다.

今勿(금물) : 萬(만)

8.今勿內 ~ 萬弩(奴) 〉黑壤에서 今勿(금물)이 黑의 뜻으로 쓰였음을 알 수 있다. 중세국어 '거믈'에 해당한다.

仍 · 奴音(잉 · 노음) : 陰(내 = 음)

10.仍忽 〉陰城, 12.奴音竹 〉陰竹 등과 같이 仍 · 奴音이 陰의 뜻으로 쓰였다. 62.冬音奈 ~ 休陰에서도 奈 : 陰이다. 만일 音奈가 奈音의 바뀜이었다면 奴音과 동일형이 된다. 그러나 68.冬音忽 ~ 豉鹽城의 冬音

이 있기 때문에 성급히 속단할 수 없다. 陰의 훈이 백제 전기어로 '내 ~ 노음'이었던 것인데, 후대에 새김이 'ᄀ놀 〉 그늘'로 변하였다. 아마도 본말의 뿌리가 '내 ~ 냉갈'(내 ~ 냉갈이 끼었다)로 남은 듯하다.

車(술위) : 上(술위 = 상)

18. 車忽 ~ 上忽 〉 車城의 車 : 上은 한 쪽이 훈차이고 다른 쪽은 훈음 차이다. 車의 중세 훈은 '술위'이다. 26. 首尒忽 〉 戌城, 37. 迚尒忽 ~ 首泥忽 〉 峯城 와 같은 首尒 ~ 迚尒 ~ 首泥 = 峯을 토대로 '술이'를 재구할 수 있다. 峯의 고유어를 車의 훈음인 '술의'로 적은 것이다. 이는 오월 단오날 '술의'를 車衣로 차자표기한 받쳐적기법에 해당한다. 그렇다면 上은 훈차표기로 볼 수 있으며 백제어(전)로는 上의 훈이 '술이'이었음을 알 수 있다. 백제어(후)는 '웃'이었음이 81. 于召渚 〉 上老 에서 발견된다. 신라어는 '몰'이었다. '朴堤上 或云 毛末'에서 上 = 末 (몰)이기 때문이다.

釜 · 扶蘇 · 夫斯(부 · 부소 · 부사) : 松(봇 · 솔 = 송)

19. 松村活達 ~ 釜山, 55. 扶蘇押 〉 松岳, 90. 夫斯波衣 ~ 仇斯峴 〉 松峴 등이 釜 · 扶蘇 · 夫斯:松의 대응을 보인다. 예맥어의 자료 중에서도 夫斯達 〉 松山(부사달 〉 송산)이 발견된다. 19. 松 : 釜는 釜□로 □안의 글자가 탈자된 것으로 여겨진다. 백제 전기어로 扶蘇 · 夫斯가 松의 의 미로 쓰였다. 이것은 초기의 負兒岳의 負兒(부ᄉ)에 소급된다. 보다 이

른 시기로는 온조왕의 모국인 졸본부여에 예속된 松壤國(송양국)의 普述水 : 松壤(보술수 : 송양)에서 普述(＊pusa)가 松의 뜻으로 쓰였고, 후대로는 백제 수도 부여의 배산인 扶蘇山의 扶蘇(부소)에 이어진다. 중세국어 '봇'(樺)과 관련될 듯하다.

仍伐(나벌) : 穀(나부래기 ＝ 곡)

21.仍伐奴 〉穀壤이 仍伐 : 穀의 대응을 보인다. 여기 仍자는 '나 · 내'의 표기자일 가능성을 앞에서 설명하였다. 그렇다면 仍伐을 '나벌'로 추독할 수 있다. 이 '나벌'은 중세국어 이후의 '나부래기'와 비교될 수 있다.

齊次(제차) : 孔(공)

22.齊次波衣 〉孔巖의 관계에서 齊次가 孔의 뜻이었음을 알려 준다. 경덕왕의 한역이 波衣 ＝ 巖이니 그 접두 지명소도 齊次 ＝ 孔이었을 것이다. 예맥어의 지명 穴山 〉洞山(혈산 〉동산)은 穴 : 洞의 대응을 보인다. 이는 신라어의 북상인 듯하다. 洞의 새김 '골'과 다르고, 중세국어 '굼긔 ～ 구무'와도 다르다. 중세국어로는 '구무'(孔)이다.

古斯 · 古所(고사 · 고소) : 獐(고솜 · 노ᄅ ＝ 장)

24.古斯也忽次 ～ 獐項口, 52.古斯也忽次 ～ 獐項, 74.古所於 ～ 獐塞 등이 古斯 · 古所 : 獐의 대응을 보인다. 獐의 중세국어 새김은 '노ᄅ'

이지만 혹시 '고솜돋'(『초간두시』 11-40, 『훈몽자회』 상 19)의 옛 새김 '고소'일 가능성을 배제할 수 없다. 일본어 '구사'(獐)와 비교될 듯하다.

黔(검) : 金(금)

27. 黔浦 〉金浦는 '검개'로 '검'의 뜻은 '大, 神, 北, 後'의 어느 것에 해당하였을 것이다. 경기 광주의 배산 이름이 검단뫼(黔丹山), 충남 공주의 옛 이름인 고마ᄂᆞᄅᆞ(熊津) 〉금강(錦江)의 '검·고마·금'은 어원이 같고 뜻도 동일하였을 것이다.

仇斯(구사) : 童子(고 = 동자)

28. 仇斯波衣 ~ 童子忽의 仇斯 : 童子는 중세국어에서는 찾을 수 없다. 다만 일본어의 '고'(子)와 비교될 수 있을 듯하다.

別(별) : 平(벌 = 평)

29. 別史波衣 ~ 平淮押은 別 : 平의 대응을 보인다. 그런데 別史(별사)의 '史'는 35. 波害平吏에서처럼 吏(리)로 표기되기도 하였다. 따라서 別史를 別吏로 고치어 '별리'의 음차 표기로 추정하고 '벌 ~ 버리'로 조정할 수 있다. 平의 옛 새김이 '벌'이었음을 짐작할 수 있다. 이는 35.의 예와 대비하여 29. 波衣 = 35. 波害로 상정할 때 지명소의 순서만 바뀌었을 뿐이다. 波害는 波兮와 동일한 지명소이기 때문이다. 지명어

의 구조에서 이런 뒤바뀜은 종종 발견되는 일반적 현상이다. 그 좋은 예로 徐羅伐의 羅伐(라벌)과 平壤(평양)을 들 수 있다. 平壤은 고유어 '벌나'를 한역한 옛 지명이다. '나 + 벌 : 벌 + 나'로 서로 지명소의 순서만 다를 뿐이다. 平吏의 吏는 '평리'로 읽으면 안되고 반드시 '벌리'로 읽으라는 받쳐적기법에 해당한다.

骨衣(골의) : 荒(거칠- = 황)

31.骨衣內(골의내) 〉荒壤은 骨衣 : 荒의 대응을 보인다. 신라의 인명에서 居漆夫(거칠부) : 荒宗(황종)을 발견하여 '골의 ~ 거칠'을 상정할 수 있다. 東萊(동래)의 荒山(황산)도 거칠(居柒)산이다. 중세국어 '거칠-'로 이어진다.

皆(개) : 王(긔ᄌᆞ = 왕)

32.皆伯 ~ 王逢 〉遇王, 103.皆次丁 ~ 王岐에서 皆(개)가 王의 뜻으로 쓰였음을 알 수 있다. 고구려의 琉璃王(유리왕)이 중국의 역사책에 奴閭諧(노려해)로 적혀 있다. 諧를 '개 ~ 해'로 추독할 때 고구려어 '개'(왕)를 상정할 수 있다. 만일 皆次가 '개ᄌᆞ'였다면 이는 마한어 鞬吉支(건길지)의 '吉支'(왕)와 비슷하다. 그리고 중세국어 '긔ᄌᆞ'(왕)에 이어질 수 있다.

於乙(어을) : 泉(얼 · 심 = 천)

36.於乙買串 ~ 泉井口 〉交河와 같이 於乙(어을)이 泉의 뜻으로 쓰였
다. 동일한 지명소가 예맥어에 於乙買 ~ 泉井(어을매 ~ 천정)와 같이
나타난다. 이 '얼 ~ 어을'은 중세국어 '심'과 다르다. 중세국어 '우믈'
(井曰烏沒(오몰)『계림유사』,『훈몽자회』상 5)은 어떻게 생성되었을까?
그 과정은 'ər(於乙 = 泉) + mir(勿 = 水) 〉 ərmir 〉 əsmir 〉 əmmir
〉 əmir 〉 umur(우물)로 변하였을 듯하다.

毛乙(뎔) : 鐵(뎔 〉 철)

41.毛乙冬非 ~ 鐵圓의 毛乙 : 鐵에서 毛를 훈음차로 본다면 뎔(毛) =
뎔 〉 철(鐵)이 된다. 毛가 훈음차된 예로 朴堤上 ~ 毛末의 堤 = 毛(뎌
〉 둑)와 毛禮家의 毛禮 〉 뎌리 〉 뎔 〉 졀 〉 절(寺)의 毛(뎔)을 들 수 있
다.

非(비) : 僧(비구 = 승)

43.非勿 ~ 僧梁에서 非(비)가 僧의 뜻으로 쓰였을 가능성을 시사한
다. 중세국어의 比丘(비구)와 관계가 있을 것 같다.

功木(고모) : 熊(고마 = 웅)

44.功木達 ~ 熊閃山 功(고마 〉 곰 〉 공)이 熊의 뜻으로 쓰였음을 알
려준다. 백제어(후) 고마ᄂᆞᄅᆞ(熊津)의 '고마'로 승계되며『용비어천가』

지명 주석의 '고마'로 이어졌으며 '곰'으로 변하였다. 일본어 '구마' (熊)와 일치한다.

烏斯含(오사함) : 兎(톳기 = 토)

47.烏斯含達 〉兎山은 경덕왕이 '오사함'을 '兎'로 한역하였다. '兎' 의 중세 국어 새김은 '톳기'(『훈몽자회』 중 10,『신증유합』 상 13) '토키'(『초간두시』 24-25)이다. 백제어(전)로는 새김이 '오사함'이었 음을 알 수 있다. 일본어 '우사기'와 비슷하다.

首(수) : 牛(쇼 = 우)

51.首知衣 ~ 牛岑 91.首若次 ~ 牛首에서 首 : 牛의 대응으로 首(수)가 牛의 뜻으로 쓰였음을 알 수 있다. 중세국어 '쇼'로 이어진다.

沙(사) : 麻(삼 = 마)

54.泥沙波忽 ~ 麻田淺의 沙 : 麻는 沙가 麻의 뜻으로 쓰였음을 알 수 있다. 중세국어 '삼'에 이어진다. 沙는 'ㅁ'을 생략한 추상적인 표기든 지 아니면 백제어(전)로는 '사'(〉삼)이었을 것이다.

波(바) : 田(밭 = 전)

위 54.의 波(파)는 유기음이 아직 생성되기 전이니 '바'로 추정할 수 있다. 따라서 '바'(波)는 田의 뜻으로 쓰였음을 알 수 있다. 중세국어

‘밭’에 이어진다. 이것 또한 ‘ㅌ’이 생략된 표기이든지 아니면 ‘*바’(
〉밭)의 변화일 것이다.

屈(굴) : 江(골 + 옴 = 강)

57. 屈於押 ~ 紅西 〉江陰에서 ‘紅’은 ‘江’의 오기(誤記)이다. 경덕왕
의 개정명인 ‘江’이 그럴 가능성을 시사한다. 백제어(전)로 屈(굴)이 江
의 뜻으로 쓰였음을 알 수 있다. 중세국어 ‘ᄀᆞ롬’(『용비어천가』 20,
『훈몽자회』 상 4)에 이어진다. ‘굴 · 걸 + 옴 〉 ᄀᆞ롬’으로 변한 듯하다.
그 변화 과정은 다음과 같이 추정할 수 있다.

‘浦’(개)를 의미하는 ‘*kʌri’는 ‘r’를 잃고 ‘*kʌØi 〉 *kʌi 〉 kʌy 〉
kay’와 같이 중세국어에서 ‘개’(浦) · ‘합개’(合浦) · ‘개보’(浦)를 생성
하였고, ‘*kʌri 〉 *kʌrØ 〉 kʌr’와 같이 말 모음을 잃고 ‘ᄀᆞᆯ’(ᄀᆞᆯ爲蘆
(『훈민정음』 용자예))을 생성하였다. 그리하여 ‘*kʌri’를 어원으로 파
생한 것들로 여겨지는 어형들을 종합하면 다음과 같다.

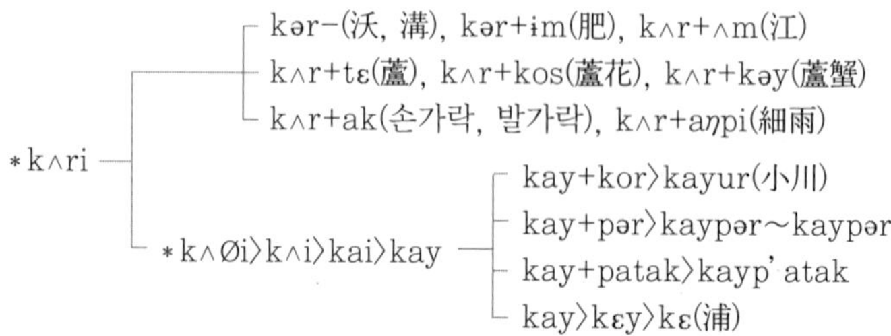

(a) *kʌri〉kʌØi〉kʌi〉kay〉kɛy〉kɛ(浦)
(b) *kʌri〉kʌrØ〉kʌr〉kar~kər(溝, 沃)

와 같이 두 길을 밟아서 변화하였다.

勿(믈) : 水(믈 = 수)

43.非勿 ~ 僧梁, 59.德勿 > 德水는 勿이 水의 뜻으로 쓰였음을 알려 준다. 신라어 지명 자료 중에서 史勿 > 泗水(사물 > 사수)의 勿 : 水의 대응을 추가할 수 있다. 인근 지역에 당 나라 장수 소정방이 대군을 상륙시킨 섬의 이름이 德積島(덕적도) ~ 德物島(덕물도) ~ 仁物島(인물도)로 적혀 있어 積 = 物 = 水를 다시 확인할 수 있다. 중세국어 '믈' (水)에 해당하는 이 '믈' (勿)이 한계어의 상단에 분포한 사실을 시사한다.

甲比(갑비) : 穴(구무 = 혈)

61.甲比古次 ~ 穴口의 甲比 : 穴은 甲比가 穴의 뜻으로 쓰였음을 알려 준다. 압록수 이북의 고구려어의 자료 중에서 甲忽 ~ 穴城(갑홀 ~ 혈성)은 甲 : 穴을 나타낸다. 아마도 이는 甲比의 생략표기이거나 甲比 > 甲의 어형축약을 보이는 변화인 듯하다.

刀臘(도랍) : 雉(가토리 = 치)

69.刀臘 ~ 雉嶽은 刀臘 : 雉의 대응을 보인다. 嶽(악)은 押(압)이었기 때문에 분리할 수 있다. 刀臘(도랍)은 중고음이 tolap인데 p를 제거하면 tola로 조정된다. 동속음도 도랍 → '도라' 이다. 雉의 중세국어 훈

은 꿩(『용비어천가』 88, 『훈몽자회』 상 16)이다. 그러나 '가토리'의 '도리'(〉 토리)와 관계가 있을 듯하다. '갓ᄒ(始) + 도리 〉 가토리'를 추상할 수 있다. '닭도리'의 '도리'와 일본어 'tori'와 상관성이 있을 듯하다.

內米(내미) : 池 ～ 海(못 · 바돌 = 지 · 해)

71.內米忽池城長池 〉 瀑池 〉 海州와 같이 內米(내미)가 池의 뜻으로 쓰였다. 한편 고려 초에 海州(해주)로 바꾼 것을 보아 海의 뜻으로 쓰인 듯도 하다. 이는 백제어(후)로 19.餘村 〉 餘邑 〉 海美의 변화에서 餘를 훈음차로 보면 '남-'을 추출할 수 있어서 또한 '내미'와 가깝게 접근 한다. 일본어 nami(파도), 만주어 namu, 에벤키어 lamu(〈*namu) 'sea'와 비교될 수 있다.

漢(한) : 大(한 = 대)

72.漢忽 ～ 漢城의 漢(한)은 大의 뜻으로 쓰였다. 백제어(후)의 10.大 山 〉 翰山에서 大 : 翰(대 : 한)의 대응 예를 추가할 수 있다. 이 '한' (大)은 신라어에서 많이 발견된다. 중세국어에서 '한'(大 · 多)이 보편 적으로 쓰였다.

薪息(시) : 今(金?)(쇠 = 금)

76.薪達 ～ 息達 ～ 今達에서 만일 金을 今으로 오기한 것이라면

‘신·식’(薪·息)은 ‘쇠’(金)의 뜻이었음을 알 수 있다. 옛부터 金의 훈
이 ‘쇠’였기 때문이다.

加火(가블) : 唐(가본 = 당)

89.加火押 〉唐嶽은 加火 : 唐의 대응을 보인다. 加火가 唐의 뜻으로
쓰였다. 加를 음차자로 볼 때 그 고음은 중고음과 속음이 똑같이 ka이
다. 火는 신라·가라의 지명 표기에 훈음차 pir로 쓰였다. 따라서 加火
를 kapir로 추독할 수 있다. 唐의 옛 새김은 ‘대랑’이다. ‘대랑’은 어
느 모로 보나 加火와 관계가 없어 보인다. 그러면 한역자인 唐을 달리
해석할 필요가 있다. 唐나라는 중원(中原)이기 때문에 唐은 中의 뜻으
로 확대해석할 수 있다. 중세국어로 中의 훈은 ‘가온ᄃᆡ’이다. 이 ‘가
온ᄃᆡ’는 ‘가ᄫᆞᆫᄃᆡ 〉 가온ᄃᆡ’의 음운변화를 입은 것으로 추정된다. 여기
서 어근 ‘갑-’을 추출할 수 있다. 加火는 ‘갑 + 블’(가온데 벌)를 적은
것이다.

於斯(어사) : 橫(엇 = 횡)

93.於斯買 ~ 橫川은 於斯 : 橫의 대응을 보인다. 빗글橫(『훈몽자회』
하 8), 빗길橫(『천자문』 25), ᄀᆞᄅ橫(『신증유합』 하 62)와 같이 ‘빗그-,
빗기-, ᄀᆞᄅ-’이다. 그러나 이보다 이른 『용비어천가』에 “몰겨틔 엇
마ᄀᆞ시니”(馬外橫防)의 ‘엇-’이 나타난다. 於의 중고음은 ‘uo’이고 속
음은 ‘어’(『천자문』, 『신증유합』)이다. 斯의 중고음은 ‘sie’이고 속음은

'스'(『천자문』, 『신증유합』)이다. 따라서 '어스'로 추독할 수 있다. '어스 〉 엇'으로 변한 것이 중세국어의 '엇-'(橫)이다.

烏(鳥?)斯(오(됴)사) : 猪(돋 = 저)

102.烏斯廻 ~ 猪足은 烏斯 : 猪의 대응을 보인다. 만일 烏가 正자라면 42.烏斯含達 〉 兎山의 烏斯와 동일하다. 廻와 含도 비슷하다. 그렇다면 오히려 兎(토)로 한역되었어야 한다. 그런데 猪(저)로 한역되어 있다. 이는 필시 烏가 42.의 烏와는 달리 鳥의 오기(誤記)일 것이다. 횡선의 유무에 따른 正誤이니 쉽게 발생되는 착오이다. 예맥어의 지명 중에 鳥生波衣 ~ 猪守峴 ~ 猪闌峴 〉 豨嶺의 鳥生 : 猪의 대응도 烏를 鳥의 오기로 판단케 한다. 豨의 옛 새김이 '돗'이기 때문이다. 鳥의 중고음은 'dieu'이고 속음은 'djo'이다. 鳥斯는 'djosa'로 추독할 수 있다. 猪의 옛 새김은 돋(『훈몽자회』 상 19, 『신증유합』 상 14)이고, "도틀 티샤"(『용비어천가』 65)의 '돝'이다, 따라서 '됴스 〉 돗 〉 돝'을 상정할 수 있다. 猪足의 足은 '돗'의 'ㅅ'을 받쳐적은 것이 아닐까 의심하여 본다.

也尸(야시) : 狌(잔나비·원숭이 = 생)

105.也尸買 ~ 狌川 〉 狼川은 也尸 : 狌·狼의 대응을 보인다. 也는 중고음이 'ia'이고 속음은 'ja'(『훈몽자회』, 『신증유합』)이다. 尸는 중고음이 'si'이지만 앞에서 설명한 바와 같이 거의가 'ri'로 해독된다.

따라서 也尸는 'jari'로 추독할 수 있다. 다시 변화과정을 단계적으로 정리하면 jasi 〉 jari 〉 iri와 같이 된다. 狌의 옛 새김은 '잔나비·원숭이'이다. 그러나 경덕왕의 한역은 狼이다. 狼의 옛 새김은 '일히'(『훈몽자회』상 18, 『신증유합』상 13)이다. 중세국어 '일히'에 이어진다.

古斯(고사) : 玉(구슬 = 옥)

107.古斯馬 〉 玉馬의 古斯 : 玉의 대응은 古斯가 玉의 뜻으로 쓰였음을 시사한다. 古斯의 중고음은 'kuo-sie'이며 속음은 'kosʌ'이다. 이것은 중세국어 '구슬'(玉)에 이어진다. 어말자음 '-r'이 반영되지 않은 추상적인 표기형으로 추정된다. 일본어 kusiro(釧)와 관계가 있을 듯하다.

伊伐(이벌) : 隣(이웃 = 린)

109.伊伐支 ~ 自伐支 〉 隣豊은 伊伐 : 隣의 대응을 보인다. 伊伐이 隣의 뜻으로 쓰였음을 알 수 있다. 隣의 옛 새김은 '이웃'(『신증유합』상 18)이다. 아마도 '이블 〉 이를 〉 이울 〉 이웃'으로 변한 듯하다.

(2) 數詞(수사)

密(밀) : 三(셋 = 삼)

104.密波兮 ~ 三峴 〉 三嶺의 密 : 三 대응에서 보면 密이 三의 뜻으로

쓰였음을 나타낸다. 波兮 = 峴·嶺이니 확실하다. 密의 중고음은
'miuet'이고 속음은 'mir'이다. 중고음이 -t 〉 -r로 속음에서 변화한
규칙이 있기 때문에 '밀'로 추독할 수 있다. 중세국어 '셋'과 다르다.
일본어 'mits'(三)와 동일하다.

于次(우차) : 五(다섯 = 오)

70.于次呑忽 ~ 五谷의 于次 : 五는 于次가 五의 뜻으로 쓰였음을 알
려 준다. 일본어 'itsu'(五)와 동일하다.

難隱(난은) : 七(일곱 = 칠)

34.難隱別 ~ 七重의 難隱 : 七은 難隱이 七의 뜻이었음을 알 수 있다.
일본어 'nana'(七)와 동일하다.

德(덕) : 十(열 = 십)

67.德頓忽十谷의 德 : 十은 德이 十의 뜻이었음을 알 수 있다. 일본어
'töwö'(十)와 동일하다. 여기 수사에 대한 일본어와의 비교는 위에서
자세히 설명한 내용을 참고하면 될 것이다.

(3) 動詞(동사)

於乙(어을-) : 泉(얼- = 천) : 交(어르- = 교)

36.於乙買串 ～ 泉井口 〉交河와 같이 於乙이 泉의 뜻으로 쓰였다. 동일한 지명소가 예맥어에 於乙買(어을매) ～ 泉井(천정)와 같이 나타난다. 이 '얼 ～ 어을'은 '샘'과 다르다. 백제어(전)의 泉을 경덕왕이 交로 한역하였다. 交의 옛 훈은 '어르-'이다. 交河郡의 형세가 한강과 임진강이 교(합)류하는 河口를 중심으로 자리잡고 있다. 그래서 그곳 지명이 이와 같은 지세를 반영하여 지어졌다. 백제어(전)로 '물이 얼르는 곳'을 '얼매'(於乙買)라 하였던 것인데 이 뜻을 정확히 한역한 개정명이 交河(얼믈)이다.

伯(맞-) : 逢 · 遇(맞- = 봉 · 우)

32.皆伯 ～ 王逢 〉遇王은 伯이 逢 · 遇와 대응한다. 박병채(1968 : 91)는 伯을 'pak'의 차음자로 보았다. 그러나 춘음차일 가능성도 있다. 伯의 옛 훈 '몯아자비'(『훈몽자회』 상 16)의 '몯'과 逢 · 遇의 옛 훈 '맞-'과 같기 때문이다. 중세국어 '맞-'(迎)에 이어진다.

烏(鳥)阿(오(됴)아) : 臨(닿- = 임)

60.烏阿忽 ～ 津臨城 〉臨津은 烏阿 : 臨의 대응을 보인다. 만일 여기서 烏가 鳥의 오기로 인한 것으로 본다면 鳥阿 : 臨의 대응이 된다. 비

숫한 글자모양으로 오기되는 사례는 흔히 발생하기 때문이다. 예를 들면 102.烏斯廻 ~ 猪足의 烏도 鳥로 바로 잡아야 문제가 풀릴 수 있는 경우와 같다. 鳥阿의 중고음은 tieu-a이고 속음은 tjoa이다. 臨의 훈이 중세국어 '닿-'이다.

冬於, 冬(동어, 동) : 取(들- = 취)

75.于冬於忽 ~ 冬忽 〉取城은 冬於, 冬이 取의 뜻으로 쓰였음을 알려 준다. 중고음은 tuong-uo, tuong이고 속음은 tong-ə이다. tong 〉 til, tong-ə 〉 til 로 추정할 때 중세국어 '들-'(取, 擧)에 이어질 듯하다.

(4) 形容詞(형용사)

今勿(금물) : 黑(가물- = 흑)

8.今勿內 ~ 萬弩 〉黑壤의 今勿 : 黑은 今勿이 黑의 뜻으로 쓰였음을 알려준다. 玄의 훈이 '가물'(『훈몽자회』 중 30, 『신증유합』 상 5, 『월인천강지곡』 95)로 중세국어 '감-'에 이어진다.

沙伏(사복) : 赤(북새 = 적)

14.沙伏忽 〉赤城은 沙伏이 赤의 의미였음을 알려 준다. 동일형이 영동 북부의 예맥어 沙非斤乙 ~ 丹松의 沙非 : 丹, 백제어(후) 沙比 〉赤

鳥에서 沙比 : 赤의 대응으로 沙非·沙比가 丹·赤의 뜻으로 쓰였음을 알 수 있다. 현 충남 방언으로 '붉은 아침 노을'을 '북새'라 하는데 '사복'이 전도되어 '북새'로 쓰인다고 볼 수 있다.

　'이른 아침에 북새를 하면 반드시 비가 온다'고 해서 일출시에 해뜨는 곳을 바라보고 그날의 일기를 짐작하는 방식이 전해오고 있다. 이로 보아 북새는 '붉새'라는 말에서 왔을 것이며 '새'는 본래 동쪽을 의미하니까 동녘이 검붉은 색을 띠는 현상을 의미한다고 볼 것이다.

骨衣(골의) : 荒(거질- = 황)

　31.骨衣內 〉 荒壤에서 骨衣 : 荒(골의 : 황)은 백제어(전) '골의'가 荒의 뜻으로 쓰였음을 알려 준다. 신라 지명 居柒山 〉 萊山에서 居柒 : 萊(거칠 : 황)의 대응으로 萊의 옛 훈 '거질-'을 추정할 수 있다. 그리고 신라 장군 居柒夫 ~ 荒宗에서도 居柒 : 荒의 대응으로 荒의 옛 훈이 '거질-'이었음을 다시 확인한다. 그리고 '거칠뫼'(荒山,『용비어천가』8)와 같이 중세국어 '거칠-'에 이어진다.

冬非(동비) : 圓(둥글- = 원)

　41.毛乙冬非 ~ 鐵圓은 冬非(동비)가 圓의 뜻으로 쓰였음을 알려준다. 冬非는 중고음으로 tong-pi이고 속음도 같다. 중세국어 '둥글-'에 이어질 듯하다.

夜牙(야아) : 淺(얕- = 천)

53.耶耶, 夜牙 ~ 長淺城은 夜牙가 淺의 뜻으로 쓰였음을 알려준다. 중고음은 yaya, yaga이고 속음은 yaya, yaa이다. 중세국어 '얕-'에 이어질 듯하다.

漢(한) : 大(한- = 대)

72.漢忽 ~ 漢城의 '한'은 백제어(전) 大·多의 뜻으로 쓰였음이 분명하다. 백제어(후)도 大山 : 翰山에서처럼 '大 : 翰'이 대응하며 신라어도 韓(舍) : 大(舍), 韓(奈麻) : 大(奈麻)와 같은 대응으로 '한'(大)이 쓰였음을 알린다.

伐力(벌여(ㄱ)) : 綠(프르- = 녹)

92.伐力川 〉綠驍의 伐力 : 綠은 중세국어 '프르-'에 이어질 가능성을 보인다. 아마도 '벌역 = 버르- / 브르- 〉프르-'로 변천하였을 것이다.

沙熱伊(사열이) : 淸(살 ~ 서늘- = 청)

97.沙熱伊 〉淸風에서 沙熱伊 : 淸은 沙熱伊가 淸의 뜻으로 쓰였음을 알려준다. 薩水 〉靑川江, 薩買 〉靑(淸)川에서 薩 : 靑의 대응을 보인다. '살'(薩)이 靑의 뜻으로 쓰인 예로 보아 이 '沙'도 靑의 뜻인 '살'을 추상적으로 표기하였을 가능성이 있다. 아니면 沙熱伊의 중고음은

'sa-niæt-i'이고 속음은 'sanyəri'이니 중세국어 '서늘(凉·冷) + 이'(접미사)에 이어질 가능성도 있다. 이것을 '淸風'으로 한역한 것은 '약냉(弱冷)'과 상통하는 아역(雅譯)으로 볼 수 있다.

伏斯(복사) : 深(깊- = 심)

100.伏斯買 ~ 深川의 伏斯 : 深은 伏斯가 深의 뜻으로 쓰였음을 알려 준다. 伏斯의 중고음은 b'jiuk-sie이고 속음은 'poksɐ'이다. 이어진 어휘를 중세국어에서 찾을 수 없다. 일본어 '*puka 〉 fuka'(深)와 가깝다.

2) 백제어(후)의 단어

(1) 명사의 구조와 의미

阿(가 ~ 아 = 邊)

67.甘勿阿 73.乃利阿 126.仍利阿 一云 海濱 136.勿阿兮 등에서 '阿'가 '가'(邊)일 가능성이 있다. 67.의 '감믈아'는 '큰믈가' 또는 '북(뒤)믈가'로 추정할 수 있다. 73. 126.의 '내리아', '잉(내)리아'는 '내(바다)가'로 추정할 수 있다. 126.의 濱 = 阿는 그 가능성을 더욱 짙게 한다. 濱의 새김이 '믈가빈'이기 때문이다. 중세국어 믓ᄀᆞ(믓ᄀᆞ뎡 汀, 믓ᄀᆞ쥬 洲, 믓ᄀᆞ져 渚, 믓ᄀᆞ지 沚, 『훈몽자회』 상 4)의 'ᄀᆞ'과 일치한다.

그런데 나타난 백제어(후)는 'ka' 아닌 'a'이다. 따라서 i / r 아래의 환경에서 'k'가 탈락한 것으로 볼 수 있다. 중세국어에서 흔하게 발견하는 k탈락 변화 규칙을 백제어에까지 소급할 수 있는 가능성을 발견한다.

加知(가디 = 枝)

63. 加知奈 ~ 加乙乃 ~ 薪浦 〉 市津에서 '加知'를 음독하여 '가디'(〉 가지 = 枝)를 추정한다. 별칭인 '薪浦'의 '薪'도 옛 새김이 '가디'(나무가지)였을 것이다. 따라서 加知 = 薪(가디)가 성립된다. '加乙' 또한 분파(分派)의 뜻을 지닌 '갈-'일 것으로 추정되기 때문에 '加知'와 의미가 상통할 것으로 보인다. 중세국어 '가지'(枝)와 '가래'(派)에 이어졌다.

鞬吉支(건길지 = 王)

백제의 토착인(마한의 후예)이 왕을 부르던 존칭이다. 이 단어가 『周書 異域傳』(주서 이역전) 백제조에 나온다. 이 단어는 '건 = 대 = 한 〉 큰'과 '吉支 = 귀인 = 君長'(군장)과 같이 분석할 수 있다. 여기서 분석한 내용을 종합하면 '건길지'(大貴人)이 된다. 이 단어는 지배층의 존호인 '於羅瑕'(어라하)와 대응되기 때문에 틀림 없는 한계어이다. '건-'은 중세국어 '한-, 큰-'에 이어졌으며 '길지'는 중세국어 '긔즈'(王)에 이어졌다.

馬西良(거러 ~ 구라 ~ 고라 = 馬)

68. 馬西良 〉沃溝에서 '馬 : 沃'의 대응으로 '걸 ~ 거러'를 재구할 수 있다. '沃·溝'의 옛 새김이 '걸-'이기 때문이다. 중세국어 '건따해' (沃土, 『소학언해』(4-45)에 이어진다. 그러나 '馬'는 '물'이었지 '걸' 은 쓰이지 않았다. 그렇지만 이 '물'은 몽골어 'morin'을 차용한 것으로 봄이 통설로 되어 있다. 그렇다면 '물'이 차용되기 전에도 이 동물은 있었을 것이니 그 고유어를 찾으면 문제는 순조롭게 풀 수 있다. 우리의 선조들은 옛날부터 윷놀이 할 때 말판에 '馬'를 '걸'이라 불러왔다. 이 '걸'을 '馬'의 고유어로 추정할 수 있다. 고구려 대무신왕 때에 神馬(신마)를 '거루'(駏驤)라 불렀다. 이것도 '馬'에 대한 고유어를 '걸 ~ 거러'로 추정하는데 크게 도움된다. 또한 『동국여지승람』은 '馬山' 을 고려 초에 '한산'으로 개정하였는데 '馬邑, 韓州, 鵝州'의 별칭이 있다 하였다. 이 자료에서 '馬 = 韓 = 鵝'의 등식을 상정할 수 있다. 그런데 『일본서기』에 '下韓'이 '아루시 가라'로 적혀 있다. 그런가 하면 가라 지명의 '巨老 〉鵝洲'에서 '거로 = 鵝'를 확인한다. 또한 신라 지명인 '古尸山 ~ 古利山 〉管山 〉沃州 〉沃川'에서 '걸'임을 확인한다. 여기서 '馬 = 韓 = 沃 = 걸 ~ 거러'를 상정하여 백제어 '걸 ~ 거러' (馬)를 추정하게 된다.

古度(고도 = 琴)

일본의 고문헌인 『箋注倭名類聚抄』(전주왜명유취초) 권 6에 '簧篌'

(공후)는 백제의 '琴'(금)인데 和名(화명)으로 '久太良古度'(구다라고
도)라고 주석하였다.(여기 '구다라'는 다음 '구드래ㄴ르' 참고) 아마도
'고도'는 '琴'에 대한 백제어 '고도'를 그대로 옮겨 적은 듯하다. 위 책
에 신라의 琴을 가리켜 '시라기고도'라 적은 것을 보면 이 '고도'(琴)
은 한반도 남부 지역에 널리 분포하였던 것같다. 현대국어 '고동'과 관
계가 있을 듯 하다.

古尸 ～ 古沙(골 ～ 곳 = 押, 串)

54.古沙夫里 〉古阜, 109.古尸伊 〉押城 〉長城에서 '골·곳'을 재구
할 수 있다. 특히 고시 : 압 : 장의 대응은 '長'의 새김 '길'에 의거하여
'古尸'를 '골'로 음독할 수 있도록 뒷받침한다. 이 단어는 백제 전기어
의 '홀지·고지'(忽次, 古次)에 해당한다. 중세국어 '곳'에 이어진다.

熊(고마 〉곰 = 北, 後, 神, 熊)

1.熊川 ～ 熊津 ～ 熊州 〉公州, 6.甘買 〉林川, 67.甘勿阿 〉咸悅, 78.
金馬渚 〉金馬에서 '熊 : 甘·金馬'의 대응이 성립된다. 『일본서기』에
'久麻那禮·久麻怒利'로 적혀 있고 중국 고문헌에도 固麻城(고마성,
『주서』·『북사』), 乾馬國(건마국, 『위지』) 등과 같이 '고마·건마'로 적
혀 있다. 이 단어는 백제 전기어에 '공목'(功木 = 熊)이 나타나며 가라
어에도 '熊只 〉熊神'과 같이 쓰인 것을 볼 수 있다. 표기는 '熊州'로
하고 부르기는 '고마 〉곰골'이라 하였다. '곰골'이 자음접변으로 'ㅁ

~ ㄱ ⇒ ㅇ ~ ㄱ'와 같이 변한 뒤에 이 변화형을 고려초에 '공'은 公으로 음차 표기하고 '골'은 州로 훈차 표기하여 公州가 되었다. 중세국어 '고마ㄴ른'로 이어진다.

龜岩津(구드래ㄴ른)

현 부여의 '구드래나루'가 고지도에 한자로 龜巖津(구돌나루)이라 적혀 있다. 그리고 이 나루는 '구드래나루'로 불려왔다. 소부리에서 은산(恩山) 및 정산(定山) 방향으로 건너가는 나루를 '구드래나루'라 부른다. 백제 시대에는 이 곳이 나루라기보다 항구이었을 것이다. 일본 사신의 배들이 군산포(白江口)를 거쳐 강을 따라 올라와 입항한 곳이었기 때문이다. 국빈을 맞는 항구 역할을 하였다면 '구드래나루'는 그에 알맞는 뜻이 담겨 있어야 한다. 일본인들이 예로부터 백제를 '구다라'로 부른다. '구드래'와 '구다라'는 비슷하다. 따라서 동일어로 믿을 수 있다. '구드래'는 '굳 + 으래'로 분석할 수 있다. 백제어는 유기음이 없기 때문에 '大'를 '근'(〉 큰)이라 하였다. '건길지'의 '건'과 '근초고왕'의 '근'도 같은 말이기 때문이다. 따라서 '굳 + 으래'는 다시 '그우 + ㄷ + 으래'로 분석할 수 있다. 결국 '그우 〉 구'(大)로 변한 것이고 'ㄷ'은 사잇소리이다. '으래'는 백제 전기어로 왕을 '어라 + 하'라 불렀다고 앞에서 설명한 '어라'에 해당한다. 지금까지도 즐겨 부르는 민요의 마지막 대목인 '어라 만수'(왕이시여 만수 무강하소서)에서 '어라'를 확인할 수 있다. 요컨대 '구드래'의 본말은 '근어라'이며 '大王'

이란 뜻이다. 따라서 '굳어라ㄴㄹ'가 일본어로는 '구더라(나리) ~ 구다라(나리)'로 변하였고, 우리말로는 '구드래(나리)'로 변하였다. 이 말은 '큰어라ㄴㄹ'(大王津)란 뜻이다. 백제의 선진 문화가 일본의 후진 문화의 밑거름이었던 사실을 감안할 때 자고로 일본인들이 백제국을 '구다라나라'(대왕국)으로 높여 불러 온 겸손을 충분히 이해할 수 있다.

　　(구들 = 炕, 아구 = 口)

77.　坪 〉九皐에서 우리는 두 가지의 해석을 할 수 있다. 하나는 坪 : 九皐의 대응에서 '九皐'를 '아구'로 추독하여 근세국어 아귀(口)(『노걸대언해』 하 8)로 승계될 수 있을 듯하다. 현대국어 '아가리·아구리·아궁이'로 이어진다. '九'의 훈음은 '아홉'이며 '皐'의 중고음은 kau이고 동속음은 '고'이니 '아홉 + 고'를 '아고'로 조정하면 '아귀'와 근사형이 된다. 한편 　　 : 九로만 대응시켜 '九'의 새김을 '아구 〉 아후 〉 아홉'으로 추정하여도 '아귀'의 재구가 가능하다. 이 경우에는 나머지 坪 : 皐의 대응에서 '드르'(坪)에 따라 '皐'를 '드르'로 해독할 수 있을 것이다. 다른 하나는 　坪을 '구들'(炕)로 추정할 수 있다. 皐 : 坪에서 '皐'의 새김이 '드르'일 가능성이 있기 때문에 '九'를 음독하여 '구드르 〉 구들'로 추정할 수 있다. 우리 민족이 '구들'을 쓰기 시작한 때가 석기시대부터라 한다. 그러니 그 명칭이 백제 시대에 쓰였을 가능성이 짙다. 중세국어 '구들'(炕)과 일치한다.

仇知(구디 〉 구리 = 金·銅)

7.仇知 〉 金池, 47.仇知只山 ~ 仇智山 〉 金溝에서 '仇知 : 金'의 대응을 발견한다. 이 '구디'는 아마도 중세국어 '구리'(銅)의 원 모습인 듯하다. 옛 말에서 '金銀銅鐵'을 통틀어서 '쇠'라 하였던 것처럼 백제어로는 '金·銅'을 '구디'(〉 구리)로 통칭하였던 것 같다.

俱知(구디 = 鷹(매))

『일본서기』(권 11 인덕조)에 나오는 기사 중에 매를 기르는 백제인이 일본에 갈 때에 기르던 새(매)를 갖고 갔는데 왕이 백제인을 불러 묻기를 '이 새를 무엇이라 하느냐?'고 하였다. 백제인이 "이 종류의 새가 백제에는 많습니다. 훈련을 잘 시키면 사람의 명령에 따라서 모든 새를 민첩하게 잡습니다. 백제말로 이 새를 '구디'라 하옵니다"라 대답하였다. 그 새는 당시에 '매'(鷹)에 해당한다고 하였다. 백제어로 매(鷹鳥)를 '구디'라 하였음을 알 수 있다.

己(긔 〉 기 = 城)

23.悅己 〉 悅城 33.結己 〉 潔城 31.奴斯只 〉 儒城에서 '己, 只 : 城'의 대응을 발견한다. 백제어로 城을 '긔'(〉 기)라 하였다. 고대 일본어로 城을 '기'라 하였고 신라를 일본어로 '시라기'라 부르는 이름에도 '기'가 들어 있다. 일본어에 백제어 '기'가 차용된 듯하다.

餘(나무 ~ 나미 = 海)

19.餘村 〉餘邑 〉餘美 〉海美에서 ‘餘美 : 海美’의 대응을 발견한다. ‘餘’의 옛 새김은 ‘나물’이다. 여기서 ‘美’를 받쳐적기법에 따라 ‘미’로 보면 충남 서산의 ‘餘美’(운산)와 ‘海美’를 ‘나미’로 추독할 수 있게 된다. 백제 전기어의 ‘나미’(海)가 남하한 듯하다. 126.仍利阿 ~ 海濱 〉汝湄에서도 ‘汝湄 : 海’의 대응을 발견한다. ‘汝湄’도 ‘너미 ~ 녀미’로 음독할 수 있다. 따라서 백제어로 海를 ‘나미 ~ 너미’라 하였을 가능성이 있다. 중세국어는 ‘바둘 ~ 바룰’이어서 다르다. 고대 일본어 ‘나미’(波)와 관계가 있을 듯하다.

乃利(나리 = 川 · 河)

73.乃利阿 〉利城에서 백제어 ‘나리’(川, 河)를 재구할 수 있다. 『일본서기』에 적혀 있는 ‘구마나리 · 구마노리’의 ‘나리’가 백제어(후) ‘나리’를 추정할 수 있도록 도와준다. 이 단어는 신라어로 ‘나리’(汀理 · 川利)로 쓰였다. 중세국어 ‘정월 나릿므른……’(고려가요 동동)에 이어진다.

奈, 乃(내 = 川)

63.加知奈 ~ 加乙乃에서 백제어 단어 ‘내’(川)을 재구할 수 있다. ‘가지 + 내, 가을 + 내’와 같이 분석할 수 있는데 접두 지명소 ‘加知, 加乙’은 위에서 이미 풀이한 바와 같고 나머지 ‘奈, 乃’를 ‘내’로 음독할

수 있기 때문이다. 이 단어는 신라어의 '素那 : 金川, 沈那 : 煌川'에서 확인되는 '나'(那)에 해당한다. 위 '나리'가 이른 어형이고 '내'는 'nari 〉 naØi 〉 nai'와 같이 'ㄹ'이 탈락된 변화형이다. 어중에서 'ㄹ'이 탈락하는 현상을 백제어에서 확인한다. 중세국어 '내'(달내(撻川)·달내(達川)『용비어천가』 지명주석)에 이어졌다.

니리므(= 王 · 君 · 主)

백제 전기어로 왕을 부를 때 지배층은 '어라하'라 하고, 백성은 '건길지'라 불렀다고 앞에서 설명하였다. '어라 + 하'의 '하'는 신라어의 '간 · 한'과 같은 말인데 'ㄴ'만 있고 없음이 다를 뿐이다. 그리고 앞에서 언급한 것처럼 '건 + 길지'의 '건'은 '大'의 뜻인데 백제의 '근초고왕 · 근구수왕 · 근개로왕'의 '근'(大)으로 이어졌다. '길지'는 『고려사』에 태조 왕건을 '긔ᄌ'라 존칭한다 하였고, 『광주천자문』에도 새김이 '긔ᄌ王'으로 나타난다.

그러나 백제 후기어로는 왕을 '니리므'라 불렀다. 『일본서기』(720)는 斯麻王(사마왕)에 대하여 "백제 사람들은 왕을 '니리므세마'(主嶋)라 부른다"고 기록하였다. 이로 미루어 백제 후기어로는 왕을 '니리므'라 불렀음이 분명하다. 백제어 '니리므'가 말모음 'ㅡ'와 자음 'ㄹ'을 잃고 '니임'으로 변한 뒤에 다시 줄어들어 '님:'이 된 것이다. 현대어 '-님:'(선생님)과 '님:'(님이시여!)은 후기 백제어에서 이어진 변화형이다.

冬音(담 ~ 둠 = 圓)

133.冬音 〉耽津에서 백제어 '담 ~ 둠'을 추정할 수 있다. 冬音 : 耽의 대응이 가능하기 때문이다. 이 단어는 예맥어인 '鐵圓 : 毛乙冬非'(철원 : 모을동비)(『삼국사기』권 37)에서 '圓 : 冬非'의 대응과 비슷한 어형이다. 중세국어 '둠·두려-'에 이어진다.

珍·等·月(달 = 高·山·月·等)

83.難珍阿 〉鎭安, 86.馬突 ~ 馬珍 〉馬靈에서 '珍'의 훈음을 '달'로 상정할 수 있다. 86.馬突 ~ 馬珍에서 突 = 珍을 발견하기 때문이다. 그럴 뿐만 아니라 83.의 별칭인 '珍阿 ~ 月良'이 '珍 : 月'의 대응을 보이는데 모두 훈음차로 보고 석독하면 '달'이다. 27.黃等也山 〉黃山 〉連山에서 '等也'를 '드라'로 추독할 수 있다. 중세국어로 '等'의 훈음이 '둘'이기 때문이다. 그리고 바로 이 황산에 있는 '月陰寺'를 '달음절'이라 부르는데 여기서도 '달'을 발견한다. 따라서 83.·86.의 '珍'은 훈음차로 '달'을 표기한 것으로 추정할 수 있고 그 뜻은 '高·山'이다. 한편으로 훈음차된 다른 두 한자의 훈을 근거로 백제어 '달'(月)과 '둘'(等)을 재구하게 된다. '둘'은 현대어 '우리들'의 '들'(무리)에 해당한다. 그리고 86.에 대한 내용이 『동국여지승람』鎭安(진안)조에 '馬突 ~ 馬靈 ~ 馬珍 ~ 馬等良'으로 적혀 있다. '突 : 靈 : 珍 : 等良'의 대응으로 '둘 ~ 드라'를 재구할 수 있다. '等良'은 훈음 + 음차로 추독하면 '드라'가 되기 때문이다.

突 · 珍(돌 = 靈)

86. 馬突 ~ 馬珍 〉馬靈에서 '突 : 珍 : 靈'의 대응을 근거로 백제어 '돌'(靈)을 재구할 수 있다. 이 추정은 105. 月奈 〉靈岩이 있기 때문에 가능성이 있다. 靈에 대응하는 '月'의 훈음이 '돌'이기 때문이다. 이것은 일본어 'di'(靈)와 비교될 수 있다.

珍惡(돌악 = 石)

22. 珍惡山 〉石山에서 石을 뜻하는 백제어 '도락'을 추정한다. 이것은 중세국어 '돓'로 승계되며 다시 현대국어 중 충청 · 전라 방언 '돌 ~ 독'으로 이어진다.

知(뒤 = 北)

41. 知六 〉地育 〉北谷(현재의 충남 서산시 지곡)에서 '知 : 地 : 北'의 대응을 토대로 '디 : 디 : 뒤'를 상정할 수 있다. '知 · 地'의 동속음은 '디'이고 '北'의 훈은 '뒤'이기 때문이다. 중세국어 '뒤'와 일치한다.

莫目(마구모 = 악기명)

일본의 고문헌인 『전주왜명유취초』(권 6)에서 '莫目 ~ 萬玖毛'는 백제 악기명이라 하였다. 『유취삼대격』(類聚三代格)에도 '莫目師'가 나온다. 따라서 백제에 '막목' 또는 '마구모'란 이름의 악기가 있었음을 알 수 있다.

毛良(모량 ~ 다랑 ~ 다라 = 高)

114.毛良夫里 〉高敞에서 ‘毛良 : 高’의 대응을 보인다. 백제어 ‘毛良’이 高의 뜻으로 쓰였음을 알 수 있다. 그러면 ‘毛良’을 음독할 것인가 아니면 부분적으로 석독할 것인가의 문제가 있다. 만일 후자의 방법으로 접근한다면 ‘毛’를 ‘뎔’로 석독할 수 있다. 그 가능성을 위에서 설명한 ‘鐵圓 一云毛乙冬非’의 ‘鐵 : 毛乙’에서 얻는다. 鐵의 동속음이 ‘텰’(『훈몽자회』 중 31)이니까 ‘毛’의 새김을 ‘뎔’로 추정할 수 있다. 후대에 유기음이 생성되어 ‘텰’로 변하였다. 신라어 인명 ‘毛禮’를 ‘뎌리’로 추독할 때 ‘뎌리’(〉 뎌ᄅØ 〉 뎔 〉 졀 〉 절(寺))로 변한 본래의 어형 ‘뎌리’와 닮은꼴이다. 신라의 불교가 아도기라에 의해 ‘모례‘의 집에서 포교가 시작되었기 때문에 그 이름이 사찰의 뜻으로 쓰이게 되었다. 한편 박제상(朴堤上)의 이름이 ‘毛末’로 적혀 있기도 한데 여기서 ‘堤 : 毛’의 대응이 가능하다. 백제 전기어 지명에서 ‘吐(토) : 堤(제)’의 대응이 적극적임을 위에서,

25.主夫吐 〉 長堤(현재의 부천), 96.奈吐 ~ 大堤 등과 같이 吐가 堤의 뜻으로 쓰였다. 동일한 예를 예맥어 자료에서 吐上 ~ 隄上, 束吐 ~ 棟隄를 추가할 수 있다. 신라어 자료에서도 漆隄 〉 漆吐와 같이 吐 : 隄를 발견한다. 吐의 중고음은 t´uo이고 속음은 ‘토’이다. 당시에는 아직 유기음이 생성되지 않았던 것으로 추정되므로 ‘도’

로 조정할 수 있다. 일단 도 〉 더로 변하고 접미사 ㄱ이 첨가되어 덕/둑이 되었다.

라고 기술한 바를 참고할 수 있다. 따라서 '毛良'을 '뎌라/다라 ~ 뎌랑'으로 추독할 수 있다. 이 단어는 백제 전기어 '달'(達 = 高)과 닮은 꼴이다. 또 한편으로는 '毛良'을 음독하여 '모량'으로 추독할 경우에는 중세국어 'ᄆᆞᄅᆞ'(棟 · 宗)에 이어질 듯하다. 현대국어 '산말랭이 · 모롱이'와도 관계가 있을 듯하다.

夫里(부리 = 마을 · 벌판)

'夫里'를 접미 지명소의 분포 특징의 하나로 이미 제시하였지만 극명하게 다름을 나타내는 특징은 지명 어미 '-비리'(卑離)이다. 마한 54국명 중 '졈비리'(占卑離), '내비리'(內卑離) 등 무려 여덟 번이나 나타난다. 접미 지명소의 분포 특징의 하나로 이미 제시하였지만 극명하게 다름을 나타내는 특징은 지명 어미 '-비리'(卑離)이다. 그런데 이 '-비리'는 백제어(후) '-부리'(夫里)로 계승되었다. '고량부리'(古良夫里 〉 청양), '소부리'(所夫里 〉 부여)를 비롯하여 '모량부리'(毛良夫里 〉 고창), '인부리'(仁夫里 〉 능성)에 이르기까지 무려 열 번이나 나타난다. 공교롭게도 그 수가 '-비리'와 거의 비슷하다.

扶蘇(부소 = 松)

扶蘇山은 백제어로 '부소모이'이었다. '부소'는 '솔'(松)의 뜻이다.

부여계어로 '부소 ~ 부스'(扶蘇 ~ 夫斯)는 '솔'을 뜻한다. 한계어인 '솔'과 대응된다. 백제어(전) 지역에서 이 '부소'가 많이 발견된다. 한 예로 '부소압'(扶蘇押 = 松嶽 = 松都)을 들 수 있다. 백제 시조 온조가 위례홀에 도착하여 먼저 오른 산이 '부스악'(負兒岳 〉三角山)이었다. 여기 兒의 고음이 '스'이었으니 負兒는 당시의 초기 백제어 '부스'를 적은 것이다. 이 '부스'도 솔(松)의 뜻이다. 한계어 '솔' 지역에 부여계어 '부스'가 지배층의 언어 물결을 타고 침투한 것이다. 중세국어 '다봇'에 해당할 듯하다.

比(비 = 雨)

30. 雨述 〉比豊 〉懷德에서 '雨 : 比'의 대응을 나타낸다. 옛 雨述郡의 치소(현 대전 성모여고)로 추정되는 곳을 기점으로 주변의 소지명이 '부사리(부사리)·보문산·보리미·하늘부리(천근)·보리벌(보리원)' 등과 같이 모두가 어두 p-를 보유하고 있고, 경덕왕의 개정명은 '比'(비)로 대응하기 때문에 '雨'를 '비'로 추독할 수 있다. 통일 신라 또는 고려 초에 현재의 회덕으로 치소(治所)를 옮겼다. 그런데 이 옮긴 치소의 인근에 '비래리'(雨來里)가 있다. 만일 경덕왕의 개정명인 比豊에서 '豊'이 '禮'의 약자라면 '比禮'이므로 '비래'에 근접하게 된다. 중세국어 '비'(雨)(『계림유사』, 『용비어천가』 67)에 이어진다.

比史(비즈 = 栢)

96.比史 〉栢舟에서 '比史 : 栢'으로 대응시켜 음독하면 '비즈'를 재구할 수 있다. 그러나 '栢'에 대한 중세국어의 새김이 '즉박'(『훈몽자회』 상 10)이라 문제다. 한편 '비즛비 椑'(『훈몽자회』 상 10)가 있어서 이것과 연관지어 볼 수도 있을 것 같다. 백제어로는 栢의 새김이 '비즈'이었던 것인데 후대에 변한 것으로 볼 수 있다.

所 · 泗(소 · 사 = 東)

21.所夫里 ~ 泗沘 〉扶餘는 백제의 마지막 수도의 이름이다. 백제가 망한 뒤에도 '소부리'(所夫里州) 〉소부리郡'으로 쓰이다가 경덕왕 16(757)년에 지금의 부여로 고쳤다. 성왕이 천도하면서 백제의 뿌리가 북부여(北扶餘)임을 강조하는 뜻에서 '남에 있는 부여'란 의미로 국명을 '남부여'(南扶餘)라 고쳤다. 고친 국명 남부여에서 '부여'(扶餘)만 따다가 백제 수도의 뿌리를 뽑기 위하여 소부리를 부여로 바꾼 것이다. 그렇지만 아직도 부소산 기슭의 마을을 '소부리'라 부른다. '소 · 사'는 '동쪽'이란 뜻(샛바람의 새)이고, '부리'는 '벌판'이란 뜻이다. 그러니까 '소부리'는 '동쪽벌판'이란 뜻이 된다. 이 말은 尙州(상주)의 옛 이름인 '사벌국'(沙伐國)의 '사벌'과 같은 말이고, 신라의 서울 '셔벌'(徐伐)과 같은 말이다. 여기 '소 · 사 · 셔'는 모두 중세국어 '새'(東)에 해당한다. 이 말이 변해서 오늘의 '서울'이 되었다. 그런데 어형변화 과정으로 따져볼 때 '고마'가 줄어 '곰'이 되었듯이 '부리'가 줄어 '벌'

이 된 것이니 '소부리'가 '사벌' 또는 '셔벌'보다 이른 시기에 발생한 것으로 볼 수 있다. 따라서 현 '서울'의 본뿌리는 '소부리'이다. '소부리'가 '리'를 잃고 '부'가 '비'로 변하여 '사비'(泗沘)가 되었다. '白江'은 '사비ᄀᄅᆞᆷ'을 한역한 별칭이다. '白'의 훈음은 '술비'이다. 따라서 '사비'를 적은 훈음차 표기로 '사비'(泗沘)와 같은 말이다.

斯麻(사마 = 島·嶼)

『일본서기』(720)에 무령왕의 아명(兒名)이 '세마기시'(嶼王) 또는 '니리므세마'(主嶼)로 기록되어 있다. 무령왕릉에서 출토된 지석에도 '사마'(斯麻)왕이라 적혀 있다. 국빈으로 초빙된 만삭의 왕비가 일본으로 건너가는 도중에 구주(九州)의 북쪽 섬(各羅島)에서 출산하였다. 이렇게 섬에서 태어났기 때문에 백제인들이 '세마(〉셔마〉셤〉섬), 니리므(〉니림〉니임〉님:)라 부른다고 설명하였다. 중세국어 '셤'(島)에 해당하며 일본어 '시마'(島)도 백제어의 차용어이다.

所力(솝 = 裏)

79.所力只〉沃野에서 백제어 '솝'을 재구할 수 있다. 우선 所力(소력)과 沃野(옥야)의 직접연결은 어려울 듯하다. 『동국여지승람』(전주부조)에 본래의 소력지현인 옥야현은 전주부의 서북 70리에 있었고 金馬郡(금마군)이 거느린 현이라 하였다. 그러면 옛 '소력지'는 지금의 어디일까? 백제시대의 금마저(金馬渚)군(〉금마군〉)이었던 현재의 익

산시에서 찾아야 할 것이다. 그에 해당할 곳은 '裡里'(이리)밖에 없다. '이리'의 위치가 전주의 서북쪽이기 때문이다. '이리'에 대한 전래지명은 '솝리'(〉솜니)이다. 우리는 백제어 '솝(所力 = 裏)을 추정할 수 있다. 중세국어 '솝'(裏)에 이어질 듯하다.

實(소리 〉 쇠 ～ 소 = 金·鐵)

129.實於山 〉 鐵冶에서 '實 : 鐵'의 대응을 보인다. 여기서 '實'을 훈독할 수도 있고, 음독할 수도 있다. 훈독하면 '쇠-'(쇠다)이고, 음독하면 '실'이기 때문에 둘다(소리 〉)'솔' ～ (소리 〉)'쇠'와 가까운 꼴이 된다. 예맥어 休壤 ～ 金惱 〉 金壤에서 '休 : 金'의 대응으로 '휴'가 金의 뜻으로 쓰였음을 알 수 있다. '休'를 음독하면 '휴 ～ 슈'이고, 훈독하면 '쉬-'이다. 둘 다 '솔·쇠'에 접근한다. 신라어 '素那 ～ 金川'(소나 ～ 금천), '金橋 謂西川之橋'(쇠ᄃ리는 셔내의 ᄃ리를 이른다.)에서 '소 : 서 : 金'의 대응으로 '쇠'(金)를 추정할 수 있다. 한편 '金橋'를 '松橋'로도 부른다고 적혀 있으니 신라어로 金을 '솔'(松)로 부른 증거가 된다. 중세국어 '쇠'(鐵曰歲, 銀曰漢歲(『계림유사』, 『용비어천가』)와 일치한다.

述(수리 = 峰)

43.牙述 〉 陰峰 ～ 陰岑에서 '述 : 峰'의 대응으로 백제어 '수리'가 峰의 뜻으로 쓰였음을 알 수 있다. 이를 근거로 30.雨述 〉 比豐, 135.黃

述 〉黃原의 '述'이, 비록 대응기록은 없지만 역시 峰의 뜻이었다고 미루어 짐작할 수 있다. 백제 전기지명 37.述尒忽 ～ 首泥忽 〉峯城에서 '述尒 : 首泥 : 峯'의 대응으로 동일 현상이 확인된다. 중세국어 '수늙'(嶺)과 비슷하다.

所非(수비 〉숲 = 林·森)

111.所非芳 〉森溪에서 '所非 : 森'의 대응으로 백제어 '수비'(〉숲 = 林)를 재구할 수 있다. 중세국어 '숨, 숲'에 이어진다. 다음 형용사항에서 설명한 '所比'(赤)와 동음이의어로 추정된다. 중세국어 '숨, 수풀'과 일치한다.

於羅瑕(어라하 = 王)

중국의 역사서(『주서』 636 이역전 백제조)에 백제인이 왕을 '어라하'라 불렀다고 하였다. 이 왕칭어는 '어라 + 하'로 분석할 수 있다. '하'는 신라어 '간·한'과 비교할 때 'ㄴ'만 있고 없음이 다를 뿐, 같은 말이다. '어라'와 같은 말이 『삼국사기』(권 24) 고이왕(28년)조에 '오라관'(烏羅冠)·'오위이'(烏韋履)가 보인다. 여기 '오라(관)'와 '오위이'가 '어라(하)'와 아주 비슷함을 보인다. 특히 '어라'와 '오라'는 거의 같으므로 '오라관'은 왕관을 의미하는 것이라 하겠다. 현대까지 전통적으로 전해오는 민요 중에 한 대목인 '어라 만수 어라 대신이야'의 '어라'도 왕이란 뜻이다. 그럴 뿐만 아니라 백제어가 쓰였던 충남지역에서 통용되고 있는 감탄사 '어라! 얼래! ~ 월래!'와 동일지역에서 어린아이들이 가마놀이 할 때에 사용하는 '어라 쉬!'와도 관계가 있을 듯하다. 특히 일본어 '에라이'와 비슷한 점도 우리의 주목을 끈다.

於陸(어륙 = 王妃)

위 중국 역사책에 '於陸'이 왕비의 뜻이라 하였다. 백제어로 왕비를 '어륙'이라 불렀음을 알 수 있다. 이 단어는 국내의 문헌에는 전해진 바가 없고 다만 『일본서기』(720)에 '오리구'로 적혀져 전할 뿐이다.

牙(엄 = 牙)

43.牙述 〉陰峰 ~ 陰嶽에서 '牙 : 陰'의 대응을 보인다. 여기서 '牙'를 훈독하면 훈음이 '엄'(『훈몽자회』(상 13), 『훈민정음 언해본』)이다. '陰'을 음독하면 속음으로 '음'이다. 따라서 백제어 '엄'(牙)를 재구할 수 있다. 중세국어 '엄', 현대국어 '어금(니)'에 해당한다.

于召(웃 = 上)

81.于召渚 〉紆洲에서 백제어 '웃'(上)을 추정할 수 있다. 84.雨坪 〉高澤에서도 '雨 : 高'의 대응이 확인된다. 뜻으로 보면 '우 = 高 = 上'일 수도 있기 때문이다. 이 '우'(上)는 111.上老 〉長沙와 같이 長과도 대응한다. 경우에 따라서는 長者를 '웃어른'이라 하기 때문에 확대해석하면 '우'(上)의 범주 안에 들어온다. 일본어 '우헤'와 비슷하다.

只良(지라 〉 지아 〉 지악 ~ 자갈 = 礰)

64.只良省 〉 礰良, 76.礫坪 〉 磧城에서 石(석)과 관계가 있을 '지라 ~ 지아'를 발견한다. 이 단어를 승계하였음직한 어형을 중세국어에서 '지력, 지역, 즈역 = 礰'(『용비어천가』 1,『능엄경언해』 5-1,『영가집』 상 73,『원각경언해』 상 2-2권)와 같이 찾을 수 있다. 또한 '쟉벼리젹 磧'(『훈몽자회』 상 2)의 '쟉'이 증거로 뒷받침된다.

忽·骨·屈(홀 ~ 골 ~ 굴 = 城, 谷)

52.賓屈 〉 斌城, 70.碧骨 〉 金堤, 79.伏忽 〉 寶城에서 70.의 경우만 엉뚱하게 개명한 것으로 볼 때 '屈 = 骨 = 忽 = 城'이었던 것으로 추정할 수 있다. 이 '홀'은 백제어(전)로 활발하게 쓰였다. 주로 중부 이북에 적극적으로 분포하였던 이 단어가 한반도 남단에까지 침식한 점에 주목할 필요가 있다.

(2) 수사

豆肹(두흘 = 二)

128.豆肹 〉 會津에서 백제어 단어 '두흘'을 발견한다. 두 내가 합치는 곳(合川)이 會津(회진)이다. 이것과 닮은 지명으로 95.豆肹, 37.豆仍도 '두흘'로 추정할 수 있다. 여기 '仍'은 흔히 '乃'와 터 쓰이는 글자로 '내'(川)로 음독할 수 있다. 이 37.豆仍只 〉 燕岐에 있는 '合江'의

어원이 바로 '두내'(豆仍)일 것으로 추정할 수 있다. 그리고 '합강'과 '회진'은 자매관계의 뜻이라 하겠다. 향가(처용가)에 '두흘'(豆肹)이 나오니 신라어도 같은 수사를 썼다. 중세국어에서도 '둘ㅎ ~ 두블'(『계림유사』)이 쓰였다. 옛 지명에서 대개 두 내나 강이 회합(會合)하는 곳에 부여된 지명으로 나타난다. 적당한 실례를 논산시 상월면 석종리에서 확인할 수 있다. 상도리(上道里)의 용화사에서 발원한 내가 석종리(石宗里)에 이르러 대명리(大明里)의 대명천과 합치는 곳을 '두내'라 부르다가 근래에는 구개음화로 인하여 '주을내, 주내'(注乙川, 注川)라 한다.

(아구 = 九)

77.   坪 〉九皐에서 '돌 = 구고'를 '아구'로 해독하면 '아구(〉 아후 〉 아홉) = 九'를 재구할 수 있다. 『계림유사』의 '아호'(九曰鴉好)에 이어지며 『훈몽자회』의 '아홉'(九)에 이어진다.

溫(온 = 百)

백제 시조의 이름으로 알려져 온 '온조'(溫祚)를 개인의 이름으로 보지 않고 '溫祚 : 百濟'로 대응시킬 때 '溫 = 百'이 성립될 수 있다. '溫'을 음독하고 '百'을 훈독하면 둘 다 '온'이 된다. '百'에 대한 고유어가 '온'(훈)이기 때문이다. 『계림유사』에서 '온'(百曰溫)이 확인된다.

豆(두먼 = 萬)

71.豆乃山 〉萬頃에서 ‘두먼’(萬)(〉’즈믄’(千)을 재구할 수 있을 것 같다. 물론 여기서 128.豆肹의 肹이 생략된 것으로 보고 ‘두흘’(二)로 추정할 수도 있겠으나 후대의 개정명이 ‘萬’으로 대응하니까 오히려 ‘두먼’의 ‘먼’이 생략된 것으로 추정함이 타당할 것 같다. 이 ‘두먼’은 여진어 ‘두먼’(萬)과 같으며 중세국어에서 구개음화하여 ‘즈믄’(千)으로 변하였고 의미도 ‘만’에서 천’으로 줄어들었다.

(3) 형용사

古良(고랑 = 靑)

25.古良夫里 〉靑正 〉靑陽에서 古良 : 靑의 대응을 얻는다. 백제어로 靑을 뜻하는 말이 ‘고랑’이었음을 알 수 있다. 87.居斯勿 〉靑雄 〉巨寧에서도 ‘거ᄉ물 ~ 것물 : 거령’을 상정하여 ‘고랑’과 비슷한 ‘거령’도 靑의 뜻이었음을 알 수 있다.

居知(길 = 長)

146.居知山(居 一作 屈) 一云 安陵 〉安波 〉長山에서 ‘居 : 屈 : 安 : 長’의 대응이 성립한다. 여기서 우리는 ‘安’(안)과 ‘長’(장)의 훈을 ‘길–’이었던 것으로 추정할 수 있으며 ‘居·屈’은 음독자로 추정할 수 있다. 그리고 ‘安’을 ‘鞍’의 통용자로 가정하면 중세국어의 ‘기르마’

(『용비어천가』 58장)에 이어질 수 있다. 이 '길'은 신라어 '길'(吉同 〉 永同)과 닮은 꼴이다.

黃(느러 = 連, 黃)

27.黃等也山 〉 黃山 〉 連山에서 '黃 : 連'의 대응이 성립한다. 黃은 훈음(누르 = 黃)차이고 連은 훈(느르 = 連)차이다. 백제어 黃·連의 뜻으로 동음이의어 '느르'가 쓰였음을 알 수 있다. 36개 봉우리가 연산의 동북에 위치한 개태사의 뒷산부터 남쪽으로 늘어선 지형으로 인하여 발생한 지명이다.

熱(덥- = 暑)

2.熱也山 〉 尼山에서 백제어 '덥-'(暑) 재구할 수 있다. 여기서 '熱 = 尼'을 훈독할 경우에 훈음이 '다비 ~ 두비'이었던 것으로 추정할 수 있다.(도수희 1977 : 78 ~ 85 참고)

勿居(물거 = 淸)

60.勿居 〉 淸渠에서 '勿居 : 淸'의 대응으로 백제어 '물거'를 추정할 수 있다. '渠'는 받쳐적기법에 따라 '淸渠'를 '청거'로 읽지 말고 반드시 '물거'로 읽으라는 지시이다. 중세국어 '몱다'와 일치한다.

沙(새 = 新·東)

20.沙平 〉新平, 34.新村 〉新邑, 新村 〉散昆, 35.沙尸良 〉新良, 沙尸良 ~ 沙羅 등에서 '新·東'의 뜻으로 '새'가 쓰였음을 알 수 있다. 중세국어 '새'와 일치한다.

所比(수비 = 赤)

32.所比浦 〉赤烏에서 '所比 : 赤'의 대응으로 백제어 '수비'(赤色)를 재구할 수 있다. 백제 전기어도 沙伏忽 〉赤城 〉陽城, 赤木鎭 ~ 沙非斤乙 〉丹松을 근거로 '사부 ~ 사비'(赤)가 쓰였음을 추정할 수 있다.

阿次(아차 = 困)

143.아차산 〉壓(厭)海에서 '阿次 : 壓(厭)'의 대응을 보인다. 만일 '壓'이 '厭'의 오기이거나 의미상으로 상통할 수 있다면 '困'의 뜻으로 '아차-'를 썼을 가능성이 농후하다. 중세국어 '아쳗'에 이어질 수 있기 때문이다.

烏(외 = 孤)

26.烏山 〉孤山 〉禮山에서 '烏 : 孤 : 禮'의 대응을 보인다. 여기서 '孤'만 훈독하고 나머지는 음독할 경우에 '오 : 외 : 예'의 대응이 성립한다. 중세국어 '외롭-'의 '외-'와 일치한다.

翰(한 = 大·多)

10.大山 〉翰山와 같이 경덕왕이 大를 고유어 '한'으로 개정하였다. 신라어 '韓舍·韓奈麻'(한사, 한나마)의 '한'과 동일하다. 중세국어 '한'에 이어진다.

(4) 동사

加乙(가ᄅᆞ- 〉 갈- = 分)

63.加知乃 ~ 加乙 ~ 薪浦에서 '加乙'을 '갈'로 음독할 수 있다. 그 의미는 위에서 밝힌 바와 같이 分派(분파)이다. 이 '갈-·가ᄅᆞ-'는 신라어에서도 발견되고 중세국어에 이어진다. 薪(신)은 훈독하면 (나무)'가디'(〉 가지)일 수 있으므로 '加知'(가지)와 일치한다. 중세국어 '가지'(枝)에 이어질 수 있다.(도수희 1977 : 85 ~ 99 참고)

馬(걸- = 沃)

68.馬西良 〉 沃溝에서 '馬 : 沃'의 대응을 통하여 백제어 '걸-'(沃)을 재구할 수 있다. 여기서 馬(마)와 沃(옥)의 훈음이 동음이의어였던 사실을 알 수 있다.

馬(ᄀᆞ라- ~ 골- = 代)

98.馬斯良 〉 代勞에서 '馬 : 代勞'의 대응을 보인다. '代'를 훈독하면

'거로-'이다. 그리고 '勞'는 받쳐적기법에 해당하는 어간말음절 표기자이다. 중세국어 'ㄱ르-'(代)에 이어진다.

餘(남- = 餘·殘)

19.餘村 〉餘邑 〉餘美에서 '여미'의 '美'를 받쳐적기법에 의한 '미'로 본다면 '餘美'를 '나미'로 추독할 수 있다. 이렇게 '餘'를 훈독할 경우에 백제어 '남-'(餘'을 재구할 수 있다.

黃(느르- = 連)

27.黃等也山 〉黃山 〉連山에서 '黃 : 連'의 대응이 성립한다. '黃'을 훈음차 '누르-'로 추독할 경우 이는 백제어 '늘어'(連立)로 볼 수 있다. 백제어 '누르-'는 '黃色'과 '連立'의 동음이의어로 볼 수 있다.

熱(답- = 止·盡)

2.熱也山 〉尼山에서 보이는 '열 : 니'의 대응으로 백제어 동사 '답-'(止, 盡)을 재구할 수 있다.(도수희 1977 : 78 ~ 85 참고)

入伊(들이- = 入)

130.水川 ~ 水入伊에서 '入伊'를 '들이'로 추독할 수 있다. 신라어 '들이'(入伊)·'들아'(入良)(향가 처용가)와 일치한다. 이는 백제 전기어 '水入 ~ 買伊'의 '이'(入)와는 다른 꼴이다. 중세국어 '들어-'(入)

과 일치한다.

任(맡- = 任)

24.任存城 〉任城 〉大興에서 '大 : 任'의 대응을 보인다. 만일 '大'
를 '맏'(伯)으로 추독한다면 이 단어를 표기하려고 '맏-'을 훈음차한
것이어서 백제어 동사 '맏-'(任)을 재구할 수 있다. 중세국어 '맛ㆍ맏'
(伯)ㆍ'맏-'(任)에 이어질 수 있다.

馬老(마루- ~ 마로- = 乾)

118.馬老 〉晞陽에서 '馬老 : 晞陽'의 대응이 성립한다. 晞陽(희양)을
'마르-'의 뜻으로 풀 경우에 백제어(후) '마루-ㆍ마로-'를 재구할 수
있다. 중세국어 'ᄆᆞᄅᆞ-'에 이어질 듯하다.

結(ᄆᆡ + 이- = 繫)

33.結己 〉潔城에서 '結 : 潔'의 대응을 보인다. 結의 중세국어 훈은
'ᄆᆡᆯ-'이고 潔의 훈은 'ᄆᆞᆰ-'이다. 백제어 '매-'(結ㆍ潔)를 재구할 수 있
다.

제 2 부

시작하는 글

1) 백제어와 마찬가지로 백제문학도 남긴 문헌 자료가 거의 없다. 다만 백제가요 몇 편의 제목만이 후세 문헌에 남겨졌을 뿐이다. 그 중에서 내용까지 전하는 것은 오직 '정읍사' 와 '서동요' 뿐이다. 그나마 '서동요' 는 백제의 마보(薯童)가 지었다지만 사용된 언어와 짜임새가 신라의 향가와 같다 하여 신라 노래로 보고 있다. '정읍사' 도 그 내용은 백제 시대의 것이지만 지어진 연대는 훨씬 후대 즉, 고려시대로 내려 잡는다. 다음으로 이른바 '산유화' 가 있지만 이 노래 또한 백제의 내용을 담고 있으면서 백제가 망한 이후 천 삼백여 년 동안의 세월 속에서 여러 모로 변형되어 본래의 형체를 알아보기 힘들 만큼 깨지고 마모된 비석처럼 구전될 뿐이다. 이 밖에 '지리산가 · 선운산가 · 방등산가 · 무등산가' 는 그나마 오직 제목만 전하여질 뿐이다. 필연코 어느 시기까지는 구체적인 내용이 문헌에 등재되어 전해졌을 터인데, 그것들을 소중히 간직하지 못한 탓으로 인멸되어 공허한 백제문학을 만들고 말았다.

백제어가 고구려·신라·가라의 언어 못지 않게 발달하였던 사실은 백제문화를 꽃피운 배경에서 확인된다. 백제 전기어의 어휘를 가라어가 적극적으로 차용하였고 고대 일본어가 백제의 수사체계를 차용할 만큼 백제어의 위세는 당당하였다. 고대 일본에 백제의 악기인 '고도(古度)·막목(莫目)' 등이 전해지고 백제의 악사가 오랫동안 계속 파견된 사실이 『일본서기』(720)에 적혀 있다. 이는 높은 수준의 백제 음악이 일본에 수출된 사실을 증언한다. 음악이 있는 곳에 춤과 노래가 있고 노래가 있는 곳에 '가사'와 '가요'가 존재하기 마련이다. 더구나 백제의 예술인들이 불상·향로 등에 남긴 고도의 예술성은 문학예술의 경지까지 동일 수준이었음을 시인케 한다. 이처럼 찬란한 문화를 향유한 백제인들이었으니 그들의 문학예술도 알차고 풍부하였을 것을 미루어 짐작할 수 있다. 그럼에도 불구하고 백제인들이 부르며 감상하던 수준 높은 문학작품들이 전해지지 않아 안타깝기 그지없다.

고대의 문학작품은 거의가 노래의 가사에 국한한다. 그래서 흔히 신라의 '향가', 고려의 '가요'라 부른다. 마찬가지로 백제도 가요라 이르는 '선운산'(禪雲山), '무등산'(無等山), '방등산'(方等山), '정읍'(井邑), '지이산'(智異山)의 다섯 곡의 이름이 『고려사』 악지(樂志)에 들었다. 이보다 이른 시기의 역사서인 『삼국사기』(1145)는 중국의 『통전』(通典)과 『북사』(北史)에 등재된 백제악에 대한 기록을 다음과 같이 인용하였다.

통전에 이르기를 "백제의 악(樂)은 당나라 중종 시대(684~710)에 공인(工人)들이 죽고 흩어졌는데, 개원 연간(742~756)에 기왕범(岐王範)이 태사경(太常卿)이 되어, 다시 아뢰어서 백제악을 설치하였기 때문에 음곡(音曲)이 없는 것이 많다. 춤추는 사람 둘은 자색(紫色) 큰 소매 치마 저고리를 입고 선비들이 쓰던 장보관(章甫冠)을 쓰고 가죽신을 신었다. 음악의 남은 것은 쟁(箏)과 적(笛)·도피필율(桃皮篳篥)·공후(箜篌)인데 악기의 종류가 많이 중국의 것과 같다."고 하였으며, 북사에는 "고각(鼓角)·공후·쟁·간(竽)·호(箎)·적의 음악이 있다."고 하였다.

찬란하였던 백제 문화를 상기할 때 위에 소개된 악기보다 훨씬 많은 악기의 종류가 있었을 것으로 추정할 수 있다. 그러나 안타깝게도 백제 음악을 자세히 기록하였을 백제의 역사책들인 『백제서기』(百濟書記), 『백제기』(百濟記), 『백제본기』(百濟本紀), 『백제신찬』(百濟新撰) 등이 전해지지 않아서 알 수 없다. 그래서 어쩔 수 없이 백제의 문물을 적극적으로 수입하였던 일본의 고문헌에서 찾아서 보충할 도리밖에 없다.

2) 백제는 성왕 때(554)에 채악사(採樂師)와 함께 악인(樂人) 시덕(施德) 삼근(三斤), 계덕(季德) 기마차(己麻次)·진노(進奴), 대덕(對德) 진타(進蛇) 등을 일본으로 파견하였다. 그런데 이 때의 파견이 처음이 아니라 이전부터 시행하여 온 전례에 따라 교대(交代)하여 간 사실이 『일본서기』에 적혀 있다. 백제의 음악인들이 시덕(16품계 중 8품)부터 대덕(11품)에 이르는 지위의 사람들이었으니 상당한 관직에 있었던 악사(樂師)이었음이 분명하다. 이렇게 백제의 악사들이 파견되어 가무(歌

舞)의 향연(饗宴) 음악을 가르쳤던 것이다. 또한 『일본서기』에 백제인 미마지(味摩之)가 중국 오(吳)나라에 가서 기락무(伎樂舞)를 배워 가지고 서기 612년(隋 煬帝 8년)에 전하였다는 사실이 적혀 있다. 그렇다면 백제악이 중국의 기악(伎樂)보다 훨씬 이르게 일본에 전해진 사실과 백제악과 기악이 다르다는 점도 확인할 수 있다. 그 때에 악사들이 사용한 백제 악기는 횡적(橫笛)·필후(篳篌)·막목(莫目)이었다. 여기서 우리는 백제 음악이 높은 수준이었음을 확신할 수 있다.

『고려사』 악지는 백제악의 하나인 정읍(井邑)이 여러 기생에 의하여 음악반주로 합창되면 두 기생이 노래에 맞추어 춤을 추었다고 기록하였다. 따라서 기타의 백제 악곡도 동일하게 반주와 노래에 맞추어 춤을 추었으리라고 추측할 수 있다. 모름지기 음악은 '가사 + 곡'으로 이루어지며 아울러 춤이 수반된다. 지금까지 확인한 바와 같이 높은 수준의 백제 음악은 또한 수준 높은 가사를 많이 산출케 하였던 것인데 불행히도 그 가사 작품들이 일실(逸失)되고 말았다.

요컨대 지금까지 알아본 바와 같이 음악예술을 비롯한 문화 전반의 찬란함이 백제문학의 수준을 미루어 짐작할 수 있게 한다. 백제사 668년 동안 한 때는 황해·경기·충청·전라도의 평야지대의 비옥한 터전에서 평화로운 여유를 누리며 살던 백제인들의 찬란한 문물 속에서 꽃피운 백제 문학은 질량(質量) 면에서 뛰어 났던 것임을 확신할 수 있다.

3) 백제는 근초고왕 때에 파견한 아직기(阿直岐)·왕인(王仁)을 비롯한 오경박사(五經博士)를 일본에 지속적으로 보내어 백제의 선진 문물

(文物)을 후진 일본문화에 옮겨 심어 꽃피게 하였다. 이 과정에서 교대하여 건너가는 백제의 선비와 기술자들 뿐만 아니라 그동안 그곳에 귀화(歸化)하여 문사직(文史職)과 기술직을 누대로 세습한 백제인의 후손들 중에 일본문화의 발전에 기여한 사람들이 많았던 것이다. 그 중에서 문학 쪽의 가장 뛰어난 인물은 근구수(近仇首)왕의 손자인 진손왕(辰孫王)의 후예인 왕진이(王辰爾 또는 智仁)이었다. 왕진이는 일본 민달(敏達)왕 시대(572~585)에 문학과 유학으로 당대의 문운(文運)에 지대한 영향을 끼쳤다. 백제인들이 건너가 일본에서 역할한 결과가 이 정도라면 그 원류(源流)인 본국에서 백제인이 이룩한 백제 문학의 내용이 어느 정도였을까는 충분히 이해할 수 있을 것이다.

4) 백제문학은 어떤 내용을 담고 있는 것인가? 다시 말하자면 백제문학의 범주를 어디까지로 한정할 것인가? 일반적으로 한국 고전문학에서 '고대소설·가요·가사·전설·설화·민요·민담' 등을 하위 장르로 삼는다. 필자는 그 중에서 '가요·전설·설화'만을 선별하여 여기에 소개하고 해설고자 한다. 확보할 수 있는 자료의 한계 때문이다. 기술의 순서는 가요·전설·설화 순서로 하겠다. 문학 작품으로써 비중이 전설·설화보다는 가요가 앞서기 때문이다. 가요는 창작된 작품이기에 보다 우대할 수 있다.

백제가요 소개

위에서 일차 소개한 바와 같이 '정읍사'만 내용까지 전해지고 나머지 '선운산가·무등산가·방등산가·지이산가'는 제목만 남았을 뿐 내용은 없어졌다. 비록 표현이 신라 말로 되어 있어서 향가로 취급하고 있는 '서동요'는 작자가 백제 무왕(아명 마보)이기 때문에 내용 면에서는 백제가요로 취급할 수 있다. 따라서 여기서 백제 가요로 대우할 것이다. 이 밖에 백제의 옛 서울 부여를 중심으로 구전(口傳)되어 불러온 '산유화가'가 있다. 구전 작품이기 때문에 맨 뒤에서 소개하게 될 것이다.

1. 선운산가(禪雲山歌)

『고려사』 악지에 다음의 내용이 있다.

장사에 사는 한 남자가 정역(征役)에 나갔는데 기한이 지났는데도 돌아오지 않자

그의 아내가 남편을 생각하며 선운산에 올라가 남편이 가 있는 곳을 바라보며 이 노
래를 불었다(長沙人征役 過期不至 其妻思之 登禪雲山 望而歌之).

백제는 북으로는 고구려와 늘 싸웠고, 동으로는 신라와 자주 싸웠다.
전쟁 중 아니면 끝난 뒤도 싸움으로 허물어진 성을 보수하기에 바빴고
때로는 새로운 성을 쌓는 등 항상 전쟁준비로 남자들의 부역이 끊이지
않았다. 따라서 이 노래의 주인공처럼 남편이 정역에서 돌아오지 않아
눈 빠지게 기다리는 아낙네가 많았을 것이다. 때로는 정역으로 때로는
징병으로 출정하여 때가 되어도 돌아오지 않는 남편들을 기다리는 여
인들의 노래라면 이는 분명 상류층의 노래가 아니라 보통 여자들의 가
요였을 것이다. 말하자면 백제 여인들이 보편적으로 부르던 한 맺힌 사
연의 노래였을 것이다. 그렇다면 이 가사의 내용은 필연코 '남편이 무
사히 돌아와 주기를 기원하는 간절한 소망' 이었을 것이다. 마치 다음에
서 소개할 '정읍사' 의 여주인공이 망부석처럼 산상의 바위에 서서 남
편 오기를 기다리며 무사안일을 비는 모습과 비슷하였을 것이다.

2. 무등산가(無等山歌)

『고려사』 악지에 다음의 기록이 있다.

무등산은 광주의 진산(鎭山)이다. 광주(光州)는 전라도에 있는데 큰 고을이다. 이

산에 성을 쌓고 백성이 성을 의지해서 편안하게 되어 즐거워서 노래를 불렀다(無等
山 光州之鎭 州在全羅爲巨邑 城此山 民賴而安 樂而歌之).

위 광주는 武珍州[(무진주)(백제) > 武州(무주)(통일 신라) > 光州(고려
초)]와 같이 고려 태조 23년(940)에 개정한 이름이다. 따라서 무등산
(無等山)은 무진주(武珍州)의 배산(背山)이니 무진산(武珍山)이 된다.
여기서 無 = 武이므로 모두 음차자이다. 다음은 等 = 珍의 문제이다.
『훈몽자회』 등의 고문헌에 等(등)의 훈이 '돌'로 나타난다. 한편 珍(진)
의 훈도 '돌'로 나타난다. 이처럼 동일한 훈음이기 때문에 둘 다 '돌'
을 표기할 수 있었다. 이런 표기 방법은 전북 鎭安(진안)의 옛 이름인
'難等阿 ~ 難珍阿 ~ 月良'의 '等(돌) = 珍(돌) = 月(돌)'에서도 확인
된다. 또한 馬珍 ~ 馬突 ~ 馬靈의 '珍(돌) = 突(돌) = 靈(돌)'에서도
동일 현상이 확인된다. 그렇다면 無等山은 無(무 = 음) + 等(돌 = 훈음)
+ 山(모이 = 훈)으로 고유어형이 분석될 수 있다. 이렇게 세 지명소로
분석할 경우에 백제어로 '무돌모이'가 재구되는데 이 단어는 아마도
설단자음 앞에서 'ㄹ'탈락으로 인하여 '믈돌모이 > 므돌모이'(> 무돌
뫼)로 변천하였을 것이다. 이 지명의 뜻은 '믈(水) + 돌(野) + 모이(山)'
로 추정된다.

위의 논의를 근거로 백제어 '므돌모이'를 재구하여 '無等山歌'를
'므돌모이노래'라 부르기로 한다.

이 노래의 가사 내용은 여인의 비애정한(悲哀情恨)을 담은 '선운산

가' 와는 달리 므둘골(武珍州)의 배산인 ‘므둘모이’에 골(州)을 안보할 굳건한 읍성을 쌓은 뒤의 벅찬 기쁨을 표출하고 미래의 무궁한 태평성세를 기원하는 염원을 담았을 것이다.

군(君)은 아비요 신(臣)은 사랑하시는 어미요,

민(民)은 어리석은 아이라고

하실진댄 민이 사랑을 알리라.

대중을 살리기에 익숙해져 있기에

이를 먹여 다스릴러라.

이 땅을 버리고 어디로 가겠는가

할진대 나라 보전(保全)할 것을 알리라.

아아, 군답게 신답게 민답게

한다면 나라가 태평을 지속하느니라.(김완진 현대어역)

아마도 신라의 향가 중에서 위 안민가(安民歌)와 닮은 내용을 담은 노래였을 것으로 추정하여 본다.

3. 방등산가(方等山歌)

이 방등산가를 『고려사』 악지는 백제가요라 하였고, 조선 말에 고종 황제의 명에 의해 편찬된 『증보문헌비고』는 신라가요라 하였다. 이 가

요를 신라의 것으로 본 까닭은 아마도 이 작품이 신라 말에 지어진 것
으로 되어 있기 때문인 듯하다. 그리하여 학계의 주장도 백제가요로 보
아야 옳다, 신라 가요로 보아야 옳다는 견해로 맞서 있다. 여기서 필자
는 두 문헌의 발간 연대의 비교에서 거의 5세기나 앞서는『고려사』악
지의 기록을 믿고 따르기로 한다.

『고려사』악지는 방등산가에 대하여 다음과 같이 설명하고 있다.

방등산은 나주(羅州)의 속현인 장성(長城)의 경계에 있다. 신라 말기에 도적이 크게
일어나 이 산에 웅거하면서 양가의 자녀를 많이 잡아가고 약탈하였다. 장성현에 사
는 한 여인이 역시 그 가운데 있어 자기 남편이 곧 와서 구하지 않음을 풍자하여 이
노래를 지어 불렀다(方等山 在羅州屬縣長城之境 新羅末 盜賊大起 居此山 良家子女
多被擄掠 長城縣之女 亦在其中 作此歌 以諷其夫不卽來救也).

위 내용만을 그대로 수용하면 틀림없는 신라가요로 볼 수 있다. 더욱
이 신라 말의 혼란스런 사회상을『삼국사기』신라 본기에서 확인할 수
있어서 신라가요로 주장할 수 있는 빌미를 준다. 그러나 문제는 방등산
이 백제의 옛 터전에 있었던 점과 노래의 내용이 신라의 것과 사뭇 다
르고 또한 가요의 이름이 기타 백제가요의 이름과 닮았다는 점에 있다.
그래서 백제가요로 봄이 옳은 것이다.

『삼국사기』백제 본기는 백제가 항상 태평성세가 아니었음을 기록하
고 있다. 때로는 흉년이 들었고, 고구려·신라와의 잦은 전쟁으로 시달

린 까닭에 민심은 흉흉할 수밖에 없었다. 이런 혼란 중에서 도적떼가 일어나는 것은 흔히 있는 일이다. 이런 와중에서 도적에게 끌려가서 도적소굴에서 남편을 그리워하며, 남편이 곧 와서 구출하지 않음을 원망하며 소망하는 풍자의 노래로 역시 애절하기 그지없는 내용이었을 것이라 하겠다.

4. 지이산가(智異山歌)

『고려사』 악지의 지이산가에 대한 기록이 다음과 같이 있다.

구례현에 사는 사람의 아내가 대단한 미녀였다. 지이산에 살면서 집은 가난하였지만 아내의 도리를 다 하였다. 왕이 그녀가 아름답다는 소문을 듣고 궁 안으로 들이고자 하였으나 그 여인은 이 노래를 지어부르며 죽기를 맹서하고 따르지 않았다(求禮縣人之女 有姿色 居地異山 家貧盡婦道 百濟王聞其美 欲內之 女作是歌 誓死不從).

이와 비슷한 내용이 『신증동국여지승람』 남원부(南原府) 열녀 백제 지이산녀조에 다음과 같이 적혀 있다.

지이산녀(地異山女) : 구례현의 여자인데 용모가 아름답고 지이산 아래에서 살았으나 역사에는 그 이름이 전해지지 않았다. 집은 가난해도 부인의 도리를 다 하였다.

백제의 왕이 그녀의 아름다운 소문을 듣고 불러들이려 하였으나 죽기를 맹서코 따르지 아니 하였다(烈女百濟地異山女 求禮縣女有姿色 居地異山下 史失其名 家貧盡婦道 百濟王聞其美內之 女誓死不從).

이 노래를 지어 부른 여인의 행실은 마치 백제 열녀 도미의 아내(都彌妻)의 행실과 동일하다. 우선 『삼국사기』 열전에 있는 도미전(都彌傳)을 다음에 옮겨 대조하여 보도록 하자.

도미(都彌)는 백제 사람이었다. 비록 벽촌 소민(編戶小民)이지만 자못 의리를 알며 그 아내는 아름답고도 절행(節行)이 있어 사람들의 칭찬을 받았다. 개루왕(蓋婁王)이 소문을 듣고 도미를 불러 말하기를 '무릇 부인의 덕은 정결(貞潔)이 제일이라 하지만, 만일 어둡고 은밀한 곳에서 좋은 말로 교묘히 꾀면 넘어가지 않을 여인이 거의 없을 것이다' 라 하였다. 도미가 대답하기를 '사람의 마음은 헤아릴 수 없습니다. 그러나 소신의 아내는 죽더라도 마음을 고쳐먹지 않을 것입니다' 라고 하였다.
왕이 그녀를 시험하려고 일이 있다 하여 도미를 궁궐 안에 머물러 있게 하고 가까운 신하에게 왕의 옷을 입히고 말과 몸종을 딸리어 밤에 그 집에 가게 하였는데, 먼저 사람을 시켜 왕이 온다고 기별을 하였다. 왕(가짜)이 그 집에 도착하여 도미 부인에게 이르기를 '내가 오래 전부터 너의 아름다움을 듣고 네 남편과 내기 장기를 두어 내가 이기었다. 내일은 너를 왕궁으로 데려가 궁인을 삼을 것이니 이제 너의 몸은 나의 소유인 것이다' 라고 하면서 가까이(亂行)하려 하였다. 이에 부인이 말하기를 '국왕께오서 망령된 말씀을 하실 리가 없사옵는데 어찌 제가 감히 순종하지 않겠습니까? 청하옵건대 대왕께서는 먼저 방으로 들어가소서. 곧 옷을 갈아입고 들어가 모시겠나이다' 하고 물러 나와 미모의 몸종(종자)을 곱게 단장시켜 대신 들어가 수청을 들게 하였다.

후에 왕이 속은 사실을 알고 격노하여 남편 도미에게 속인 죄를 물어 두 눈동자를 뽑고 끌어 내어 조각배에 실어 강물에 띄워 버렸다. 그리고 그 부인을 다시 끌어들여 왕이 강제로 범하려 하자 부인이 '지금 저는 남편을 잃어버린 몸이 되었습니다. 이제 저는 혼자서 살아 갈 수 없게 되었습니다. 더구나 대왕을 모시게 되었으니 어찌 감히 거역하겠습니까? 하오나 지금은 월경으로 몸이 더럽사오니 다른 날에 목욕 재개하고 오겠나이다' 하니 왕이 믿고 허락하였다.

부인은 그 길로 도망쳐 남편이 버려진 강가에 이르러 땅을 치며 통곡하였다. 하늘을 우러러 통곡하는 중에 홀연히 조각배 한 척이 떠내려 왔다. 그 배를 타고 천성도(泉城島)에 이르러 남편을 만났는데 아직 죽지 않고 살아 있었다. 거기서 부부가 풀뿌리로 연명하며 드디어 함께 배를 타고 고구려의 산산(蒜山) 아래로 가니 고구려 사람들이 불쌍히 여기며 옷과 먹을 것을 주어 구차스럽게 살면서 객지에서 일생을 마치었다.

열녀 지이산녀의 "죽기를 무릅쓰고 따르지 않았다"(女誓死不從)의 구체적인 내용이 위 도미전의 것과 같이 생략된 느낌이다. 상고하건대 백제 제21대 개로왕 때에 발생한 도미처(都彌妻)의 열녀사건이 후대의 어느 시기에 지이산 아래로 옮아와 열녀 설화로 정착하면서 이 내용을 가요로 표현하여 부른 노래라 여겨진다. 그렇기 때문에 이병기도 『국문학

전사』(161~162)에서 '구례현녀를 도미의 처로 추정하여 춘향전의 근
원설화'라고 주장하였다.

정읍사(井邑詞) 해석과 감상

1. '정읍사'의 말뜻과 유래

잘 알려진 바와 같이 '정읍사'는 『고려사』 악지에 백제음악의 가사로 열거한 여러 노래들 중에서 유일하게 남아 있는 가사란 점에서 우리들에게는 한층 더 대견스럽고 소중한 느낌을 준다. 그러나 이 노래는 원체 그 기원이 오래라 여러 사람의 입을 거쳐 내려오는 동안 말이나 발음이 더러 바뀌어 그런지 더러는 풀지 못하는 데가 있어 그 뜻을 환히 들여다 볼 수 없는 바가 유감이다.

그동안 물론 양주동을 비롯한 여러 학자들이 이 노래를 해석하려고 애를 많이 썼지만 아직도 석연치 못한 점이 없지 않다. 그러므로 여기서도 또 하나의 가설이 될 해설을 할 수밖에 없다.

1) '정읍사'의 말뜻

옛날에는 '정읍사'란 말이 '정읍'(井邑)이란 곡조의 가사란 뜻으로 쓰인 듯하다. 『악학궤범』(樂學軌範)(권 5)에 '시용향악 정재도의'(時用鄕樂 呈才圖儀)의 '무고'(舞鼓)에 '여러 기생이 정읍사를 부른다'(諸妓 唱 井邑詞)'란 대목이 나온다. 여기서 '정읍사'를 확인하게 된다. 그리고 『신증동국여지승람』(권 34) 고적조에서 설명한 다음 내용에서도 확인된다.

망부석(望夫石) : 현의 북쪽 10 리에 있다. 현의 사람이 장사하러 떠나서 오랫동안 돌아오지 않으니 그 아내가 산돌 위에 올라가서 기다렸는데, 그 남편이 밤에 다니다가 해침을 당하지 않았는가 걱정이 되었다. 그리하여 진흙탕물의 더러움을 의탁하여 노래를 지으니 그 곡을 정읍이라 한다. 세상에 전하기를 "산에 오르면 망부석에 아직도 발자취가 있다"고 한다(望夫石 在縣北十里 縣人爲行商 久不至 其妻登山石以望之 恐其夫夜行犯害 托泥水之汚以作歌 名其曲曰井邑 世傳登岾望夫石 是跡猶在).

그러나 그 본래의 곡(元曲)은 언젠가 없어지고 『악학궤범』에 남겨진 가사만을 되뇌이다가 드디어 '정읍사'란 말이 이 노래의 이름으로 굳어진 듯하다. 그런데 과연 이 가사가 백제 시대에 지어진 것이냐의 문제가 제기된다.

본래 백제 시대에는 정촌(井村)현이었는데 경덕왕이 지금 이름(井邑)으로 고쳤다(井邑縣 本百濟井村 景德王改名 今因之).

이상과 같이 '정읍'은 신라 경덕왕 16년(757)에 고친 이름이고 백제의 이름은 '정촌'이기 때문이다. 만일 백제의 가사라면 그 제목이 '정촌사'라야 맞는다. 경덕왕은 백제 지명 중에서 접미 지명소 '-村'을 모조리 '-읍'으로 고치었다. 그 예를 다음에 열거한다.

여촌(餘村)〉여읍(餘邑),　　신촌(新村)〉(신읍新邑),　　　정촌(井村)〉정읍(井邑)

무근촌(武斤村)〉무읍(武邑),　古馬弥知(고마미지)〉마읍(馬邑),　원촌(猿村)〉해읍(海邑)

위의 '彌知 : 邑'은 단일하지만 기타의 '村 : 邑'으로 미루어 보아 백제어로 '村'을 '미디'라 불렀음을 알 수 있다. 백제 지명 중 松彌知(송미디)의 '彌知'가 또 있기 때문이다. 어쨌든 백제 지명은 '-村'이었으니 '정촌사'라야 확실한 백제 가사가 된다. 그런데 불행히도 신라 경덕왕 때에 고친 이름인 정읍(井邑)으로 노래 이름을 삼은 '정읍사'인 것이다.

위에서 일차 언급한 바와 같이 '정읍'이란 지명은 경덕왕 16년(757)에 발생하였으니 가사 제목만을 중심으로 상고할 때 '정읍사'의 작사년은 그 이전으로 소급될 수 없다. 따라서 백제 시대에 지어진 가사가 내내 구전되어 오다가 경덕왕 16년 이후 어느 시기에 곡을 붙이면서 '정읍사'로 정착된 것이 아닌가 한다.

그러나 내용만은 백제 시대부터 구전하여 왔기 때문에 백제노래라 전해오는 것이니 우리는 그렇게 믿을 수밖에 없다. 다만 노래(가사)의 줄

거리와 뜻은 백제 것이로되 노랫말은 곡을 붙일 때인 고려어가 아니었나 의심해 본다. 기타 고려가사와 비교하여 보면 언어의 모습이 비슷하기 때문이다. 13세기 말에 '무고'(舞鼓)란 큰북이 제작되어 이 큰북을 이용한 무악(舞樂)이 또한 '무고'란 이름으로 행하여지자 이 노래가 그 중에 편입되어 조선시대까지 궁중에서 기생들의 춤과 함께 불려 왔던 것 같다.

2) '망부석'(望夫石)을 찾아서

『고려사』(권 71) 악지 삼국속악 중 '백제'부 '정읍' 조에 다음과 같은 내용이 있다.

정읍은 전주의 속현인데 현인이 행상을 나가서 올 때가 되어도 돌아 오지 않았다. 그 아내가 산돌에 올라서서 바라보며 그 남편이 밤길에 해침을 당하지 않을까 진흙 수렁에 빠지지 않을까 두려워서 이 노래를 불렀다. 올라섰던 망부석이 있다고 세상에 전한다(井邑 全州屬縣 縣人爲行商 久不至 其妻登山石以望之 恐其夫夜行犯害 托泥水之汚以歌之 世傳有登岾望夫石云).

이상의 내용에서 '백제 시대 완산주(完山州 〉 전주) 정촌(〉 정읍)에 살던 한 행상인의 아내가 오래 집에 돌아오지 않는 남편을 기다리며 부른 노래'란 전설이 전해내려 왔던 사실을 확인할 수 있다.

그러면 거의 같은 시기에 저술한 『고려사』(1451)와 『동국여지승람』

(1481)에 나오는 이른바 '망부석'(望夫石)은 어디에 있는 것일까? 그것은 현재의 정읍시 덕천면(德川面) 망제리(望帝里)의 부룻골 뒷산에 속칭 '여시바우'를 바로 그 망부석으로 지목한다. 이곳이 『동국여지승람』에 적혀 있는 정읍현 치소에서 북쪽 10리에 있다는 설명과 부합한다. 과거의 1리는 300보(545m)이므로 10리는 거의 지금의 15리쯤(5.45 km) 된다. 현재의 정읍시 중심부에서 5km가 넘는 곳은 동북에 한다리 지역과 서북에 이문 지역(이상은 북면) 그리고 덕천면 망제리 지역인 바, 한다리 지역에는 바위가 없고 이문 지역에는 바위가 있긴 하나 '발자죽이 남아 있다'는 전설의 발자욱이 없다. 그런데 망제리 부룻골 뒷산에 있는 '여시바우'는 일제 때에 누가 일부를 떼어가고 그 후로 또 떼어가려다 만 흔적이 있다. 지금부터 40년 전에 필자가 현지 답사하여 남아 있는 바위의 크기를 재어보니 동서가 약 5m, 남북이 약 2m, 땅위의 높이가 약 1.8m이었고, 위 면이 꽤 넓어서 수십 명이 앉을 수 있었다. 표면이 거칠게 마모되어 발자국이 뚜렷이 드러나지는 않았지만 자세히 보면 발자국인 듯이 착각할 부분도 없지 않았다. 그럴 뿐만 아니라 속칭 '여시바우'란 이름도 옛날 장에 간 남편을 기다리던 '여씨의 바위'라는 전설을 지니고 있으니 『동국여지승람』에서 언급한 '망부석'은 이 '여시바우'를 가리킨 것이라 설명하는 정읍시 당국자의 해석도 그럴 듯하다고 여겨졌다.

　필자는 여시바위에 올라가 그 때 그 여인이 섰던 발자국을 찾아 동쪽을 향해 딛고 서서 '둘하 노피곰 도ᄃᆞ샤 머리곰 비취오시라'를 음영하려 하였으나 마침 구름이 끼어 뜻을 이루지 못 하고 돌아왔다. 이렇게 두 번이나 실패한 뒤, 세 번째에야 결국 맑은 하늘 동쪽에서 떠오르는 달을 바라보며 음영(吟詠)하는 성공을 거두었다. 마치 옛날 백제 때의 망부석 여인의 심정으로 돌아간 듯하여 감개무량하였다.

2. '정읍사'의 가사 내용

먼저 『악학궤범』에 실려 있는 '정읍사'를 다음에 옮긴다.

前腔	둘하 노피곰 도다샤
	어긔야
	머리곰 비취오시라
	어긔야 어강됴리
小葉	아으 다롱디리
後腔	全져재 녀러신고요
	어긔야
	즌 딕롤 드딕욜셰라
	어긔야 어강됴리
過篇	어느이다 노코시라
金善調	어긔야
	내 가논딕 졈그롤셰라

어긔야 어강됴리

小葉   아으 다롱디리

3. 어려운 어구 해석

1) 全져재

‘全져재’의 ‘全’을 ‘後腔全’(후강전)으로 하고 ‘져재’만 가사 내용으로 치면 ‘저자에’로 풀면 되니까 아주 편리하다. 그러나 ‘후강전’이란 용어가 쓰였다는 예가 발견되지 않으니 성립되지 않는다. 그래서 일단 ‘전져재’로 받아들일 수밖에 없다. 그렇다면 통설대로 ‘全’이 ‘全州’의 약칭인가? ‘全’ 한 자만으로 지명이 성립되지 않는데 문제가 있다. 또한 ‘全’을 훈독하여 ‘온’으로 보자는 견해와 ‘亽’의 오자라는 주장도 납득이 가지 않는다. 따라서 ‘全’은 이미 굳어진 한자어 관형사로 볼 때 가볍게 ‘여러’란 말뜻을 약간 강조하여 쓴 듯하다.

2) 어느이다

광해조판 『악학궤본』에는 ‘어느이다’로 되어 있으나 봉좌문고본에는 분명히 ‘어느이다’로 되어 있다. ‘어느이’를 ‘어느것·어느 사람’으로 해석하는 것은 이 임진란(1592) 전 판본을 보기 전의 주장이다. 그렇다고 ‘이다’를 ‘입니까’로 새길 수도 없다. ‘입니까’의 옛말은 ‘므스고·므스긴다’처럼 ‘고’나 ‘고다’이지 ‘다’는 아니기 때문이다. 그러면 ‘어느이다'는 무슨 말인가?

첫째, '어느'는 관형사다. '어느'는 '어느 사람 = 누구', '어느 것 = 무엇' 또는 '어느 곳 = 어디'란 뜻으로 쓰일 수 있었으니 대명사 '어디'로 새길 수 있을 것이다.

둘째, '이다'의 '이'는 체언의 서술작용 표시 접사인 지정사요, '다'는 경과 질문형과 비슷한 불구형 '든가'의 축약형 '다'일 것이다. 그렇다면 '어느 / 이다'는 '어디 / 든지'로 풀리게 된다.

3) 내 가논되

여기 '내'는 '내가'와 같은 주격의 '내'로 볼 수도 잇고, '나의'로 속격 '내'로 볼 수도 있다. 여기 '내'는 이 노래 전체의 문의로 볼 때 '나 혼자만'을 가리키는 엄격한 의미의 '내'가 아니라 내 관계자인 '그이'도 포함시켜 '우리'라는 포괄적 의미의 '내'다. 따라서 이 노래의 '내'는 '그 이'도 가리키는 '우리'란 뜻의 '내'임에 틀림 없다. 바로 아래 '가논되'는 '가는 길에 · 도중에'의 의미이므로 문맥상으로 푼다면 '앞길에' 정도로 풀 수 있을 것이다.

4) 녀러신 고요

'고요'를 양주동은 『여요전주』(53)에서 '고-오'로 풀었다. 즉 근본적으로 '고고'형. 의문조사 '고'의 재의문형이라 하였다. 그러나 '녀러신'(<녈 / 어신 = 가신)이 동사의 관형형이므로 '가'나 '고'같은 의문

토 하나를 더 붙여 쓸 수도 있겠으나 그 아래 체언의 서술형 어미(지정사) ‘요’(〈 이오)를 더 붙여 쓴 예는 옛말에서 찾기 어렵다. ‘어신’ 아래 의문토를 쓴다 해도 보통은 ‘언’ 아래서와 같은 ‘요’요, 그 밖의 ‘신’ 아래서도 감탄이 아니면 ‘고’보다는 ‘가’를 많이 쓰고 있다. 예를 들면 ‘니ᄌ신가 · 업스신가 · 잇더신가’ 등이다. 일반적으로 관형형 아래에는 피한정어인 체언이 오는 것이 원칙이므로 ‘녀러신’ 아래의 ‘고요’가 체언일 가능성이 짙다.

‘녀러신 고요’를 전처럼 ‘가셨는 가요’로 풀이하면 이 문장은 주어가 없게 된다. 지금까지의 풀이는 남편에게 하는 말이라 하였으나 지금 막 달(月)한테 무어라 하다가 어디 있는지 조차 모르는 남편을 한 번 찾지도 않고 느닷없이 상대를 바꾸어 말한다는 것은 이치에 맞지 않는다. 그렇기 때문에 끝까지 달한테 말하는 것으로 보아야 말마디가 순하게 풀린다.

“‘녀러신 고요’가 달한테 하는 말의 계속이라면 달은 먼저 불러 놓았으니까 그 주어가 생략된 것 아니냐”고 생각할 수도 있겠으나 지금 떠 있는 달을 보고 ‘너 장에 갔느냐’는 물음은 성립이 안되고, 혹 ‘갔었느냐’ 하면 당장은 말이 되지만 그런 그 아래 또 주어가 없는 ‘즌ᄃᆡ롤 드ᄃᆡ욜셰라’와 연결이 되지 않는다. 그러므로 ‘고요’는 ‘녀러신’의 피한정어로 체언이다. 그 내용에 있어서는 한정어 ‘녀러신’을 지배한 주어의 성격으로서 이 노래를 부른 주인공의 남편을 가리키는 말일 수밖에 없다.

그러면 ‘고요’의 구조를 어떻게 분석하여야 할 것인가. 먼저 ‘고요 ⇒ 고이 + 오’로 부석하면 ‘고이’의 ‘고’는 관형사 ‘이·그·뎌’에 대응되는 ‘요·고·됴’의 ‘고’에 해당하며 ‘이’는 청산별곡(靑山別曲)의 ‘가리도 오리도 업슨’이나 사모곡(思母曲)의 ‘괴시리 업세라’의 ‘이’와 같은 체언형 접미사 ‘이’로서 ‘고이’는 현대어 ‘그이’에 해당하는 대명사일 것이다. 요컨대 ‘고요’를 현대어로 옮기면 ‘그이라·그이예요·그러니(〈 그이러니)’가 될 것이다.

4. 풀기 어려운 단어 해석

- 둘하 = 달아(달님이시여)!

- 노피곰 = 높이 높이(점 점 더 높이)

- 도두샤 = 돋으셔서

- 머리곰 = 멀리 멀리(점점 더 멀리)

- 숯 져재 = 모든 장에(하도 여러 장에)

- 녀러신 = 가신

- 고요 = 그이라(그 사람이고 보니)

- 드티욜셰라 = 디딜까 걱정이다.

- 노코시라 = (그 밝은 빛을 비추어) 놓고 있거라

- 내 가논딕 = 내 가는데(우리 앞길에)

5. '정읍사' 전체 해석

'정읍사'는 백제시대 정촌(〉 정읍)에 살던 어느 행상인의 아내가 장에 장사하러 가서 오래도록 돌아오지 않는 남편을 뒷산 바위 위에 올라가 기다리며 부른 노래이다. 전설로 내려오던 이 노래는 13세기 말에 와서 '무고'라는 무악 속에 편입되어 조선시대까지 궁중에서 기생들이 불러왔던 것이다. 그러다 15세기 말에 간행된 『악학궤범』 속에는 "어긔야 어강됴리 아으 다롱디리"라는 여음(餘音)이 들어 있으나 궁중 음악으로 편곡될 때에 아마도 춤추기에 알맞도록 덧붙여진 것일 뿐, 그 이전에 전해오던 원래 모습은 여음이 없었을 것이다.

둘하 노피곰 도ᄃ샤
머리곰 비취오시라.
숮져재 녀러신 고요
즌ᄃᆞ롤 드ᄃᆡ욜세라.
어느이다 노코시라.
내 가논ᄃᆡ 졈그롤세라

이 노래는 한글이 창제된지 반세기 뒤인 1493년에야 한글로 표기된 것이니 구전(口傳) 기간이 너무 길었기 때문에 엄격히 말해서 위 내용이 곧 백제시대의 원형이라고 장담할 수는 없다. 설령 이 노래가 백제

시대 지어졌다 하더라도 통일신라 〉고려 〉조선 초기를 거쳐오는 동안
여러 모로 변화를 입었을 것인 즉, 아무래도 백제의 본 모습이 얼마큼
남아 있을지 의심치 않을 수 없다.
  어쨌든 이 노래는 결국 이와 같은 내용으로써 여주인공이 자기 남편
을 기다리며 달님께 기원하는 노래가 된다.

  달님이시여!
  좀 더 높이 높이 올라오시어
  좀 더 멀리 멀리 비추고 계시옵소서!

  하도 여러 장을 보러 간 그이옵기에
  진 데라도 빠지지 않을까 염려되옵니다.

  그 밝은 빛 어디다 놓고 계시옵소서!
  저희 갈 길에 당신이 만일 저무시면 어찌하리까!

  이 노래는 시조(時調)처럼 다음과 같이 3장으로 구성되어 있다. 달님
께 올리는 기원곡(祈願曲)으로 그 음절수가 시조와 비슷하다.

	첫째 구			둘째 구	
초장(전강)	2(둘하)	3(노피곰)	3(도ᄃ샤)	3(머리곰)	5(비취오시라)
중장(후강)	3(숮져재)	3(녀러신)	2(고요)	3(즌ᄃ롤)	5(드ᄃ욜셰라)
종장(과편)	4(어느이다)	4(노코시라)	4(내가논ᄃ)	5(졈그롤셰라)	

이와 같이 시조와 비교하면 초·중장의 첫 구절만 약간 복잡할 뿐 엇 비슷하다. 그리하여 시조의 모체가 아닐지 의문을 품게 한다. 그러나 노래의 구조를 내용 면에서 살펴보면 아래처럼 장마다 논지가 뚜렷하고 앞과 뒤의 말이 잘 들어맞는 명문이다.

초장 = 주문(主文) - 달 보고 높이 돋아서 멀리 비추고 있으라는

중장 = 까닭(理由) - 그이가 혹 발을 헛디디어 진창에 빠질까 걱정이라는

종장 = 결론(再請) - 어디나 비추고 있어야지, 날이 저물면 우리의 앞 길이 어떻게
되느냐는

다시 상상하여 보자. 이 노래의 여주인공이 달님께 호소하듯 여러 해 동안 기원하였으나 어떻게 된 영문인지 남편의 소식은 끊어지고 말았다. 기다리다 지친 이 여인은 거의 실성하여 거리를 헤매다가 필경 여인 또한 간 곳을 모르게 되었다는 정도의 전설이 통일신라 이전에 떠돌았을 것이다. 그런데 이 여인을 직접 만났든지 아니면 떠도는 이야기를 들은 어느 문사(文士)가 이 아낙네의 신세를 측은히 여긴 나머지 달밤

에 호소하던 망부석 여인의 심정을 가사로 짓게 되었을 것이다. 그리고 다시 가사에 감동한 어느 악인(樂人)이 작곡하여 결국 '정읍사'(井邑 詞)라는 한 편의 아름다운 노래가 새로 탄생한 것이라 하겠다.

이 노래의 여주인공이 살았던 곳은 어디였던가? 이 노래의 제목이 '정읍'이니 그 당시의 이름 따라 '정촌'(井村)에 살았을 것이다. 그러면 달님께 빌던 곳은 정촌의 어디였던가?

위에서 이미 설명한 바와 같이 『동국여지승람』에 '바위 위에 발자취가 남아 있다'는 전설을 기록하여 놓은 것으로 보아 뒷산에 '여시바우'가 있는 현재의 덕천면 망제리의 '부릇골'로 추측한 듯하다.

그러나 망제봉(望帝峰) 줄기의 동쪽 기슭에 있는 이 '부르골'은 이웃 동네로 넘어가는 데가 없을 뿐 아니라 문제의 '여시바우'가 산줄기의 동북면 비탈진 곳에 너무 가까이 붙어 있어서 이 바위에 올라도 달빛을 볼 수 없게 되어 있다. 그러므로 이곳이 이 노래의 배경이 될 것 같지 않다. 그러면 작사자가 상정(想定)한 '여인이 노래 부른 곳'은 어딜까? 그 곳은 해방 후에 간행된 『정읍군지』에 적혀 있는 정읍군 북면의 '괴바라기'인 듯하다.

이 '괴바라기'는 현재의 정읍 역전[옛 영지원(迎支院?)]에서 북쪽으로 약 3km 쯤에 위치한 '서짓말(新泰仁)·이문(南山里)' 등지로 넘어가는 버스길의 첫 고개 이름이다. 이 '괴바위'가 이 노래 속의 여주인공이 달을 향해서 신세타령을 하던 곳일 것이다. 이렇게 생각하는 이유를 열거하여 본다.

(1) 이 '괴바라기'는 옛날 전주·태인 등지의 북쪽에서 '한다리'를 거쳐 정읍으로 들어오는 마지막 고개라서 정읍 근처에서 남북으로 오가는 사람을 바라보기에 가장 알맞는 교통의 요지이다.

(2) 현재는 국도가 정읍 동쪽 어깨인 '몰고개'를 관통하기 때문에 이 '괴바라기' 마루턱에 단 한 채의 집밖에 없지만 옛날에는 '몰고개'가 원체 험한 길이라 보통은 다니지 않았고 큰길은 이 '괴바라기'로 나있었기 때문에 이 고개 근처에 동네가 있었던 것 같다.

(3) 이 고개의 주봉(主峰)도 처음부터 야산(野山)이라 그다지 높지 않기 때문에 이 고개 부근에 동네가 있었다면 부인네도 넉넉히 오르내릴 만하다.

(4) 이 고개의 주봉에 올라서면 앞뒤가 탁 트여 달맞이하기에 알맞다.

(5) 지도 위의 직선 거리로 읍내에서 이 '괴바라기'까지 3km 정도이지만 만일 과거처럼 '영지원'을 거친다 하면 '영지원'은 서쪽 5리(在縣西五里)라 하였으니까, 읍내에서 이 고개는 『동국여지승람』에 '망부석은 현의 북쪽 10리에 있다'(望夫石 在縣北十里)라고 한 방향과 거리가 걸맞게 된다.

(6) 다만 이 고개에는 바위가 없으나 주봉 위 동남쪽 묵묘 앞에는 연대 미상의 거친 상석이 있고, 이 고개에서 '이문' 쪽으로 더 올라가면 붙박이 바위도 있다.

(7) 여기서 무엇보다 우리의 주목을 끄는 것은 '괴바라기'라는 고개 이름이다. 이 '괴바라기'란 지명의 유래에 대한 현지의 전설이 두 가지

있는데 둘 다 '괴'의 뜻을 '고양이'로 풀고 있다. 그러나 이 '괴'가 위에서 풀이한 '고요'의 '고이'와 어떤 관계가 있지 않을까 하는 것이다.

 말하자면 이 '괴바라기'란 고개 이름과 이 고개 주봉 위의 상석의 기원(起源)이 과연 몇 세기나 거슬러 올라갈지 모르겠으나 만일 먼 옛날부터 있었다고 가정한다면 '고요'의 '고이'와 이 '괴바라기'의 '괴'는 동일한 단어로써 '그이'란 뜻으로 이 노래가 생긴 뒤에 그 여주인공의 연고지라 여기어 고개 이름을 '괴바라기'(〈 고이바라기)라 부르게 되었을 것이다. 그렇지 않으면 이 고개 이름이 주봉 위의 상석에 여주인공의 전설을 낳고 이 전설이 결국 이 노래를 낳게 하였거나 하는 등의 어떤 관련이 있을 듯하다.

산유화가(山有花歌) 해석

1. 산유화가의 종류

전국 각 곳에서 발견되는 이 노래의 종류는 다음과 같다.

(1) 추영봉에 날 쓰고 사자강(泗자江) 달 진다.

　　저 날 떠나서 들에 나와 저 달 져서 집에 돌아 간다.

　　얼널널 상사 뒤 어여뒤여 상사 뒤

　　부소산(扶蘇山)이 노퍼 잇고 구룡포가 기퍼 잇다.

　　부소산도 평디 되고 구룡포도 평원 되니 세상 일 뉘가 알고

　　얼널널 상사뒤 어여뒤여 상사 뒤

(2) 산유화혜 산유화야

　　저 꽃 피기 시작하야

　　저 꽃 지더락 필역하게

얼널널 상사 뒤 어여뒤여 상사 뒤

산유화혜 산유화야

저 꽃 피어 번화함을 자랑마라.

九十韶光 잠깐 간다.

얼널널 상사뒤 어여뒤여 상사 뒤

취영봉(鷲靈峰)에 달 뜨고 사비강(泗沘江)에 달이 진다.

저 달 떠서 들에 나와

저 달 져서 집에 돌아 간다.

얼널널 상사뒤 어여뒤여 상사 뒤

부소산(扶蘇山) 높아 있고

구룡포(九龍浦) 깊어 있다.

부소산도 평지되고 구룡포도 평원되니

얼널널 상사뒤 어여뒤여 상사 뒤

(3) 산유화혜(山有花兮) 산유화혜

저 꽃 피어 농사(農事)일 시작(始作)하여

저 꽃 지더락 필역(畢役)하세.

후렴 : 얼널널 상사 뒤

어여뒤여 상사 뒤

山有花兮 山有花兮

저 꽃 피어

번화(繁花)함을 자랑마라.

구십소광(九十韶光) 잠깐 간다.

취영봉(鷲靈峯)에 달 뜨고

사비강(泗沘江)에 달 진다

저 달 떠서 들에 나와

저 달 져서 집에 돌아간다.

농사(農事)짓는 일이 바쁘건마는

부모처자(父母妻子) 구제하니

뉘손을 기다릴고.

부소산(扶蘇山)이 높아 있고

구룡포(九龍浦) 깊어 있다.

부소산(扶蘇山)도 평지(平地) 되고

구룡포(九龍浦)도 평원 되니

세상(世上) 일 뉘가 알고.

(4) 산유화혜 산유화혜

적룡 죽은 지 오래연만

백마강수는 만고에 푸르르다.

후렴 : 얼널널 상사뒤야

어여뒤여 상사뒤야

산유화혜 산유화혜

꽃 떨어진 지 오래연만

낙화암 달빛 천루에 밝어라.

(후렴)

산유화혜 산유화혜

부소산 높아 있고

구룡포는 깊어 있다.

(후렴)

산유화혜 산유화혜

부소산도 평지 되고

구룡포도 평원이라

(후렴)

산유화혜 산유화혜
추령봉에 해가 뜨고
사비강에 달이 진다.
(후렴)

산유화혜 산유화혜
저 해가 떠서 들에 나가
저 달 져서 집에 온다.
(후렴)

산유화혜 산유화혜
저 꽃 필 때 농사 짓고
저 꽃 질 때 타작하세
(후렴)

산유화혜 산유화혜
농사짓기 힘들건만
부모처자 어이하리.
(후렴)

산유화혜 산유화혜

번화함을 자랑마소

구십춘광 덧없에라.

(후렴)

(5)　메나리꽃아 메나리꽃아

저 꽃이 피어 농사일 시작하여

저 꽃이 져서 농사일 필역하세.

얼널널 상사뒤여

얼널널 상사 뒤

메나리꽃아 메나리꽃아

저 꽃 피어 번화함을 자랑마라.

구십춘광(九十春光) 잠간 간다.

얼널널 상사뒤여

얼널널 상사 뒤

2. 해석과 감상

'산유화가'에 대한 양주동(1947 : 46~47)의 견해를 다음에 옮긴다.

동방의 가악(歌樂)을 당악(唐樂)에 대칭(對稱)하야 「사내악 · 신열악 · 사뇌악 · 사뇌격」·(思內樂·辛熱樂·詞腦歌·詞腦格)이라 하는 등 이 「싀늬」란 특칭이 사기·(史記)·유사(遺事)·균여전(均如傳)에 공통히 사용된 것은 상술과 같거니와, 이 말이 근고에 폐어화하였음에도 불구하고 가악명 또는 곡조의 칭(稱)으로 부지중 의연히 근대에까지 전승된 것은 저 남도일대 (특히 충남 부여 경북 선산·기타)에 유존(流存)하는 「산유화가」(山有花歌) 및 남도속요 「육자박」(六字拍)의 수구(首句) 「싀늬지로구나」로써 이를 적지(的知)할 수 있다. 대개 「산유화가」는 혹은 남녀상열시사(男女相悅之辭) 혹은 백제유민의 노래 또는 원녀(怨女)가 지은 노래의 곡명 등으로 전하는데, 이는 혹 라(羅)대 이래의 전통곡(傳統曲)인 「싀늬」악의 원의를 망각한 후인이 비슷한 음의 한자어로 「山有花」(산유화)라 아역(雅譯)한 것일지니 그 유의(遺義)·원칭(原稱)은 * 근인(近人)의 필록중(筆錄中)에도 아직도 의희(依俙)하며, 「싀늬지로구나」는 단적으로 「싀늬調로구나」의 와전(訛轉), 곧 노래 첫머리에 「사뇌격·사내조」임을 명시하는 사(辭)이다.

위 인용문을 살펴보건대 양주동의 주장은 지나친 견강부회인 듯하다. 인용문 중 * 표의 근인의 필록은 『증보문헌비고』(권 246)의 백제가곡을 비롯한 이사명(李師命)의 시, 『동환록』(권 2) 등에 나오는 산유화가·산유화를 이름이다. 이들 해설 중 특히 『증보문헌비고』(권 246) 예문고 부가곡류(藝文考 附歌曲類)에서는 산유화가를 이렇게 설명하고 있다.

① 산유화가 1편 남녀상열의 가사로 음조가 몹시 구슬픈 탄식조로 반려옥수같다(山有花歌一篇 男女相悅之詞 音調悽忼 如伴侶玉樹云).

이처럼 백제가요로 분류하여 놓고 동서(권 106) 악고 속악부조(樂考 俗樂部條)에서는 그와 달리 적고 있다.

② 숙종24년(1698)에 선산부에 사는 민간 여인 향낭이 일찍이 수절과부가 되었는데 부모가 딸의 의지를 꺾고 개가시키려 하자 산유화가를 지어 불복의 뜻을 보이고 드디어 낙동강에 투신하여 죽었다(肅宗戊寅年間 善山府民女名香娘 早寡守節 其父母 欲奪志 香娘作山有花歌以見志逐投洛東江以死 俗樂部世傳山有花曲).

이와 같이 조선조 숙종 24년(1698)에 경상도 선산의 여인 향랑이 지은 노래로 규정하였다. 동일한 문헌인데 ①과 ②의 내용이 상반된다. 이처럼 ①과 ②가 노래 이름만 같지 발생지와 내용은 다르기 때문에 ②로 인하여 ①이 부정될 수 없다. 따라서 ①의 산유화가는 백제가요임에 틀림이 없을 듯하다.

위에서 소개한 (1) ~ (5)는 소부리(〉부여)를 중심으로 불려진 노래로써 '부소산도 평디되고 구룡포도 평원되니', '취영봉에 달 뜨고 사비강에 달진다', '번화함을 자랑마라' 등 백제유민의 정한이 이 농요 속에 스며 있다. 조재훈(1971 : 26)은 산유화가에 대하여 다음과 같이 적절히 해설하였다.

아마도 백제시대에는 꽃이 상징하는 바 사랑을 담은 남녀화답식의 집단요로 불리웠다가 백제가 망하면서 남녀상열의 정이 망국의 한으로 바뀌고 시간이 감에 따라

새 국가의 체제 속에 동화하여 당시의 주업인 농업에 밀착해서 농요로 전해 왔을 것이다. 아니, 애초부터 남녀상열의 노래가 농요 속에 끼어 들었을지도 모를 일이다. 많이는 질탕한 궁중의 음악에서 영향받아 불리운 것이었는데, 백제가 이른 봄부터 기울기 시작하여 여름에 멸망하자 무수한 인명들이 꽃잎처럼 떨어져 나간 황량한 산야에 그들의 넋인 듯 무더기로 붉은 꽃들이 피어 있음을 보았을 때 종래 상열(相悅)의 것은 반대로 가눌 수 없는 무상감이 되어 그들 유민의 가슴에 와 닿았을 것은 당연한 노릇이다.

백제가 망하자 의자왕과 귀족들이 당나라로 끌려가자 울분한 백성들이 양화면에 집결하여 당나라를 원망하고 성토한다. 그래서 그곳을 '원당산'(怨唐山)이라 부른다. 그리고 당을 향해 활을 쏜다는 뜻으로 '사당산'(射唐山)이라고도 부른다. 여기서 '산유화가'가 유래되었다고 전한다.

백제 시조

육당 최남선(六堂 崔南善) 본 『청구영언』(靑丘永言)에 실려 전하는 백
제 시조 한 수가 있다. 이 시조가 백제 충신 성충(成忠)이 지은 것이라
하나 믿을 수 없다.

뭇노라 율라수(汨羅水) 굴원(屈原)이 어이 죽다터니
참소(讒訴)에 더러인 몸 죽어 뭇칠 싸히 업셔
창파(滄波)에 골곡(骨曲)을 삐셔 어복리(魚腹裏)에 장(葬)ᄒ리라.

일석 이희승(一石 李熙昇) 본 『청구영언』에 실려 전하는 백제 시조 한
수가 있다.

뭇노라 저 선사(禪師)야 관동풍경(關東風景) 엇더터니
명사십리(明沙十里) 해당화(海棠花)만 붉어 있고
원포(遠浦)에 우우백구(雨雨白鷗)는 비소우(飛疎雨)를 ᄒ더라.

위 중 첫째 시조는 당쟁(黨爭)과 사화(士禍)로 말미암아 한 맺힌 선비가 자신의 심경을 굴원(屈原)에 빗대어 읊은 노래로 볼 수 있다. 아마도 성충의 충성심을 기린 후대인의 작품임에 틀림 없다. 둘째 시조도 내용이 성충과는 아무런 관계도 없다. 이 시조도 후세의 누가 지은 것으로 보인다. 더구나 시조의 발생이 고려시대 중기 이후라고 주장하니 이 통설에 비추어 보아도 위 2수의 시조는 백제 것이 아니다.

전설과 설화

백제의 전설은 문헌 전설과 구전 전설로 양분할 수 있다. 문헌 전설로는 『삼국사기』 열전의 도미전·계백전·계백과 관창전 등이 대표적인 것들이다. 구전 전설로는 곰나루전설·백마강전설·충곡계백묘전설·성왕전설·무강왕전설 등이 있다.

1. 문헌 전설

1) 백제 열녀 '도미부인' 이야기

(1) 한국 열녀의 표상

여인이 정절을 지켜야 할 당위성은 동서고금을 막론하고 강조되어 왔다. 그러나 오늘날처럼 그 당위성이 절실하게 느껴지는 시기는 없었다. 여인의 정절이 가장 큰 덕목이었던 때가 바로 엊그제인데 그 미덕을 찾아보기 힘들만큼 퇴락(頹落)해 가는 현실이기 때문이다. 하루가 멀다시 피 불륜 관계의 기사가 매스컴의 머리를 차지하고, 이혼가정이 걷잡을 수 없을 정도로 증가해 가고 있다. 이런 절박한 시점에서 백제 시대의 빼어난 열녀를 재조명하여 오늘의 교훈으로 삼는다면 자못 의미 있는 일이 아닐 수 없다.

일반적으로 열녀 하면 머리에 우선 춘향이가 떠오른다. 춘향은 열녀인 만큼 누구보다도 유명하기 때문이다. 그러나 어디까지나 춘향은 고소설의 주인공일 뿐 결코 실존 인물은 아니다. 한낱 소설의 주인공에 불과한 춘향을 추앙하는 우리의 곁에는 기나긴 세월 속에 묻혀온 위대한 실존 열녀가 있다. 마치 진흙 속에 묻혀 있는 진주처럼 값진 열녀 이야기가 애석하게도 오랫동안의 세월 속에서 애처로이 잊혀져 왔다. 그것은 다름 아닌 한국 열녀의 표상인 '열녀 도미부인의 이야기'이다.

'삼국사기 열전' 중에 도미전(都彌傳)이 있다. 이것이 바로 청사에 빛나는 '백제 열녀의 이야기'이다. 그런데 최근(1990)에 모 교수가 충남 보령군 오천면 소성리에서 도미전설을 수집하여 중앙의 유력한 모 일간지에 발표한 일이 있다. 이 글은 열전의 주인공인 '도미'와 '부인'의 고향(또는 거주지)이 충남 보령이라고 꾸미었다. 이 황당(荒唐)한 주장을 철석 같이 믿고 보령시가 열녀비각을 짓고 그 안에다 열녀 도미처(都彌妻)의 영정을 모시었다. 물론 열녀 정신을 선양하기 위하여 전국 방방곡곡에 송덕비를 세우고 전각을 짓는 것을 반대할 사람이 있겠는가? 다만 '도미전'이 원본의 내용대로 충실하게 소개되어야 한다는 점을 강조할 뿐이다. 최초의 기록인 '삼국사기 열녀전'(1145)의 내용으로 보아 주인공들이 살던 곳은 한홀(漢城 현 廣州) 지역이어야 하기 때문이다. 지금 '뮤직컬 도미전'이 제작 중이어서 아마도 머지 않아 공연이 이루어질 듯하다. 그동안 잘못 알려진 도미전의 내용이 어떻게 반영될지 자못 궁금하다. '도미전'의 내용은 허구가 아닌 백제 시대에 있었던 실화(實話)란 점이 부각되어야 한다. 그리고 원전에 적혀 있는 대로 가감없이 역사적 사실과 배경이 충실하게 밝혀져야 한다. 그리하여 이 아름다운 백제 열녀 이야기가 오늘의 미담(美談)으로 되살아나 끊임없이 이어지는 겨레의 자랑으로 삼아야 할 것이다.

세종 성군은 『삼국사기』의 도미전을 '삼강행실도'(1432)에 수록하여 열녀의 표상으로 삼았다. 그리고 이 이야기는 '동사열전'을 비롯하여 '동국통감', '오륜행실', '신속동국행실' 등에 한결같이 수록하여 추모한 한국열녀전의 효시(嚆矢)이자 가장 위대한 열녀전이다. 먼저 『삼국사기』 도미전을 옮겨 놓고 그 내용을 면밀히 살피기로 하겠다.

도미(都彌)는 백제 사람이었다. 비록 벽촌 소민(編戶小民)이지만 자못 의리를 알며 그 아내는 아름답고도 절행(節行)이 있어 사람들의 칭찬을 받았다. 개로왕이 소문을 듣고 도미를 불러 말하기를 "무릇 부인의 덕은 정결(貞潔)이 제일이라 하지만, 만일 어둡고 은밀한 곳에서 좋은 말로 교묘히 꾀면 넘어가지 않을 여인이 거의 없을 것이다"라 하였다. 도미가 대답하기를 "사람의 마음은 헤아릴 수 없습니다. 그러나 소신의 아내는 죽더라도 마음을 고쳐먹지 않을 것입니다"라고 하였다.

왕이 그녀를 시험하려고 일이 있다 하여 도미를 궁궐 안에 머물러 있게 하고 가까운 신하에게 왕의 옷과 말과 몸종을 딸리어 밤에 그 집에 가게 하였는데, 먼저 사람을 시켜 왕이 온다고 기별을 하였다. 왕(가짜)이 그 집에 도착하여 도미 부인에게 이르기를 "내가 오래 전부터 너의 아름다움을 듣고 네 남편과 내기 장기를 두어 내가 이겼다. 내일은 너를 왕궁으로 데려가 궁인을 삼을 것이니 이제 너의 몸은 나의 소유인 것이다."라고 하면서 가까이(亂行)하려 하였다. 이에 부인이 말하기를 "국왕께오서 망령된 말씀을 하실 리가 없사옵는데 어찌 제가 감히 순종하지 않겠습니까? 청하옵건대 대왕께서는 먼저 방으로 들어가소서. 곧 옷을 갈아입고 들어가 모시겠나이다."하고 물러 나와 미모의 몸종(종자)을 곱게 단장시켜 대신 들어가 수청을 들게 하였다.

후에 왕이 속은 사실을 알고 격노하여 남편 도미에게 속인 죄를 물어 두 눈동자를 뽑고 끌어 내어 조각배에 실어 강물에 띄워 버렸다. 그리고 그 부인을 다시 끌어들여 왕이 강제로 범하려 하자 부인이 "지금 저는 남편을 잃어버린 몸이 되었습니다. 이제 저는 혼자서 살아 갈 수 없게 되었습니다. 더구나 대왕을 모시게 되었으니 어찌 감히 거역하겠습니까? 하오나 지금은 월경으로 몸이 더럽사오니 다른 날에 목욕재개하고 오겠나이다."하니 왕이 믿고 허락하였다.

부인은 그 길로 도망쳐 남편이 버려진 강가에 이르러 땅을 치며 통곡하였다. 하늘을 우러러 통곡하는 중에 홀연히 조각배 한 척이 떠내려 왔다. 그 배를 타고 천성도(泉城島)에 이르러 남편을 만났는데 아직 죽지 않고 살아 있었다. 거기서 부부가 풀뿌리로 연명하며 드디어 함께 배를 타고 고구려의 산산(蒜山) 아래로 가니 고구려 사람들이 불쌍히 여기며 옷과 먹을 것을 주어 구차스럽게 살면서 객지에서 일생을 마치었다.

세상에 이보다 훌륭한 열녀가 있겠는가? 지존한 왕명을 거역한 한 여인의 고결한 순정! 그 순결함이 성스럽다. 자기 몸을 지키기 위한 한 여인의 기지가 놀랍다. 그것도 두 번씩이나 발휘한 기지가 아닌가! 비록 여인의 몸은 가냘프고 연약하지만 정결을 지키려는 마음은 강하고도 담대하였다. 목숨을 걸고 사수(死守)한 순정이기 때문이다. 이런 희대(稀代)의 여인을 어찌 하늘이 돌보지 않고 버렸겠는가? 하늘은 결코 무심치 않았다. 남편이 두 눈을 잃고 버려진 강가에 황급히 달려가 땅을 치며 하늘을 우러러 대성통곡(大聲痛哭)할 때 하늘은 그녀에게 한 척의 조각배를 보내었다. 하늘이 도우신 기적이다. 그녀는 그 조각배를 타고 남편이 먼저 떠내려간 물길을 뒤따라 내려갔다. 저절로 하구(河口)에 이르러 한 섬에 도착하니 거기에 신음하는 남편이 있었다. 기적적인 해후가 아닐 수 없다. 외모의 아름다움보다 속마음이 더욱 아름다운 여인! 비록 무인고도(無人孤島)에서 풀뿌리를 캐어 먹여가며 눈 빠진 남편을 살리어 고구려 객지에 가서 살았을망정 지아비를 만나 섬기며 사랑받는 재생의 기쁨을 누리었으니 그 여인의 정절(貞節)이 얼마나 고귀한가! 이처럼 고상한 열녀의 행실은 동서고금을 통하여 찾아볼 수 없을 것이다.

필자는 『삼국사기』의 원문(都彌傳)의 내용으로 돌아가 얽힌 문제들을 풀려고 한다. 이 원문에서 파생한 전설이나 전기 그리고 구전 설화의 내용은 마음대로 보태고 뺀 허구가 많다. 그래서 필요할 때에 필요한 부분만을 인용할 것이다. '삼국사기 도미전'의 내용이 최초의 기록이기 때문에 이것에서 파생된 엉뚱한 내용이나, 가감된 내용의 영향을 받지 않기 위함이다. 위에 옮긴 『삼국사기』의 내용은 "도미전의 사건이 발생한 시기는 언제였던가? 도미전의 사건이 전설화(전기화)한 시기는 언제쯤인가? 도미부부가 살던 곳(고향 또는 거주지)은 어디였던가? 도미는 과연 편호소민(編戶小民)이었던가? 체형(體刑)을 당한 뒤에 버려진 강안(江岸)은 어디였던가? 도미처의 배가 도착하여 남편을 해후한 천성도(泉城島)는 어디였던가? 망명하여 여생을 마친 산산(蒜山)은 어디였던가? 등의 의문을 제기한다. 이 일곱 가지의 문제가 곧 필자가 풀어야 할 핵심적인 문제들이다.

(2) 도미전의 분포

도미전은 여러 고문헌에 등재되어 전하기도 하고, 구전(口傳)으로 전국의 각지에 유포되어 있기도 하다. 여러 곳에서 구전되고 있다는 도미전설로는 첫째 충남 보령시 오천면 소성리(蘇城里)의 전설, 둘째 경남 진해시 청안리(晴安里)의 전설, 셋째 경기도 광주군 동부면 창우리(倉隅里)의 전설 등을 꼽을 수 있다.

첫째 전설은 1990년에 모 교수가 충남 보령군 오천면에 낚시하러 갔다가 소성리에서 수집하여 중앙 모 일간지에 발표한 도미전설이다. 그곳에 도미항(道美港)이 있고, 도미부인이 남편을 그리던 상사봉(想思峰)이 있고, 미인도(美人島)가 있다는 등의 근거를 들어 도미부부가 살던 곳이라 주장하였다. 그러나 '도미항·상사봉·미인도'를 도미와 결부시켜 도미부인이 태어난 곳이 바로 그곳이라고 추정한 주장은 『삼국사기』의 원문에 나오는 지명을 바르게 인식하지 못한 데서 빚어진 오해이다. 이는 전공영역을 벗어난 위치에서 흔히 범할 수 있는 억측에 불과한 것이라 하겠다. 이 주장은 너무나 허무맹낭하다. 그 원본의 내용에 강진(江津)은 있어도 항구(港口)는 없고, 천성도(泉城島)는 있어도 상사봉과 미인도는 없다. 찾아보면 전국 곳곳에서 '도미항'과 '상사봉'과 '미인도'가 발견되는데, 동일 지명마다 모두 도미전설의 발생지로 보아야 하는 모순이 있기 때문이다.

  둘째 전설은 『삼국사기』의 도미전에 나오는 지명 천성도(泉城島)와 경남 진해의 가덕도(加德島)의 마을 이름인 천성도(天城島)가 음상이 동일하기 때문에 형성된 지명전설에 불과하다. 아마도 해안의 청안리에 도미묘가 전해지기 때문에 발생한 전설일 것이다. 도미전의 마무리 대목이 '고구려에 가서 살았다'고 하였는데 어떻게 이곳에 장사지내게 되었는가의 의문을 풀 수 없다. 그 당시에는 그곳이 신라의 영토였기 때문이다. 그곳 어부들이 고기를 잡으러 바다로 출항하기에 앞서 도미의 묘에 제를 올리고 떠나는 의식을 전통적으로 행하여 왔다. 어쩌면 민속신앙의 대상으로 모신 가묘가 아니었나 싶다.

  셋째 전설은 창우리에 형성된 전설이다. 이 전설은 '도미진'(渡迷津 또는 斗迷津)이란 지명이 도미와 음상이 같기 때문에 그곳을 도미전의 배경지명 중의 하나로 추정한다. 두 눈동자를 잃은 도미가 버려진 강변이 바로 그곳이기 때문에 전설이 형성되었던 것이다. 이곳은 사건이 발생한 한홀(廣州)과 인접한 강안이기 때문에 가장 유력한 증거력이 있다.

아마도 도미부인의 열녀 이야기는 백제의 민간에 암암리에 유통되어 오다가 백제가 멸망한 이후 신라의 통일기를 거쳐 구비전승 또는 문헌 전승되어 오던 것을 고려 시대에 수집·정리하여 『구삼국사기』의 열전에 실었던 것으로 추정된다. 그것이 다시 김부식에 의하여 『삼국사기』 제 48권 열전에 도미전으로 옮겨진 것이라 하겠다. 이것을 바탕으로 하여 '삼강행실도', '오륜행실도' 등에 약간 다른 내용으로 다시 등재되었고, 민간에 구전되어 온 것들도 또한 그 원형이 상당히 훼손된 내용이 전해진다. 그렇기 때문에 필자는 셋째 전설을 『삼국사기』의 도미전과 동일한 것으로 보고 도미전에 얽힌 여러 문제를 풀기로 한다.

요컨대 도미전의 사건이 발생한 시기는 제21대 개로왕 말기(475)였을 것으로 추정한다. 도미전의 전설화 또는 전기화는 고구려 문자왕 말년(518) 이후일 것으로 추정한다. 도미의 신분은 소민이 아니라 정승 반열의 고관였을 것으로 추정한다. 도미의 거주지는 비교적 서울(王京)에 가까운 경기지역 내이었을 것으로 추정된다. 도미가 체형으로 두 눈동자를 잃고 배에 실려 띄워진 강안(혹은 河上)은 현 경기도 광주의 동북부에 위치한 검달뫼 아래(黔丹山下)의 도미진(渡迷津 또는 斗迷津)이었을 것으로 추정할 수 있다. 문제의 천성도(泉城島)는 현 교하면의 서쪽 20리에 있는 얼물섬(一尾島)였을 것으로 추정한다.

사람들은 소설 속의 주인공이 삿도(使道)의 수청만 거절하여도 장하게 여긴다. 그리하여 춘향의 절개는 만인의 흉금을 울린다. 그렇다면 하늘처럼 지존한 왕명을 거역하면서 일부 종사(一夫從事)한 여인의 정절을 어디에 비교할 수 있겠는가? 더구나 그것이 허구가 아닌 실화이니 더욱 고귀한 것이다. 이렇듯 출중한 열녀의 실화가 있었으면서도 우리는 이 이야기를 자랑으로 여기는데 너무 인색하였다. 그리고 이 미담을 최초로 기록한 문헌을 확인할 수 없어 안타깝다. 다만 김부식이 『삼국사기』를 지을 때(1145)에 이른바 『구삼국사기』의 내용을 옮겼으리라고 추측할 뿐이다.

세종대왕은 가장 훌륭한 충신·효자·열녀를 선정하여 그 행적을 글로 싣고 각각의 내용을 알기 쉽게 그림으로 표현하여 아울러 싣게 하였다. 그래서 책이름을 『삼강행실도』(三綱行實圖)라 부른다. 이 책의 열녀 편에 우리 나라에서 제일 빼어난 여섯 열녀를 소개하였는데 그 중에서 백제의 도미부인이 최초의 열녀이다. 그 뒤에 고려 열녀 2인, 조선 열녀 3인만이 소개되었을 뿐이다. 여기 여섯 열녀 중에 도미부인이 한국열녀의 효시(嚆矢)일 뿐만 아니라 내용도 으뜸이다. 세종대왕이 삼국 시대의 열녀로 유일하게 가려 뽑아 최초의 열녀로 맨 앞에 내세운 데는 그럴만한 깊은 뜻이 있는 것이다. 한국 열녀의 표상으로 삼아 백성을 교화하여 부도덕한 범행을 사전에 예방하려는 의도였다.

오늘날의 어지러운 세태는 세종대왕의 범죄 예방 정책을 절실히 요구하고 있다. 우리 나라에는 자고로 나라에 충성한 충신의 사당은 많이 있다. 그 대표적인 사례가 최근에 성역화한 충무공의 사당이다. 물론 역대 열녀에 대한 정려도 방방곡곡에 많이 세워져 전한다. 하다 못해 소설의 주인공 춘향의 고장에도 기념사업이 이루어져 관광 명소가 되었다. 그러나 백제 열녀 도미부인은 거의 기억조차 하지 않고 있다. 참으로 애석한 일이다. 평범한 열녀가 아닌 데다 한국 열녀의 조상인 도미부인을 이제 우리의 대표적인 열녀상으로 부각시켜 후세들의 귀감으로 삼아야 한다. 그러자면 『삼국사기』의 기사를 중심으로 서울이나 아니면 사건이 발생한 한홀(광주)에 사당을 크게 지어 성역화하고 한강변의 도미진을 비롯한 유적을 추적하여 정자를 세우거나 송덕비를 세운다면 후세까지 교육의 성지로 남게 될 것이다. 이러한 성역화의 사업은 어느 개인이 할 수도 없고 해서도 안 된다. 기필코 나라의 지원을 받아 광주군과 서울시가 문화관광부의 후원으로 이루어야 할 막중한 사업이다. 이는 참으로 뜻 있는 국책사업이 될 것이다. 시의적절(時宜適切)한 이 요청이 공인(公認)되기 바란다. 그리하여 하루 속히 국가적인 사업으로 성취되어 우리는 물론 후손들까지도 줄지어 참배할 정절의 성소가 되기를 희구한다.

2) 마골과 마래방죽의 마보(薯童) 이야기

『삼국유사』(권 2)에 있는 무왕(武王, 600 ~ 640)의 전기는 다음의 전설로 전해온다.

부여읍에서 남쪽으로 약 1㎞ 쯤 떨어진 곳에 연못이 있다. 이 연못의 이름이 '마래방죽'이며 그 북쪽에 있는 마을이 바로 '마골'이다. 이 두 곳을 중심으로 백제 제29대 법왕 때(599)에 일어난 이야기이다. 그 당시에 이 못가에 아름다운 한 여인이 살고 있었다. 그 젊은 여인은 다름 아닌 법왕의 후궁이었다. 어느 해 한가위의 밝은 달밤이었다. 홀로 사는 여인의 고독을 달래며 창문을 살며시 열고 연못에 잠긴 보름달을 들여다 보고 있었다. 그 순간 못 가운데서 용이 올라와 여인의 집으로 들어오는 것이었다. 여인은 몹시 무서우면서도 한편 신기하기도 하여 정신이 몽롱하였다. 이렇듯 혼미한 상태로 한동안이 지나간 뒤에 정신을 차리고 보니 어느새 새벽녘이었다. 도대체 꿈인지 생시인지 분간할 수 없는 일이었다. 이후로 임신한 여인은 만삭이 되어 옥동자를 낳았다. 이 사실이 마을 안팎으로 번져나가자 "홀어미가 아비 없는 애를 낳았다"고 수근거렸다. 결국 이 여인에게는 자식이 애물이었지만 그래도 자기 속으로 낳은 자식이니 대를 이어 줄 것을 생각하며 든든히 여겼다.

주위 사람들의 비웃음과 손가락질 속에서 자란 이 아이는 점점 기골이 장대하게 성장하여 결코 보통 사람이 아님을 드러냈다. 집이 가난하여 이웃 친구들과 산에 가서 나무도 하고 마(薯)도 캐어 장에 나가 팔아서 어머니를 봉양하게 되었다. 이런 생활이 여러 해 동안 계속되었기 때문에 주위 사람들이 그를 '마보'(薯童)라 불렀다. 드디어 마보는 스물에 가까운 청년 나이에 이르자 배필을 생각하게 되었다. 그러나 백제에서는 마음에 드는 배우자를 선택할 수 없으리라 여겼다. 자신이 아비 없이 잉태한 홀어미의 자식이란 허물 때문에 떳떳이 혼처를 구할 수 없었던 것이다. 그래서 그는 어머니에게 간청하였다. 어느 날 마보는 "어머님! 신라 서라벌은 백제 소부리보다 인구도 많고 살기도 좋다는데 한번 가보고 싶습니다."라고 말씀을 드렸다. 어머님은 쾌히 허락하며 마보의 여비를 걱정하였다. 마보는 그 동안 산에서 캐다 모아 놓은 마(薯)를 가지고 가면 해결된다고 어머니를 안심토록 하였다.

 드디어 만반의 준비를 한 마보는 소박한 행장의 나그내 행색으로 서라벌로 출발하였다. 산 넘고 물 건너 며칠만에 신라의 서벌에 도착하고 보니 말씨도 다르고 풍속도 다르고 민심도 달랐다. 모두가 생소하고 어리둥절할 뿐이었다. 아직도 소년티가 나는 마보는 우선 변두리에 기거할 곳을 정하고 날마다 그곳의 생활을 익히기에 바빴다. 어느 정도 익숙해질 무렵에 신라 진평왕(579~631)의 셋째 딸 선화공주님이 천하일색임을 알게 되었다. 다음 날부터 마보는 갖고온 마를 몸에 지니고 아이들이 모여 노는 곳마다 찾아가서 마를 주며 재미 있는 이야기를 하여 주었다. 그리하여 아이들과 아주 친숙하게 되었다. 마보(薯童)는 서라벌 사람과 비슷할 만큼 그곳 생활에 적응되자 여기 저기에 다니며 자작(自作)한 동요를 들려주어 심심풀이로 부르게 하였다.

선화공주님은(善化公主主隱)

남 몰래 짝 맞추어 두고(他密只嫁良置古)

서동 방을(薯童房乙)

밤에 알을 안고 간다.(夜衣卯乙抱遣去如) (김완진 : 현대어역)

이 노래가 이른바 신라 향가 '서동요'이다. 이 마보의 노래는 며칠만에 서라벌 장안 구석구석까지 파고들었다. 드디어 이 '서동요'가 구중궁궐까지 전해져 진평왕이 알게 되었다. 당시의 엄격한 국법으로는 용납할 수 없는 불륜의 내용이었다. 당황한 조정에서는 미풍양속을 해쳤다는 죄목으로 공주를 멀리 내쳐야 한다고 왕께 간청하였다. 왕은 조정 중신들의 주청을 가납하여 선화공주를 먼 곳으로 귀향보내라 명하였다. 선화공주는 너무나 뜻밖의 일이라 어리둥절하였다. 어느 공주보다 조신하였던 공주였기에 그 억울함이 하늘에 닿을 지경이었다. 그러나 눈물을 머금고 지엄한 왕명을 따를 수밖에 없었다. 이를 안타까이 여긴 왕후는 어머니의 애틋한 정으로 사랑하는 딸에 모아둔 순금 한 말을 주며 귀향살이에 쓰라 하였다. 어머님의 사랑이 담긴 순금을 가지고 궁궐을 하직한 선화공주가 귀향지에 거의 당도할 무렵에 마보가 공주님 앞에 나타나 넙죽이 큰절을 하며 '소인이 공주님을 모시고 함께 가고자 하옵니다'라고 간청하였다. 공주님은 처음 대하는 청년이라 의아하였지만 홀로 외롭게 가고 있는 처지에 준수한 남자가 동행하겠다니 한편 기쁘고 믿음직하였다. 공주와 마보는 이렇게 만나 여러 날을 동행하는 동안 서로는 자연스럽게 점점 친근하게 되었다. 드디어 서로의 마음이 열릴 무렵이 되자 그는 자신의 이름이 마보(薯童)임을 밝혔다. 공주는 놀라며 당황하는 순간 '마보노래'(서동요)가 떠올랐다. 그 모든 일이 이 사내가 꾸민 탓이로구나! 그러나 공주는 탓하지 않았다. '얼마나 나를 사랑하였으면 그렇게까지 하였으랴' 싶었다. 순간적으로 공주의 원망과 미움이 오히려 애정으로 변하였다. 공주는 결국 하늘의 뜻으로 받아들이게 되었다. 이후로 더욱 가까워진 둘은 결국 부부 사이가 되고 말았다.

드디어 두 사람은 귀향지인 신라 땅을 벗어나 백제 땅으로 방향을 바꾸었다. 여필종부(女必從夫)라! 남편의 뜻에 따라 남편의 조국 백제를 택한 것이다. 그러면 백제 땅 어디로 갈 것인가? 마보 부부가 선택한 곳은 익산 용화산(益山 龍華山) 아래의 마을이었다. 그러나 가진 재물이 없어서 새살림을 꾸리기가 막막할 뿐이었다. 마침 한숨만 쉬고 있는 마보 앞에 선화공주는 어머니가 작별하기 전에 급할 때 쓰라고 주신 순금 한 말을 내 놓았다. 그러나 마보는 기뻐하기는커녕 오히려 냉소를 지으며 "도대체 이게 무엇이란 말이오?"라고 물었다. 공주는 실망스런 어조로 "이것은 황금으로 우리가 호강할 보배입니다"라 하였다. 마보는 껄껄 웃으며 "이런 것은 내가 어린 시절 마를 캐러 산에 가서 수북히 쌓여 있는 것을 보았는데 지금 그대로 있을 것이요"라 하였다. 공주는 정말이냐고 의아한 표정으로 되물으며 그곳에 가보자고 하였다. 앞장선 마보를 따라가 보니 과연 땅속에 황금이 많이 묻혀 있었다.

이후로 마보 내외는 금을 캐다 집안에 가득 쌓았다. 그리고는 처가집 신라에 어떻게 하면 보낼 수 있을까 궁리한 끝에 용화산 사자사(獅子寺)의 지명법사(知命法師)를 찾아가 방법을 물었다. 법사는 아무 걱정 말고 금을 이리로 가져오면 신력(神力)으로 보내주마고 확답하였다. 공주는 기쁜 마음으로 부모님께 보내는 간절한 편지와 함께 스님에게 가

져갔다. 드디어 법사는 하룻밤에 금과 편지를 신라의 궁궐 안에 보내었다.

애지중지하던 공주를 귀향보낸 후, 아픈 마음으로 여러 해를 보내던 진평왕은 딸이 보낸 금덩이와 편지를 받고 기쁨과 놀라움의 충격을 받았다. 딸의 생사를 모르던 왕이 딸의 안부를 알게 되었으니 기뻤고, 백제 나라에 가서 산다니 놀라웠다. 모두가 신의 조화라고 여겼다. 이후부터 마보 부부에게는 진평왕과 왕후의 안부편지가 자주 전해졌고, 마보는 더욱 열심히 황금을 캐어 신라에 보냈다. 이러는 동안에 마보는 인심을 얻고 덕을 쌓아 백제의 백성들이 그가 큰 인물임을 인식하게 되었다. 때마침 제29대 법왕이 승하하고 뒤를 이을 새 임금을 찾고 있었다. 백성들은 마침내 마보(薯童)를 왕으로 추대하였다. 그가 재위 42년 동안 선정을 베풀어 많은 치적을 남기었던 제30대 무왕(武王)이다.

전설에 의하면 현재의 부여 남쪽에 있는 마을은 마보(薯童)가 태어나서 자란 곳이라서 '마골'(薯谷)이라 부르며 '마래망죽'은 마보의 어머니가 살던 집 앞의 못이라서 붙여진 명칭이라 한다. 마래망죽에는 지금도 그 당시에 섬이 있었기 때문에 개아지(蒲柳) 등컬이 있다고 한다. 그리고 물이 빠지는 염창리(鹽倉里)와 라성(羅城) 끝에 '파래굴' 이라는 곳이 있는데 "방장산(方丈山)을 모방하고 이십일을 물을 끌어올(引水) 적에 물빠지는 곳을 '파냈다' 하여 '파래굴' 이라 부른다"고 『삼국사기』에 밝혔다.

3) 충장 계백장군 이야기

(1) 계백 장군은 어떤 인물인가?

'누르ㄷ라모이부리'(黃等也山夫里) 전투에서 산화한 패장 계백은 누구일까? 이 물음에 자세한 대답을 할 수 있는 사람은 없다. 그나마 어렴풋이 알아볼 수 있는 문헌은 『삼국사기』 열전의 간략한 기록뿐이다. 같은 전투에서 맞서 싸운 장수인 김유신에 관한 기록은 『삼국사기』 열전 10권 중 3권에 나누어 자세히 기술하였으나 계백은 열전 제7의 13인 중 맨 끝에 소개하였는데 그나마 짤막하기 그지없다. 계백이 생포했다가 일차 돌려보낸 화랑 관창조차 일곱 번째로 소개되어 있을 뿐만 아니라 내용이 배나 길다. 승자에 비해 패자의 모습이 너무나 초라하여 마음이 아프다.

김유신 열전은 출생지와 가계를 확실히 밝히었다. 그리고 서울(서라벌) 사람이라고 소개하였다. 그러나 계백은 어디에서 태어나 어디에서 살았는지 밝히지 않았다. 다만 그가 백제 사람이라는 것과 벼슬길에 나아가 달솔이 되었다고 적었을 뿐이다. 그리하여 그의 벼슬을 근거로 하여 그에 대한 이모저모를 살펴 스케치할 수 있는 가능성만 남긴 셈이다.

그의 이름은 階伯 또는 堦伯으로 표기되어 있다. '계'를 동음이자로 표기한 것을 보면 한자의 뜻과는 관계없이 백제 이름을 적은 것으로 추측된다. 그러나 성씨는 기록하지 않았다. 같은 시기의 백제 인물들이

'장군 允充(윤충) · 殷相(은상), 좌평 成忠(성충) · 義直(의직) · 興首(흥수) · 忠常(충상) · 常永(상영), 달솔 自簡(자간) · 助服(조복)' 등과 같이 성씨 없이 이름만 나타나는 것으로 보아 알 수 있다. 신라왕은 朴 · 昔 · 金 삼성으로 불렀지만 백제왕은 성씨 없이 온조 · 다루 · 기루 · 개루 등과 같이 이름만 적혀 있다. 백제에서는 왕처럼 백성들도 이름만 불렀을 것이다.

계백의 의미는 무엇인가? 위에 열거한 다른 이름들에 대한 의미를 알 수 없듯이 계백의 의미도 알 수 없다. 신라 왕명 중에서 시조 혁거세(赫居世)는 '붉ㄱ누리', 유리(儒理) ~ 세리지(世里智)는 '누리 ~ 누리지', 소지(昭知)는 '비치'(毗處)라는 신라말로 풀이할 수 있다. 백성 이름도 황종(荒宗)을 '거칠부'(居漆夫), 태종(苔宗)을 '이사부'(異斯夫), 염독(厭獨)을 '이차돈'(異次頓)이라 불렀기 때문에 그 의미를 알 수 있다. 그러나 백제인의 이름은 신라처럼 한자어로 표기한 별명이 없기 때문에 의미를 파악할 수 없다. 다만 백제 왕명 중에 의미를 확실히 알 수 있는 경우는 무령왕의 이름뿐이다. 무령왕은 부모(왕과 비)가 국빈으로 바다를 건너 일본으로 가는 중에 왕비가 구주(九州)의 북쪽 한 섬에서 해산하였다. 그가 섬에서 태어났기 때문에 백제인이 왕자의 이름을 '세마'(斯麻=嶼)라 불렀다고 『일본서기』에 비교적 자세히 적혀 있다. 이는 『삼국사기』와 『삼국유사』에 사마(斯摩)로 적혀 있고, 무령왕릉에서 발굴된 지석(誌石)에도 사마(斯麻)로 적혀 있어 믿을 수 있다. 백제어 '세마 ~ 사마'가 변하여 오늘날의 '섬'(島)이 된 것이다. 마치 '고마'(熊)

가 변하여 '곰'이 된 것처럼 끝모음을 잃고 단음절로 줄었다. 백제는 왕성이 '부여'(扶餘)씨이고 부흥군 장수 은솔(西部恩率) 귀실복신(鬼室福信), 별부장(別部將) 사탁상여(沙咤相如)·흑치상지(黑齒常之) 등 백제 말기 인들의 성명이 '복신·상여·상지'로만 빈번히 기록된 것을 보면 생략된 앞부분은 성씨였음이 분명하다. 그리고 성씨가 2자인 점도 특이하다. 이로 미루어 생각할 때 계백은 성명이 아니라 오로지 이름일 뿐이며 성씨는 생략되었음이 분명하다. 그래서 그의 성씨는 알 도리가 없다.

계백 장군의 고향은 어디일까? 그가 거주하였던 곳은 어디였을까? 앞에서 일차 언급하였지만 김유신 장군처럼 출생지와 거주지가 어느 문헌에도 적혀 있지 않기 때문에 확실히 알 수 없다. 다만 여러 모로 탐색하여 짐작하는 길밖에 없다. 귀실복신을 서부 달솔이라 지칭하였으니 그가 서부 사람임을 알 수 있다. 그러나 백제의 다른 인물들은 밝혀지지 않았다. 계백도 이에서 예외가 아니다. 계백의 벼슬이 달솔이었으니 품계로 따지면 제1품인 좌평(佐平) 다음 가는 높은 자리이다. 따라서 '김유신은 왕경(경주) 사람이다'라고 그의 열전에 기록한 것처럼 굳이 밝혔다면 '계백은 왕경(소부리) 사람이다'라 적었을 것이다. 그의 벼슬로 미루어 보아 백제의 서울 소부리(사비) 사람임에 틀림없을 듯하다. 더구나 나라가 망할 지경에 이르러 왕이 그를 구국의 선봉장으로 삼았다면 그는 도성을 중심으로 멀리 떨어져 살지는 않았을 것이기 때문이다.

앞에서 짐작한 대로 그가 수도권에서 출생하여 성장하였다면 그의 언어는 당연히 서울 중심의 중앙어를 사용하였을 것이다. 백제의 역사상 문화가 가장 발달한 시기가 공주·부여 시대(185년간)였다. 이 시기에 문화의 중심지인 소부리어가 지배적인 위치에 있었을 것이다. 아마도 계백 장군은 백제 후기의 중앙(수도권)어인 소부리(부여)어를 썼다고 추정할 수 있다. 그러나 1300여 년이 흘러간 오늘 당시의 소부리어가 그대로 남아 있을 리 만무하다. 당시의 언어는 흘러간 세월 속에서 변화를 거듭하며 오늘에 이르렀다. 그렇다면 오늘날의 배우(계백)가 이미 사라진 그 당시의 언어를 어찌 구사할 수 있겠는가! 차선책으로 그 때의 언어가 전해져 살아 숨쉬는 현 공주·부여지방의 사투리를 쓰도록 함이 오히려 합리적일 것이다.

(2) 계백 장군이 결사 항전한 싸움터-황산벌

사람들이 일반적으로 지칭하는 황산벌(黃山之野)은 어디인가? 이 황산(黃山)이 고려 태조 때(940)에 현 연산(連山)으로 개명되었다. 그리고 백제 시대에는 황등야산(黃等也山)이었는데 신라 경덕왕(757)이 黃山으로 개정한 것이다. 따라서 서기 757년까지는 '황등야산'으로 불리었다. 백제인들은 '黃等也山'을 '누르ᄃ라모이'라 불렀다. 따라서 싸움이 끝난 후 한동안은 '누르ᄃ라모이부리 싸움'이라 불렀을 것이다. 거의 100년 뒤인 서기 757년에 중국식 2자 지명인 '黃山'으로 개정된 뒤부터 '누르모이벌'로 바꿔 부르게 되자 백제의 처음 이름은 점점 약해져 결국 사라지게 되었다. 이곳의 지형이 치소(治所)를 중심으로 동부에 올망졸망한 산봉우리가 북으로부터 남으로 36개나 병풍처럼 펼쳐져 있다. 이렇게 '산이 늘어섰다'는 의미로 '누르드라모이'라 하였다. 차자된 한자의 훈이 '누르黃, 等'이니 '누르모이'로 훈독할 수 있다. 경덕왕이 黃(等也)山가 같이 '等也' 2자를 줄이어 '누르모이'(黃山)로 개정하였다. '누르 ~ 느르'는 곧 '느르連'과 동음이어가 되기 때문에 고려 초기에 '느르모이(黃山)'이 連山으로 다시 한역되어 현재까지 쓰이고 있다. 그리하여 이른바 '황산벌 싸움터'를 중심으로 한 지역에 '누르기재'(黃嶺)·누르기(마을)·누락골(於谷里 ~ 於羅洞)·누르미(마을)·황산리(新良里동쪽)·놀미(論山)' 등의 지명이 파생되었다. 앞의 여러 파생 지명 중에 어느 곳이 당시의 결전장이었던가? 본래 싸움터란 일정한 곳에만 한정되는 것은 아니다. 싸우다가 다른 장소로 밀려가기도 하기 때문에 어느 한 곳만을 고집할 수는 없다. 그래도 굳이 지정한다면 '누르미·누르기·황산리' 일원이 아닐까 한다. 전해 내려오는 '황산(누르모이)벌 싸움'의 지명 '黃山·누르모이'와 같기 때문이다. 상당히 넓은 이 벌판은 계백 장군의 지휘 사령부였던 황산성에서 약 10여리 떨진 곳이었다.

계백 장군이 5000 결사대를 지휘하던 사령부를 黃山城이라 부른다. 누르모이 싸움의 요새였던 이 성의 둘레는 세종실록 지리지에 의하면 둘레가 493보이고 성안에 샘이 하나 있는데 일년 내내 마르지 않는다고 하였다. 필자가 소년 시절에 자주 놀러 갔었는데 수량이 많고 깨끗

해서 물맛이 아주 좋았던 것으로 기억된다. 이 성터는 남저북고(南低北高)의 지형으로 북쪽은 성을 쌓을 필요가 없을 정도로 높아서 지휘대가 자연적으로 형성된 자리를 선정한 것으로 생각된다. 이 대 위에서 아래로 내려다보면 멀리서 움직이는 적군(신라군)의 동태를 살필 수 있도록 되어 있다. 그리고 서쪽으로 서울 소부리가 아련히 보인다. 필자는 어린 시절에 스스로 계백 장군임을 자처하며 친구들을 거느리고 이 지휘대에 올라서서 진격해 오는 신라군을 상상하며 호령하기를 여러 차례 한 기억이 난다.

(3) 계백 장군의 고향과 거주지는 과연 어디였을까?

앞에서 소개한 열전 내용은 계백의 벼슬이 달솔이란 사실만 나오지 출생지를 비롯한 기타 인적사항은 소개되어 있지 않다. '달솔'(達率)은 백제에서 둘째 번(제2품) 가는 높은 벼슬이다. '달솔'의 '달'은 백제어(전기)로 '높다'(高)의 뜻이다. '達'이 '아사달'(阿斯達 = 九月山), '부사달'(夫斯達 = 松山), '소물달'(所勿達 = 僧山) 등과 같이 山의 뜻으로도 쓰였다. 達率을 大率로 다르게 적기도 하였다. 고유어 '한'을 한역하면 '大'이다. 大田을 '한밭', 大川을 '한내'라고 부르는 것과 같다. '大率'로 표기하고 부르기는 백제말 '한솔'로 불렀을 것이다. '솔'은 고구려의 벼슬이름 중에서 '욕솔'(褥薩)의 '솔'에 해당한다. 이 '술 ～ 솔'이 변하여 후대 말 '술〉슬'이 되었다. '벼술〉벼슬'의 '술〉슬'이 그 흔적이다. 이렇듯 높은 벼슬을 한 계백의 고향은 어디였을까? 전남 광주였을까? 만일 光州였다면 당시의 광주 사투리를 썼을 것이다. 그렇다면 백제시대의 광주말을 계승한 것이 오늘날의 광주말일 터이니 계백 역을 맡은 주연 배우가 전라도 사투리를 구사해도 잘못이 아니다. 그러나 여러 가지 상황으로 보아 그럴 가능성은 매우 희박하다. 그 당시 '계백 장군은 과연 전라도 사투리를 썼는가?'란 의문이 제기될 수 있다. 구체적인 자료가 없기 때문에 계백 장군의 고향과 생활하던 주소지를 확인할 수 없다. 그래서 그가 태어난 고향과 살았던 터전을 당시의 여러 가지 사항을 고려하여 종합적인 판단을 할 수밖에 없다.

주지하는 바와 같이 계백은 달솔 벼슬에 오른 백제 말기의 고관이었다. 따라서 수도 공주·부여권을 크게 벗어나지 않는 곳에서 태어나서 성장하여 수도 소부리 사람이 되었을 것이다. 그렇다면 계백은 소부리(현 부여) 말을 썼던 것으로 봄이 타당하다. 말하자면 후기 백제의 중앙어에 해당하는 '고마소부리' 말을 썼던 것이라 하겠다. 따라서 영화 '황산벌전투'에서 계백 장군 역을 맡은 주연 배우는 소부리말을 이어받은 공주·부여 지방의 사투리를 쓰는 편이 합리적이다.

그러면 계백이 자주 사용하였을 백제어 단어를 추정하여 보기로 하자. 전기 백제어로 왕을 지배층은 '어라하'라 불렀고 백성은 '건길지'라 불렀다. 그러나 후기 백제어로는 왕을 '니리므'라 불렀으니 계백은 왕을 부를 때 당연히 '니리므'를 사용하였다고 볼 수 있다. 대왕진(大王津)의 의미로 현 '구드래나루'를 '굳어라ㄴᄅ'라 불었을 것이다. 임시 수도 공주는 '고마ㄴᄅ'로 불렀다. 신라 경덕왕 16년(757)에 개정한

'부여'를 '소부리~사비'라 말하였고, 현 백마강은 '소부리ᄀ롬 ~ 사비ᄀ롬'(白江)으로 불렀다. 현 '부소산'은 '부소모리 ~ 부소모이'로 불렀다. 그러나 '백마강·낙화대(암)·조룡대'는 고려 말기에 발생한 이름이기 때문에 백제어가 아니다. 따라서 극중 대사에서 가급적이면 피하는 것이 바람직하다.

계백 장군은 장졸 5000 결사대를 이끌고 서울 소부리를 출발하여 '두락모이'(珍惡山 〉 石城)를 지나 가디나이(加知乃 〉 市津 〉 恩津)를 거쳐 누르ᄃ라모이(黃等也山 〉 黃山 〉 連山)에 당도하였다. 도착하자 세 진영(三營)을 설치하고 신라군과 맞서게 되었다. 아마도 당시의 세 진영 중 제1영은 현 관동리의 서쪽산 위에 축성한 석성 누르모이잣(黃山城)이고, 제2영은 이 제1영에서 정남을 향해 왼쪽(남동쪽)에 있는 흙성 누르재잣(黃嶺城)이고, 제3영은 오른쪽(서남쪽)에 있는 흙성 오이잣(外城)이었을 것이다. 사령탑인 제1영을 중심으로 양팔을 벌린 듯이 두 진영이 펼쳐 있어 적을 품안에 끌어들여 섬멸할 수 있도록 설치되었던 것이다. 계백은 5000 결사대를 작전에 알맞게 3개 진영에 분산 배치하고 주성인 제1진영에 올라가 총지휘하여 10배가 넘는 5만여 신라군을 무려 네 차례나 격퇴하였다. 그러나 애석하게도 숫적 열세로 기진맥진한 백제군과 함께 화랑 관창 사건으로 사기가 되살아난 신라군의 다섯 번째 진격을 맞아 누르ᄃ라모이부리(黃等也山夫里)의 마지막 싸움에서 마침내 전사하였다.

4) 계백 장군과 화랑 관창 이야기

현 논산시 연산면의 북쪽 3리에 황산성(일명 黃城, 城隍山石城)이 있으며 이곳에서 서쪽 직선으로 약 70리쯤에 백제의 수도 소부리가 있고, 동쪽 산자락에는 관동(官洞)이라는 산골이 있다. 이 산골짜기에서 화랑 관창의 사건이 발생하였다고 전해 온다. 다음은 화랑 관창의 이야기이다.

『삼국사기』 열전 제7에 화랑 관창(官昌 또는 官狀) 이야기가 나온다. 관창은 신라 장군 품일(品日)의 아들이다. 백제를 침공할 당시 관창은 부장(副將)이었다. 신라 군사가 느르뫼벌에 이르러 백제군을 네 차례나 공격하였으나 번번히 실패하였다. 그러자 품일 장군이 아들 관창에게 홀로 백제군에 진격하여 용맹을 떨치라고 명하였다. 명을 받은 관창은 말에 올라 창을 비껴 들고 적진으로 돌격하여 백제군을 여러 명 죽였다. 그러다 중과부족으로 사로잡혀 백제 원수 계백 앞에 끌려 갔다. 계백 장군이 관창의 갑옷을 벗기게 하였다. 아직 나이 어린 소년이었다. 덕장 계백은 어린 소년인데도 용감함을 어여삐 여겨 차마 죽이지 못하고 탄식하기를 '신라에는 기특한 선비가 많다. 소년도 오히려 이러하거늘 하물며 장사는 어떠하랴' 하고 살려 보냈다. 그러나 관창이 돌아 와서 말하기를 '내가 아까 적진에 돌격하여 장수의 목을 베고 영기(營旗)를 꺾지 못 하였으니 한스럽기 그지없구나! 다시 처 들어가서 반드시 성공하리라' 외친 후 손으로 우물물을 움켜 마신 뒤 재차 적진으로 돌진하여 용맹스럽게 싸웠다. 계백이 사로잡아 이번에는 머리를 베어 말

안장에 매달아 보냈다.

말이 관창의 머리를 안장에 매달고 돌아오자 품일은 아들의 머리를 쳐들고 소매로 피를 닦으며 '내 아들의 얼굴이 살아 있는 것 같구나! 나라를 위하여 전사하였으니 참으로 장하도다' 하고 외쳤다. 이를 본 모든 군사가 분개하여 목숨 바쳐 굳게 싸우기로 결의한 다음, 북을 치며 진격하니 백제군은 크게 패하고 말았다.

화랑 관창의 목을 벤 골(洞)이었기 때문에 '관창골'(官昌洞)이라 불렀던 것인데 후대에 '창'을 생략하고 '관골'(官洞)이라 부르게 되었다고 한다.

5) 조룡대(釣龍臺)와 백마강(白馬江) 전설
『삼국유사』(권 2) 남부여조(南扶餘條)에 다음과 같은 기사가 보인다.

① 또한 사자강변에 한의 바위가 있는데 일찍이 소정방이 이 바위에 앉아서 용을 낚아 올렸다. 바위위에 용낚을 때의 무릎꿇은 있기 때문에 이로 인하여 '용암'이라 부른다(又泗沘河邊 有一嵒 蘇定方嘗坐此上 釣魚龍而出 故嵒上有龍跪之跡 因名龍嵒).

이 기록이 우리가 접할 수 있는 최초의 것이 아닌가 한다. 위 기록에는 '백마강'(白馬江)이 나타나지 않으며 조룡대 역시 발견되지 않는다. 오로지 龍嵒만이 인명(因名) 형식으로 나타날 뿐이다. 따라서 이 시기까지는 용암전설만 존재하였을 뿐이라 하겠다.

　위의 ‘용암전설’은 보다 후대의 문헌에 변화된 모습으로 등장한다. 『세종실록』(권 149) 부여조의 기록을 본다.

　② 호암으로부터 강물이 남쪽으로 순조롭게 흘러서 부소산에 이르면 산 아래 강변에 괴상한 바위가 걸터 앉아 있는데 바위 위에 용을 낚은 흔적이 있다. 전설에 의하면 “소정방이 백제를 칠 때 폭풍우로 전진할 수 없게 되자 백마로써 용을 낚은 후에 침공할 수 있었다. 이로 인하여 ‘백마강’, ‘조룡대’ 라 부르게 되었다”고 한다(自虎 巖順流而南 至于扶蘇山 山有一怪岩 跨于江渚 岩上有釣龍跡 諺傳蘇定方伐百濟時 雲雨暴作 以白馬釣龍而後克伐之 故江曰白馬 巖曰釣龍臺).

　이와 같이 ①의 용암에 대한 기록보다 좀더 구체적으로 기술하고 있다. 자료 ①에 등장하지 않는 백마가 자료 ②에는 나타난다. 또한 그로 인하여 ‘백마강’과 ‘조룡대’가 생성되었음을 비로소 언급하고 있다.

　보다 자세한 내용을 우리는 『신증동국여지승람』(권 18) 부여 고적조에서 발견한다.

　③ 호암으로부터 물을 따라 남쪽으로 내려가면 부소산 아래에 이르러 한 괴석이 강가에 걸터 앉아 있는 것이 있고, 돌 위에는 용이 할퀸 흔적이 있다. 전하는 말에 의하면 “소정방이 백제를 공격할 때 강에 이르러 물을 건너려고 하는데 홀현히 비바람이 크게 일어나므로 흰 말로 미끼를 만들어 용 한 마리를 낚아 얻으니 잠깐 사이

에 날이 개어 드디어 군사가 강을 건너 공격하였다. 그렇기 때문에 강을 '백마강' 이라 이르고, 바위는 '조룡대' 라고 이른다고 한다(釣龍臺. 自虎岩順流而南 至于扶蘇山下有一 在石 跨于江渚 石上有龍攫之跡 諺傳 蘇定方伐百濟 臨江欲渡 忽風雨大作 以白馬爲餌 而釣得一龍 須臾開霽 遂渡帥伐之 故江曰白馬 巖曰釣龍臺).

이와 같이 자료 ③은 작은 제목으로서 '조룡대'를 내세웠을 뿐만 아니라 내용도 보다 구체화하고 있다. 여기서 우리는 관계 문헌의 연대순에 따라서 그 내용이 보다 점증적으로 구체화한 사실을 확인하게 된다. 그 까닭이 혹시 ①에는 없는 '백마강' 이 ②에서 비롯된 것이 아닌가 하는 까닭을 깊이 생각하게 한다. 이 전설은 '조룡대전설' 이 먼저 형성되고 그런 뒤에 '백마강전설' 이 발생한 선후관계를 증언하고 있는 것이라 하겠다. 그렇게 된 까닭을 다음에서 백마강에 대한 언어적 분석을 통하여 논증하면 납득하게 될 것이다.

'백마강전설'을 올바로 이해하기 위하여 우리는 백마강이란 지명의 형성발달의 문제를 언어학 내지 지명학적인 견지에서 면밀히 고찰하여야 할 것이다.

일찍이 일본인 경부자은(輕部慈恩, 1971)은 백마강의 전신을 '백촌강'(白村江)으로 추정하고 '村=馬'로 등식화하여 그 음형을 '마루'로 해독한 나머지 그 의미를 중세국어의 'ᄆᆞᄅᆞ'에 해당한다고 결론하였다. 점패방지진(鮎貝房之進, 1938)은 '白村江 > 白江'과 같이 그 선후관계를 추정하여 백촌강이 보다 이른 시기의 원형임을 주장하였다.

그러나 필자(1983 : 17 ~ 19)는 국내외의 옛 문헌에 나타나는 직증자료를 1 ~ 8예를 충분히 제시하였다. 열거한 자료 1 ~ 18까지를 중심으로 판단컨대 백마강은 비교적 후대에 발생한 사실을 규지할 수 있다. 즉 백강(白江)은 보다 이른 시기의 고사서인 『일본서기』(720)·『舊唐書』·『唐書』·『三國史記』·『三國遺事』 등에 나타나며 白村은 『日本書紀』에만 나타나는데 그나마 유일한 존재일 뿐이다. 그리고 '白馬江'은 보다 훨씬 후대의 문헌인 『世宗實錄』(1454)에서 처음으로 발견된다. 따라서 이 어휘의 발달과정을 표로 보이면 다음과 같다.

백강(白江) 〉 백촌강(白村江) 〉 백마강(白馬江)

여기서 우리가 앞의 지명들을 분석해 봐야 할 필요를 느낀다.

白 + 江 〉 白 + 村 + 江 〉 白 + 馬 + 江

이와 같이 형태소 분석을 할 때 '白·村·馬'의 고유어가 무엇인가를 찾아야 할 것이다. 또한 가장 이른 어형인 '白江'과 그 주변에 분포하여 오늘날까지 사용하고 있는 '사비'(泗沘)·'소부리'(所夫里)와 자매관계의 여부를 고찰함으로써 해답이 얻어질 것이라 믿는다.

그러면 우선 '白'·'村'·'馬'의 고유어형을 재구하여야 할 것이다. 이두와 향가에 나타나는 '白'의 옛새김은 '숣-'이다. 그리고 지명에서도 '白亭子 = 삽쟁이, 沙峰=삽재'(동학사 입구)와 같이 '白'의 새김이 '숣-> 삽'이다. '백강'(白江)의 '白'을 *sarpi로 새길 수 있는 보다 확실한 근거는 백강의 본이름이 사비강(泗沘江)이라는 데 있다. 이 사비강을 우리는 백제시대부터 오늘날까지의 고유어로 *serpi-kerem 으로 추독할 수 있겠기 때문이다. 이 泗沘의 원초형은 所夫里라 생각하는데 이 지명 역시 *sopuri로 추독할 수 있어서

白(*serpi)江 ~ 泗沘(*sepi)江 ~ 所夫里(sopuri)江

이과 같이 유사형의 병렬이 가능케 된다. 따라서 백강(白江)은 *serpi-kerem에 대한 한역표기임을 확일할 수 있게 된다.

다음 문제는 백강에서 확대된 백촌강(白村江)의 '촌'(村)과 이것의 변화형인 백마강(白馬江)의 '마'(馬)의 관계이다. 이 둘의 관계는 '村 > 馬'와 같은 선후로 판별된다. 그렇다면 '村'에 대한 중세국어 'ᄆᆞᄼᆞᆯ'을 삼국시대로 소급시켜 생각할 수 있겠고, '村'에 대응하는 후대형 '馬'도 역시 같은 맥락에서 훈차표기한 것으로 볼 수 있을 것이다. '馬'의 새김이 조선시대 「용비어천가」에 잘 나타나 있다.

전ᄆᆞ리 현버늘 딘둘(奚有蹇馬 雖則屢蹶)(『용비어천가』 제31장)

ᄆᆞᆯ톤자히 건너시니이다(乘馬截流)(『용비어천가』 제34장)

馬曰末(ᄆᆞᆯ)(『계림유사』) ᄆᆞᆯ마 馬 (『훈몽자회』)

이와 같이 馬는 '물'이다. 따라서 '무술'(村)이 '물'로 축약표기된 것이라 하겠다.

그러니까 '白村'이 '白馬'로 표기 변화되었던 시기는 빨라야 고려시대 이후일 것으로 추정된다. 앞에서 제시된 자료 ①에서 용암(龍嵒)(후에 나타난 조룡대)만 나타나고 백마강(白馬江)이 보이지 않는 사실도 그것이 시차를 두고 후대에 발생한 까닭을 입증하는 바라 하겠다. 그런데 '馬'에 대한 본래의 새김은 '*ker'(*kvrv)임을 도수희(1989 : 21~23)에서 논증한 바 있다. 그렇다면 본래에는 '馬'가 백제시대의 고유어로 '*kəre'이었던 것인데 후대의 차용어 '물'에 밀려 고지명에 화석어로 그 흔적을 남기고 있을 뿐이라 하겠다. 만일 가정한 대로 '물'이 차용어였다면 그것은 몽고어 'morin'(馬)의 차용일터이니 고려시대에 유입되었을 가능성이 매우 짙다.

요컨대, 본래에는 백마(白馬)의 의미가 아니었던 '白(*serpi ~ *sepi) + 村(> 馬*meser) + 江(*kerem)이란 어휘의 구조가 나타내는 각 형태소의 의미는 심층으로 점점 침잠되고, 반대로 표기어형인 '白馬'가 이미 일반화한 한자어 '白馬'(white horse)에 유추되어 '白 + 村'(= 馬)이 '白馬'(= 村)로 재구조화함으로써 본래의 의미를 잃고 신조어인 '백마'의 뜻으로 전의된 것이라 하겠다. 이와 같이 泗沘江(사비강)이 白江으로 표기화하고, 또 다시 白村江으로 재구조화하고 그런 뒤에 다시 白馬江으로 표기변화가 일어난 뒤에 '白馬'의 어휘화 과정이나 어휘화 이후에 그 새로운 어휘의 의미에 의거하여 발생한 지명전설이라 추정한다. 따라서 비록 이 전설의 내용에서는 동시적인 사건에 등장한 산물이지만 두 전설의 생성은 꽤 오랫동안의 시차를 가진다. 자료 ①·②가 알려 주는 바와 같이 '조룡대전설'이 먼저 생성된 뒤에 긴 세월이 흘러간 후에 '白馬'란 한자어가 생성됨으로써 비로소 기왕의 '조룡대전설'의 무대에 등장하여 있던 '白馬'와 결부되어 지명전설인 '백마강전설'이 생성하였던 것으로 추정한다.('白'(江)의 해독 문제는 도수희(1989 : 122 ~ 128)에서 비교적 자세히 논의하였으니 참고할 것)

6) 지명전설

『삼국유사』 권 1 태종춘추공조(太宗春秋公條)에 낙화암에 대한 전설이 다음과 같이 기록되어 있다.

백제의 옛기록에 이르기를 부여성 북쪽 끝에 큰바위가 있는데 그 아래이다. 전해오는 이야기로 의자왕과 후궁들이 참변을 면치 못 할 것을 알고 서로 이르기를 차라리 스스로 목숨을 끊자하고 서로 앞다투어 이 바위에 이르러 강물을 향해 몸을 던져 죽었다. 이런 까닭으로 세속에서 이르기를 '떨어져 죽은 바위'(墮死岩타사암)이라 한다. 그러나 이는 잘못 전해진 말이다. 의자왕은 당나라에 잡혀가 죽은 사실이 당나라 역사책(唐史)에 확실히 적혀 있기 때문이다(百濟古記云 扶餘城北角有大岩下臨江水 相傳云 義慈王與諸後宮知其未免 相謂曰 寧自盡 不死於他人手 相率至此 投江而死 故俗云墮死岩斯乃俚諺之訛也 但宮人之墮死 義慈卒於唐 唐史有明文).

위와 같이 낙화암(落花岩)이 아닌 타사암(墮死岩)으로 기록되어 있을 뿐이다. 또한 '3000궁녀'란 말도 없다. 따라서 의자왕이 궁녀들과 함께 떨어져 죽었다는 말도 거짓이요 궁녀가 3000명이었다는 말도 거짓이다. 그저 여러 궁녀(諸後宮)였을 뿐이다. 단순히 '타사암과 많은(여러) 궁녀'로 기록되었던 사실이 후대로 내려오면서 문학적 표현으로 각색된 것이다. 문학적인 표현은 얼마든지 과장될 수 있고 아름답게 표현(美化)될 수 있다. 한 나라가 망하는 비극의 현장이기에 타사암은 낙화암으로 미화 표현되었고, 여러 궁녀를 삼천 궁녀로 확대 표현함으로써 당시의 참상을 극대화한 것이라 하겠다.

그러면 언제부터 이런 변화가 일어났는가? 이승휴(李承休)의 『제왕운기』(1287)에 '낙화암'이 처음 나타난다. 그리고 고려말기의 이곡(李穀, 1298~1351)이 '조룡대하강자파'(釣龍臺下江自波)란 제목으로 지은 시에(『신증동국여지승람』 부여현조)도 나타난다.

앞 부분 생략—후대의 미약한 자손들이 덕을 계승 못하고, 화려한 궁궐에 사치만 일삼았네. 견고한 성곽이 하루아침에 와해되니 천척 높은 바위 낙화(落花)로 이름짓다. —중간 생략 천년의 아름다운 왕기 쓸려간 듯 없어지고, 조룡대 아래에 강물만이 출렁대네.

만일 이승휴와 이곡이 시적 표현으로 처음 쓴 것이라면 그들의 작시연대가 곧 발생시기가 된다. 그렇지 않고 전해오는 말을 다시 이용하였다면 『삼국사기』(1145) 이후부터 이승휴 이전의 시기에 발생한 것으로 볼 수 있다. 이후의 문헌인 『여지도서』(영조 때 간행), 『읍지』(영·정조 년간 ?), 『대동지지』(1864) 등의 부여현조에 낙화암은 설명이 되어 있는데 이른바 '삼천궁녀'란 어구는 발견되지 않는다. 그 중 마지막의 『대동지지』에도 나오지 않는 것으로 보아 아마도 1900년대 이후 현대에 와서 대중가요의 가사에 처음으로 '삼천궁녀'가 등장한 듯하다. 그럼에도 불구하고 일반적으로 '낙화암'·'삼천궁녀'란 어구가 서기 660년 백제망국과 동시에 발생한 아득한 사건으로 착각하고 있는 것이다. 의자왕이 궁녀와 함께 강물에 뛰어들었다는 전언이 거짓임은 그가 끌려가 그곳에서 죽었다는 사실이 당나라 역사에 적혀 있어 밝혀졌듯이 역시 문학적인 표현의 허구였음을 새로 인식하여야 할 것이다.

2. 구비 전설

1) 곰나루(熊津) 전설

이 전설의 내용은 여기서 소개하지 않겠다. 비교적 일반적으로 잘 알려진 이름난 전설이기 때문이다.

실로 '熊津·熊川·熊只·熊州'와 같은 석독명이 발생하기 이전에는 '熊'에 대한 음독명은 매우 다양한 모습으로 남겨졌다. '고마'는 둘째 음절의 모음이 탈락해서 '곰'이 되었다. 이제까지의 통설로는 '고마'(> 곰)의 뜻을 '감 = 神', '크다'는 뜻으로서의 '大', 또 많다는 의미로

서의 '한'을 훈으로 한 '多', 그리고 동물의 의미로서의 '熊' 등으로만 봤다. 그런데 전국에 분포되어 있는 웅천(熊川) 또는 웅포(熊浦)를 다 조사한 결과, 대개 웅포나 웅천은 중심되는 마을이나 읍·현, 또는 고을(州)을 기점으로 해서 북쪽 아니면 서북쪽에 있다. 그러니까 '웅천'·'웅포'하 '뒤내'(後川) 또는 '뒤개'(北浦), '뒤내'(後北川) 또는 '뒤나루'(北津·後津) 등으로 풀 수 있는 근거를 그 위치의 방위로 봐서 찾게 되었다. 그러면 다 같은 '熊浦'·'熊川'인데 다른 데에는 '곰'에 대한 전설이 없고, 어째서 공주에 있는 '곰나루'에만 그 전설이 형성되었느냐는 문제를 한 번쯤은 생각해 봐야 하지 않겠느냐 하는 데서부터 의문이 시작된다. 우선 결론적으로 말하자면, 지명에 대한 '북'(北) 아니면 '후'(後)라고 하는 의미를 가진 것이 '고마'·'곰'이라고 할 수 있겠다. 고려 속악의 '動動'에서도 '곰'하면 '뒤'(後), 그리고 '뒤'란 의미로서의 '북'(北)을 의미한다. 따라서 이제까지 '고마'를 '神·大·多·熊'의 의미로만 주장하고 인식해온 데다 필자는 '뒤'(後北)란 의미를 하나 더 추가해서 '곰나루전설'에 대한 유래를 다르게 추찰하고자 한다.

공주 서북의 금강의 津渡인 고마나루의 '고마'는 咸悅(익산군)에 위치한 선착장 '곰개'(熊浦)의 '곰'과 동일의미를 지닌 '後' 내지 '北'(北津·後津·北浦)이라 이르는 의미인데, 이는 경주 월성의 남천을 '알내'(關川)라 할 때의 '알'이 '앞(前)'의 의미인 경우와 대조가 된다 하겠다. 이렇게 '뒤'(後·北)의 의미로 '곰'이 마침내 동물명 '곰'(熊)과 동음이의어였기 때문에[필자는 '웅'(熊)의 석음을 뜻까지 포함해서 借字한 것을 훈차라 하고, 뜻은 버리고 그 새김의 음만 택한 것을 훈음차라고 그렇게 용어를 쓰고 있다] 훈음을 사용했을 뿐인데 일단 熊津·熊川과 같이 표기화가 된 이후에는 어느 시긴가 동음이의인 동물의 '곰'(熊)과 혼동되었을 것이다. 거기에다 '웅'(熊)의 訓은 동물이지만, '後·北'을 나타내기 위하여 차용된 훈음차는 사실상 그 글자의 뜻을 담은 것이 아니기 때문에 세월이 흘러감에 따라 본래의 의미인 '後·北'의 의미는 점점 희박해져 결국 사라지고, 동물인 '곰'에 대한 개념만 남게 된 것이라고 하겠다. 여기에 설상가상으로 '後·北'의 의미로 팽팽히 공존하던 '곰'(熊)과 '뒤'(後)가 그 공존의 균형이 깨지면서 '뒤'가 적극적으로 사용되고, '곰'은 소극적으로 사용되다가 결국은 '곰'이 거의 사어화되었기 때문이 아닌가 여겨진다. 이 사실은 '前·南'의 의미를 지닌 '님'과 '앞'의 관계에서 '님'이 사용어권에서 사라지고, '앞'만이 남은 결과와 동궤의 현상이라고 하겠다. 이와 같이 본래에는 북진(北津)이라는 의미의 '고마ㄴ른'가 '熊津'이라고 표기된 이후, 점차 그 글자의 의미인 동물명으로 전의되는 과정이나 한어화한 뒤에 새로운 어휘 의미, 즉 동물인 '곰'으로 인하여 발생한 '지명전설'로 추정하는 것이다.

2) 충곡리(忠谷里)의 계백 장군묘

충남 논산시 부적면에 충곡리(忠谷里)란 마을이 있다. 왜 하필이면 마을 이름이 '忠谷'일까? 바로 이곳 볼마루 북쪽 산기슭에 1340여 년 전에 초라하게 묻힌 계백 장군의 묘가 있다. 비록 패장일망정 승장 못지 않게 5천 군사로 5만 군사와 싸워 네 번이나 격퇴시킨 충장(忠將) 계백이 누워 있는 곳이다. 그가 전사한 후 어떻게 여기에 묻히게 되었는지 알 수 없다. 최후의 결전장에서 이 무덤까지는 직선으로 거의 6㎞나 떨어져 있기 때문이다. 아마도 전사한 장군을 누군가 남몰래 이곳으로 옮겨 비밀리에 묻었던 것으로 추측할 수 있다. 그렇지 않으면 누르드라모이부리 싸움이 이곳 부근에까지 계속되어 후퇴하며 끝까지 저항하다가 결국 이곳 볼마루에서 전사하게 되자 패잔병이 애도하며 몰래 묻었을 것이다. 이곳은 신라군의 진격방향과는 정반대인 백제 서울 소부리쪽으로 후퇴하는 길목이기 때문이다.

백제 충신 계백의 무덤이 있기 때문에 이 전설로 인하여 '忠谷'이라 불렀으니 지명이 지닌 역사적인 증거력이 얼마나 강한가를 알 수 있다. 사람들은 이 묘가 가짜일 가능성이 있다고 의심하여 왔다. 의심을 풀기 위하여 1966년 여름에 파 보았는데 증거물은 찾지 못하였다. 그러나 의심할 필요가 없다. 묘속의 길이가 12척이요, 넓이가 6척이나 되었으며 석회로 천장을 다섯층으로 다져서 상고(上古)의 무덤 규모임을 확인하였고, 바로 忠谷이라는 전설지명이 증언해 주기 때문이다. 그렇기 때문에 영조 18년(1692)에 충곡서원을 창건하여 계백 장군을 배향(配享)하였다.

그가 전사한 후 1300여 년 간 아무도 돌보아 주는 사람 없는 외로운 무덤으로 방치되어 온 계백 장군의 초라한 무덤. 백제를 사수한 맹장 계백은 패장의 한을 품고 말없이 이렇게 고혼(孤魂)으로 묻혀 있어야 했다. 다만 그의 충혼만은 이곳에 살아남아 산골 이름을 충곡으로 부르게 하였고 서원까지 짓게 하였으니 육신은 죽어도 충혼만은 죽지 않는다는 교훈을 남긴 셈이다. 최근에 논산시가 계백 장군 묘의 봉분을 장군 묘답게 키우고 묘역도 넓히고 잘 꾸며서 드디어 패장의 불명예를 벗기었다. 비록 패장이지만 그를 위하여 묘소에 충혼비를 크게 세워 그의 충성심을 기리고 있다. 아울러 부근에 계백 장군의 영정을 모시는 사당을 짓고 앞의 넓은 광장에 기념관을 건립하는 등 묘역을 성역화하는 기념사업이 진행되고 있으니 논산시가 참으로 장한 사업을 하고 있는 것이라 하겠다.

이밖에도 백제시대의 전설로 추정되는 것들이 더 있다. 지면의 제약으로 전설 이름만 다음에 참고로 열거한다.

대왕포(大王浦), 염창(鹽倉)과 빙고(氷庫), 유왕산(留王山) 노리, 동타(銅駝), 희녀대(戲女臺), 파진산(破陣山), 타락암(墮落巖)과 낙화암(落花岩), 부산(浮山), 천장대(天政臺)와 임금바위 신하바위, 자온대(自溫臺), 맹꽹이방죽(萬光池), 석련지(石蓮池)와 백제탑(百濟塔), 대조사(大鳥寺)와 미륵불(彌勒佛), 문동교(問童橋), 은산별신(恩山別神), 구가(臼加)와 가림성(加林城), 만가대(萬家垈)와 진일포(盡日浦), 군수리(軍守里)와 꽃생쥐, 안흥목과 불가사리, 성흥산성과 일곱왕자, 표뜸과 계백(階伯)장군 등.

김방한(1984), 『한국어의 계통』, 대우학술총서 1, 민음사.

김완진(1980), 『향가해독법연구』, 서울대학교출판부.

김완진(2000), 『향가와 고려가요』, 서울대학교출판부.

김형기(1973), 정읍사 풀이에 따른 가설, 한국언어문학 제11집, 한국언어문학회.

도수희(1977), 『백제어연구』(박논), 아세아문화사.

도수희(1987), 『백제어연구(Ⅰ)』, 백제문화개발연구원.

도수희(1989), 『백제어연구(Ⅱ)』, 백제문화개발연구원.

도수희(1994), 『백제어연구(Ⅲ)』, 백제문화개발연구원.

도수희(2000), 『백재어연구(Ⅳ)』, 백제문화개발연구원.

도수희(2003), 『한국의 지명』, 대우학술총서 553, 아카넷.

도수희(2003), 잃어버린 고대국어 '백제어'를 찾아서, 신동아 9, 동아일보사.

도수희(2003), 백제 도미설화의 재조명, 신동아 11, 동아일보사.

도수희(2003), '황산벌 전투' 때 무슨 말 썼을까?, 주간조선 1775호, 조선일보사.

박병채(1968), 고대 삼국의 지명어휘고, 백산학보 제5호, 백산학회.

양주동(1947), 『조선고가연구』, 박문서관.

양주동(1959), 『여요전주』, 을유문화사.

유창균(1980), 『고대 한자음의 연구』, 계명대.

이기문(1968), 고구려의 언어와 그 특징, 백산학보 제4호, 백산학회.

이병도(1971), 백제학술 및 기술의 일본전파, 백제연구 제2집, 충남대 백제연구소.

이혜구(1971), 일본에 전하여진 백제악, 백제연구 제2집, 충남대 백제연구소.

이희승(1971), 정읍사 해석에 대한 의문점 二·三, 백제연구 제2집, 충남대 백제연구소.

임동권(1961), 『한국민요집』, 동국문화사.

임동권(1964), 『한국민요사』, 문창사.

조재훈(1971), 백제가요의 연구, 백제문화 제5집, 공주사대 백제문화연구소.

홍사준(1959), 『백제의 전설』, 통문관.

金澤庄三郎(1910), 『일한양국어동계론』, 삼성당.